名师工程
名 校 系 列

新课程·新理念·新教学
丛书编委会主任：马立 宋乃庆

好学校

从关注每个学生开始

——石梅小学优质教育多元感悟

顾 泳 张文质◎主编

西南师范大学出版社
全国百佳图书出版单位 国家一级出版社

图书在版编目（CIP）数据

好学校，从关注每个学生开始——石梅小学优质教育多元感悟/
顾泳，张文质主编. —重庆：西南师范大学出版社，2011.3
（名师工程系列丛书）
ISBN 978-7-5621-5185-2

Ⅰ.①好… Ⅱ.①顾…②张… Ⅲ.①石梅小学 – 学校管理 –
概况 Ⅳ.①G629.285.33

中国版本图书馆 CIP 数据核字（2011）第 035509 号

名师工程系列丛书
编委会主任： 马 立 宋乃庆
总策划： 周安平
策 划： 李远毅 卢 旭 郑持军 郭德军

好学校，从关注每个学生开始——石梅小学优质教育多元感悟
顾 泳 张文质 主编

责任编辑： 钟小族 马春霞
封面设计： 大象设计
出版发行： 西南师范大学出版社
地址：重庆市北碚区天生路 1 号
邮编：400715 市场营销部电话：023-68868624
http：//www.xscbs.com
经 销： 新华书店
印 刷： 三河市九洲财鑫印刷有限公司
开 本： 787mm×1092mm 1/16
印 张： 17.75
字 数： 281 千字
版 次： 2011 年 3 月 第 1 版
印 次： 2014 年 4 月 第 3 次印刷
书 号： ISBN 978-7-5621-5185-2

定 价： 30.00 元

《名师工程》
系列丛书

编者的话

当前，以人为本的教育理念正在逐步深化，素质教育以及基础教育课程改革不断推进。在这场深刻又艰苦的教育改革中，涌现了无数甘为人梯、乐于奉献的优秀教师。他们积极探索、更新观念、敢于创新、善于改革，在实践中创造性地发展、总结了很多先进的教育思想、教育理念；创造性地开发了很多新的教学模式、教学内容和教学方法。这些新思想、新模式、新方法在实践中极大地提高了教学质量，是教育改革实践中的新内涵和宝贵财富。这些优秀教师就是我们的名师，这些新内涵就是名师的核心教育力。整理、总结、发展、推广这些教育新内涵，是深化教育改革、完善教育体制、提高教育质量、提升教师水平的一件大事。

教育，是民族振兴的基石；教师，是教育发展的根基。

胡锦涛在全国优秀教师代表座谈会上指出："教师是人类文明的传承者。推动教育事业又好又快发展，培养高素质人才，教师是关键。没有高水平的教师队伍，就没有高质量的教育。"十七大报告又进一步强调了必须加强教师队伍建设，不断提高教师的素质。当今世界，社会进步一日千里，科技发展日新月异，知识更新的周期越来越短。教师作为"文明的传承者"更要与时俱进，刻苦钻研、奋发进取，尽快提升自身素质和能力，为推动教育事业的健康发展贡献自己的力量。

基于以上，西南师范大学出版社策划、组织出版了大型系列教育丛书——《名师工程》。希望通过总结名师的创新经验、先进理念，宣传名师的核心教育力，为广大教师职业生涯提供精神源泉和实践动力，在教育实践层面切实推动从教者职业素养的提升。通过《名师工程》实现"打造名师的工程"。

丛书在策划、创作过程中力求实现以下特色：

一、理念创新，体现教育的人本精神

教师角色在以人为本的教育理念下发生了重大的变化，教师的素质和能力也面临更高的要求。如何弘扬、培植学生的主体性、增强学生的主体意识、发展学生的主体能力、塑造学生的主体人格等问题成为教师在目前教育中亟待解决的难题。丛书以教育管理者和教师为主要读者对象，通过教师综合素质的提高而将人本教育的思想落实到教育实践中，真正实现教育培养人、塑造人、发展人的本质要求。

二、全面构建，系统提升教师的教育能力

丛书选题的最大特点就是系统、全面地针对教师教育能力的提升而展开。施教者的能力决定教育的效果，教育改革的落实、教育效果的提高无不体现在教师身上。丛书针对不同教育能力、不同教学要求、不同教育对象，有针对性地设置选题。棘手学生、课堂切入、引导艺术、班主任的教导力、互动艺术、课堂效率、心灵教育等等，这些鲜明的主题从教育的细节出发，从教育实际情况出发，有针对性地解决问题，让教师在阅读中学有所指、读有所获。

三、科学权威，体现教育的时代前沿性

丛书邀请全国各地著名的教育工作者执笔，汇集在教育改革与实践中涌现的先进理念、成果和方法，经过专家认真遴选、评点总结而成，代表了目前教育实践中先进的教育生产力，具有时代前沿性，是广大一线教师学习、借鉴的好素材。

四、注重实践，突出施教的实用价值

丛书采用了通俗的创作方法，把死板的道理鲜活化，把教条的写法改变为以案例为主，分析、评点为辅，把最先进的教育理念和方法融入有趣的情境中。经典的案例，情境式的叙述，流畅的语言，充满感情的评述，发人深省的剖析，娓娓道来、深入浅出，让教师更充分地领会先进、有效的教育方法。

在诸多教育、出版界同仁的支持与努力下，《名师工程》陆续推出了《名师讲述系列》《教学提升系列》《教学新突破系列》《高中新课程系列》《教师成长系列》《大师讲坛系列》《教育细节系列》《创新语文教学系列》《教育管理力系列》《教师修炼系列》《创新数学教学系列》《教育通识系列》《教育心理系列》《创新课堂系列》《思想者系列》《名师名课系列》《幼师提升系列》《优化教学系列》《教研提升系列》《名校长核心思想系列》《名校工程系列》《高效课堂系列》《创新班主任系列》《教育探索者系列》等系列，共150多个品种，后续图书也将陆续出版。

丛书在出版创作过程中得到各地、各级教育部门与教育工作者的大力支持与帮助，在此一并表示感谢！

教育事业是全社会共同的事业，本丛书的出版一方面希望能对广大教育工作者有所帮助，共飨先进成果；另一方面也是抛砖引玉，希望更多的教育工作者参与到出版创作中来，百家争鸣、百花齐放，为促进教育事业的发展共同努力！

目　录

传承与超越：石梅的立校之本

第二篇

首善德育：远大前程的基石

儿童立场：于细微处关怀生命

第四篇

缤纷课堂：科学与人文并举

第五篇

争鸣研究：让另一种声音执勤

第六篇

书卷校园：守住文字的神性

第七篇

永远的石梅：来自校友和家长的声音

后记：返本开新

序 言

——让我们一起做"好学校"之梦

我一直做着"好学校"之梦，我也知道这样的梦是很难有寄托的，但仍笨拙地生活在自己的梦想里，大概有梦总是一件好事。

寻梦之路使我和石梅小学相遇，不是说我从这里看到了梦想中的天光与景致，也很难说一所美得有点让人惊讶的校园就是我曾经想见而又无法确知的，至少，很多相遇实在是我们一直的等待。走进石梅小学，迎面而来的如家一般的感觉，令我伫足、聆听、观看、思虑，目之所及，心之所念，我竟有了对更好的教育的更多相信。

所谓的相信大概就是愿意、坚守、行动、承受、接纳、等待，等等，由此，同样可以说，心中仍有着"相信"的人，总是希望不断地去放大这些相信——一所学校如果始终激荡着这样的热情，一定就会有耐心把爱和真善美作为重担与学业放在肩上，"那么将来继我们而来的人们会看到一点小小的进步与减轻，这就够好了"。（里尔克）

现在，与其说我推荐的是一所学校，不如说，我更愿意和你一起通过对这样一所学校的不断审视，更沉静、更忍耐、更坦白地去回答教育和我们生命中每天遇到的难题。在一个生硬、粗陋的世界里，我们必须在痛苦中学习，也需要学会等待和自我激励。

张文质

石梅沿革

清康熙年间，粮守道刘殿邦于虞山南麓梁昭明太子读书台畔构筑蹑云山房作游憩之所。

康熙五十九年（1720年），邑人陶贞一、言德坚等集资契买蹑云山房，经修缮后作邑人子弟读书场舍。

雍正三年（1725年），粮储道杨本植捐银五百两作修缮蹑云山房和课士之费，并将山房正式命名为"游文书院"。

光绪二十八年（1902年），"游文书院"改为"常昭学堂"。

光绪三十年（1904年），"常昭学堂"改为官立学堂，为公立高等小学，称"石梅高等小学堂"。

宣统元年（1909年），石梅高等小学堂改名为"常昭公立高等小学堂西校"，通称"石梅公校"。

宣统三年（1911年），常昭公立高等小学堂石梅西校并入塔前东校。

民国元年（1912年），竞化两等女子学堂，迁入原常昭公立高等小学堂石梅西校旧址，更名为"常熟县立女子高等小学校"。

民国17年（1928年），学校更名为"常熟县立石梅小学"。

民国31年（1942年），学校更名为"辛城镇小学"，仓弄初级小学为学校第一分校。

民国32年（1943年），学校复名为"常熟县立石梅小学"。

民国35年（1946年），学校更名为"虞城镇中心国民小学校"，并被定为城区示范学校。

1950年，学校更名为"常熟市石梅中心小学"。

1951年，学校更名为"常熟师范附属小学"。

1967年，学校更名为"常熟县红梅小学"。

1978年，学校复名为"常熟县石梅小学"，并定为县直属小学。

1983年，学校更名为"常熟市石梅小学"。

引 言
——石梅书院精神的溯源与传承

历史与命运

石梅小学应该感谢自己,从雍正三年(1725年)粮储道杨本植捐钱创办游文书院开始(事实上,在五年前这里就是一个读书场所),这块背靠虞山、传说中有梅花形巨石的树木掩映之地就开启了她专职"教书育人"的旅程,地址从未变更。浑厚的历史积淀到底给学校带来了多大的影响,这是无法量化表示的,但可以肯定的是,只要学校还有人,她的一草一木一石就可能会默默地影响着某一群生命。

1902年,邑人庞鸿文、邵松年修建斋舍,将游文书院改办为常昭学堂,成为当时常熟最早创办的新式学堂之一,也是石梅小学名正言顺的前身(1904年,常昭学堂更名为石梅高等小学堂,1909年,又改名为常昭公立高等小学堂西校,通称石梅公校)。此后,因社会变迁,校名曾多次变更,但每一次更名之后不久,还是以改回"石梅"二字而告终。这一现象似乎也在说明学校本身已形成了属于自己的历史惯性,她暗含着某种巨大的能量,她只能被命名为"石梅小学",因为这就是她的命运,承担这个名字就是这块土地的使命。

由此可见,现今的石梅小学,和一百多年前的石梅公学、常昭学堂,甚至三百年前的游文书院,都有着千丝万缕的联系。从历史角度来看,它们就是一个生命共同体。现今的石梅人,每天都能仰望到一百多年前的石梅人也在仰望着的树;现今的石梅人,每天都能踏到三百年前游文书院的师生踩过的山石和泥土。更重要的是,现今的石梅人,依然秉承了三百年前的书院精神，在充满"书香"的校园（院）里，教书、读书、书写（画）。这恰恰也是作为学校而言，最基本最核心的要素所在。

过去是幼儿启蒙的学堂，现在是儿童读书识字玩乐成长的校园，因此，石梅小学不可能有像传统四大书院那般丰富而翔实的研究资料，也谈不上什么高深教育理念的传承。石梅小学发展到今天，之所以成长得比较健康，无非是因为她一直坚守着历史深处的书院精神。她守住了这块依山而建、充满园林风味的老校园，她守住了校园里的老树和老建筑；她守住了"书"的味道，也守住了老教师们的心。无形的精神便蕴藏在这些具体的事物之中，等待着一批又一批生命来与之相遇、碰撞、激荡，然后给予启迪，使之明悟。

创新与特色

现实生命与历史精神不断地激荡，自然会迸发出思想的火花来，但因为一代代石梅人对书院精神一如既往的坚守，故我们很难在石梅小学的发展历史上看到特别冒进的行为。因为背靠仁厚的虞山，又受着参天古木的庇荫，加上学校本身的深厚底蕴，石梅对于新思想、新观念的接纳总是特别宽容。而且，对于这些新思想、新观念而言，石梅还是一块成长的沃土。

1978 年起步的电化教学改革，以及 1989 年开始的劳技教育改革，就是最典型的两个例子。

马友檀老师通过观察"文革"宣传队中的幻灯机而自制出常熟第一架双镜头幻灯机，这个故事至今还是石梅小学历史上的一段传奇，而这台幻灯机所引领的电化教学改革，让石梅小学在 20 世纪八九十年代更是风光无限。1987 年就实现班班有"二机一幕"（幻灯机、录音机、投影屏幕），电教设备覆盖率100%，这样的配置当时在全国都是遥遥领先的。

1989 年，为了解决当时劳动教育中的"大轰动式"和"只讲不做"两大弊端，石梅的革新者又提出了"动手动脑，启迪智慧"，加强劳动实践的举措，开辟了四个劳动专用教室，添置了必要的劳动工具，建立了第一批劳动实践基地，让劳动教育真正成了劳动中的教育。次年，学校又以劳动教育为突破口，全面实施素质教育。

可以说，在电化教学和劳动教育的改革方面，石梅小学是站在全国教育改革的浪尖风口上展现自己的创新意识，故这两门课程成为石梅小学的两大特色，也是实至名归的。

时下社会已经步入了信息时代，电化教学设备上的差别几乎消失，电化教学和劳动教育的内容也大有不同，但在电化教学和劳动教育中继续创新，依然是石梅人不断追求的信念。

树与树的相遇

为了应对社会的需求，学校的扩张成了大势所趋。

2007年，石梅小学迎来了一名年轻的女校长——顾泳，她的 QQ 名叫"榕树"，一个充满了自然与诗意的名字，紧接着，又迎来了新校落成仪式，明德楼、致知楼、致远楼、至善楼……每一栋新楼的名字都意味悠长，它既有学校对历史的敬畏，又饱含着对孩子们成长的殷切期待。

有自然的诗意，有历史的浑厚，有生命的热情，又有一种低调的姿态，石梅小学与生命化教育几乎是在一种"天造地设"的条件下相遇的。另一个不得不提的"巧遇"是：校长顾泳的 QQ 名为"榕树"，而生命化教育倡导者张文质先生来自福州，福州的市树就是榕树。看来，石梅小学与生命化教育的相遇，就像两棵树的相遇一样。

顾泳校长心中对整个学校发展前景的规划，与生命化教育所倡导的"授受知识、开启智慧、润泽生命"不谋而合。很快，拓建之后的石梅小学就确立了"营造诗化校园"的目标，力求从生态和文化的角度进行环境建设，凸显学校内涵。

教学楼周围，躺着镌有不同内容的坚硬粗砺的巨石，以期让学生能感受到大自然的坚守与毅力。而在翰墨春秋廊、妙笔丹青廊、古韵今声廊、杏坛精英廊等各处走廊中，则布置有各类名人佳作、老照片等，以彰显学校独特的优雅与情趣，也让孩子们在历史照片中感受一下逝去的生活。这些也恰恰与生命化教育"从微小处改变""关注每个教育细节"等理念是相通的。

在传承历史的基础上，石梅小学提出了以"修身乐学"作为校训，以"明德至善，强学力行"为校风，以"有教无类，诲人不倦"为教风，以"笃志，激趣，切问，博见"为学风，而且还提出了"润泽生命，开启智慧，以人育人，共同成长"的办学理念。

石梅人知道，只要书院的精神在，石梅就有自己的根，对于一所学校而言，她就有了生长的地基——这种地基是一切物质条件的改进都无法取代的。

传承与发展

生命化教育虽然总是在全国各地不断地传播"理念"，但它实际上是一件实践性非常强的工作，生命化教育一直都在竭力避免语言的"大"和"空"，石梅小学参与的生命化教育实验当然也不例外。

对于学校的教师而言，生命化教育倡导的理念是"教师要有教师的样子"，这便意味着，教师要坚守住这个职业的本分：阅读、写作、爱学生。在这个嘈杂而浮躁的社会，似乎连一处读书写字之地都难以寻觅。不过，对于石梅小学的教师而言，因为学校传承了游文书院的余脉，他们享有别的学校的教师所无法企及的天然优越的阅读写作环境。

古时的书院从来都不会是喧嚣之地，石梅就是在这块得天独厚的读书宝地上生长起来的，加上苏州人对自然地势起伏的敏感，整个石梅小学建得层次分明、错落有致，靠近山脚梁昭明太子读书台的桂花院，便是石梅的图书室，也是最幽静的读书之地。石梅小学有名的"心灵之约"读书会，地点便设在这里。

石梅的一位教师曾打趣他的学生说："你不好好读书啊！昭明太子正在读书台看着你呢！"想一想，这样的话语到孩子日后长大了再来品味，会有怎样的一种味道啊！现实的生命与历史的相遇，往往就在这么微妙的一瞬间，也许是你进入了那般苍茫的历史中，也许是历史中那个沉睡已久的人物真的在那一瞬间苏醒过来，瞧了瞧你正在经历的现实一眼，然后继续睡去。

因为浸润着三百年的书院精神，石梅人自然要在这新时代把"书"继续传承下去。于是，除了读书会之外，石梅人还开始请人来讲书——"石梅讲坛"便是给石梅人接近书和聆听书的机会。而且，石梅人还开始自己编书——每学期两期的《石梅苑》以及作为特刊的教师个人文集；甚至，石梅的老师还开始自己写书（据说沈丽新老师的《英语可以这样教》已经悄悄爬上了热销榜），这不能不让人赞叹。

另外，教师对阅读的兴趣总会不知不觉地传染给学生，于是在学生中间也开始出现小型读书会、图书互借等活动，而且，学生还有自己的文学社，名字特别美好，叫做"欣欣文学社"。

由此可以看到，石梅小学对书院精神的传承，实际上是让学校这个生命体处于书院精神的观照和润泽当中，而石梅小学对书院精神的发展，又是在践行阅读对个体生命的润泽，从而在"游文"中"开启智慧"。

融合与创新

先人从《汉书·艺文志》中取出"游文"二字来命名书院时，就已暗含了某种期许，他在提醒所有走进书院的人：你们要做的事情，就是"游文于六经之中，留意于仁义之际……"。来到书院，就是到书海中遨游的，就是来和书友文友相互交流的，就是到学问中来畅游的；而且，光读书光有学问还不够，还要学会做人，要"留意于仁义之际"，要有仁爱之心，行道义之事。

而当下与石梅相遇的生命化教育又倡导这样的理念：
"从关注每一个学生开始，
从尊重每一个学生开始，
从满足每一个学生的需求开始，
从善待每一个学生开始，
从开启每一个学生的智慧开始，
从相信每一个生命的意义开始，
……"
"生命化教育就是个性化、个人化的教育，始终指向一个永无重复、永难穷尽的生命个体，始终以成全每一个健全和富有个性的人为自己最为根本的目的。"

结合石梅发展的历史，我们可以发现，今天的石梅人提出"书卷校园、首善德育、争鸣研究、儿童立场"的特色观，这实际上是对20世纪具体的特色课程的超越。他们不再追求某一门课程的特色，而开始注重历史与当下的融合，这一学校特色观的提出，便蕴涵了历史与当下的融合，还能让人看到某种悄然生长的气象。

如果说"书卷校园"是对三百年前书院精神的传承，那么，"首善德育"便是"留意仁义"与当今德育的合聚，"争鸣研究"是任何一个时代学术发展的必需，而"儿童立场"，无疑是与生命化教育倡导的理念相契合的。

这本书即将向读者展示的内容，便是石梅小学两年以来秉持的"书卷校园、首善德育、争鸣研究、儿童立场"的特色观、一心做生命化教育实验所生成的成果。

我们希望能用文字呈现出一个鲜活的、实实在在的正进行着的"教育现场"，因而有"缤纷课堂"和"讨论沙龙纪实"；我们也希望能通过文字呈现我们思考的轨迹，因而有"首善德育""争鸣研究"；当然，我们还将为您展现我们的"书卷校园"，这是我们坚守文字神性的场地。不过，若是能亲自来一趟石梅小学，肯定能够沾点书香和文字的神性回程。

生命化教育的实践就是持续不断地践行，这本书从起步到成型，也是践行生命化教育的一个过程。这不是结束，而是新航程的开始……

陈文芳

第 一 篇

传承与超越：石梅的立校之本

  一所学校总是在其自身的历史中生长起来的，它必须有所传承，才能保证生命的延续，与此同时，它又必须有所超越，否则就跟不上激变的时代潮流。

  石梅人深刻地认识到学校生命的这种流动性，他们在尊重历史、秉承历史的同时，也在找寻学校生命新的生长点。与生命化教育结缘，便是一次尝试。

  在书院精神与生命化教育理念的熏陶下，石梅人不断地进行反思和追问：一所学校应有怎样的生命气象？身为学校精神引领者的校长应该怎么做？这是每一所学校在寻求发展的道路上都要面临的问题，石梅小学也不可避免。

  本篇将呈现的内容，是石梅人在反思和追问的过程中进行的实践。他们通过自身的行动得出以下经验："学校也有学校的精神面相"，学校要有学校的样子，而"好的学校一定会引导人变得更好"；教师要读书，因为"读书能够让教师始终保持一颗柔软的心"；学校要保护和挖掘自身的历史，因为"深厚的文化底蕴才能彰显学校生命的魅力"；在评价一所学校的好坏方面，"书是学校最能倚仗的评价标准"；"要让学校的每一个人都有成长感"，这才是整个学校作为一个生命共同体的成长；在学校管理方面，"学校管理要横向融合，纵向深入"，还"要习惯带着思考的头脑"；一个合格的校长"应该内心装满教工"，还"要努力改善学校的办学条件"。

一所学校应有的生命气象

——张文质与顾泳的对话

学校也要有学校的精神面相

张文质（以下简称张）：生命化教育现在具有比较广泛的影响，比如，有一些课题是区域参与的，有一些是学校参与的，而更多的是教师的个体参与。教师个体参与课题这一特点，生命化教育显得更突出一些。有时候很多人会有疑惑，比如，生命化教育到底能不能归纳出一个马上就能够为我所用的、具有操作性的、有效的策略和方法。今天，我们就先从一个很贴近你的角度来探讨这个话题吧！

我在路上就在想，你原来在实验小学当副校长，而且长期从事幼儿教育，然后调到了石梅小学这样的百年老校——一所在苏南具有相当影响力的名校。你到了石梅以后，当时心里感到最为忐忑的是什么？

顾泳（以下简称顾）：应该说，接到这样一个任命，对我来说是职业生涯里从未有过的挑战，这种挑战源于我对这所百年老校的景仰——她有着百年的历史，她人才辈出，她的书院气息历久弥香，她在常熟市民心中有着很高的地位。

张：在没来到石梅之前，对这个文化意义上的石梅，假如要你用三个关键词来概括的话，会是什么？

顾：书院，书香，书生。

张：你一说到书院，历史感就出来了。

顾：对，石梅小学的前身就是游文书院。至于"书香"，虽真正闻到的机会不多，但感受却很深。我们学校旁边有一些小路，静静地穿越高大的银杏树树荫，那是现在比较少见的碎石子路。两侧民宅幽静，泛着岁月痕迹的院落安然静卧，这样的氛围让每一个到石梅的人感觉到一股书香正从校园飘出来。

另外，说到书生，就必须要说起两代帝师翁同龢，以及原北大校长吴树青，这些都是我们常熟引以为傲的人物，他们的童年也在这里度过。

张：其实一个地方出一个名人太不容易了，因为这是苍天对你的眷顾。还有，如果这个地方没有这种土壤，这里成长起来的名人也不可能具有这么大的影响力。

顾：是的，这是一种可以不断扩展、不断壮大的影响力，它能让后辈不知不觉就有了一份高度的自觉提领。

张：前不久我在读一本书的时候，突然有这样一个顿悟：人生在哪里，就是一种命运。这个命运，我们先不从大的、理念的、抽象的角度思考，就从我们身体的角度来思考。我们一生下来，体质就各不相同，你是常熟人，你的体质就是常熟人的体质，你身体的气息就是常熟人的气息，这会影响到你的口味，也影响到你的饮食习惯，甚至会影响到你身体的消化能力。我们很多的知识，我们很多的经验，我们很多的智慧，它是跟这个土地……

顾：（微笑）跟这个土壤是有关的。

张：跟这里的生活方式，跟这里的食物，跟这里的生活气息都关联在一起。讲到这点我就想到俄罗斯著名诗人阿赫马托娃，她就说她一辈子也忘不了她故乡小城的气息，无论走到哪里，一闻到类似的气息，就想到故乡。其实我每个夏天都很担心，因为我知道有时候校长这个岗位是会变动的，但即使把你选到一个更重要的位置上，我心里都会有点惋惜，我多希望你在这里呆更久，因为……因为从你身上我感觉到了你跟石梅的这种气息，跟石梅的这种文化有一种相通的东西，所以我想请你谈谈对此最深的感触。

顾：（微笑）一开始我也沉陷在无法掩饰的惶恐与摇摆中，一个是学校高度带给我的惶恐，一个是与同事们结下深厚友谊后不舍的摇摆。但真的是突然有一刻，就那么一瞬间，我的心竟然宁静了。记得那天是2007年8月27日，我的老同事们开着两辆车把我送到石梅广场，因为时间还早，也因为有很多的不舍、担忧，所以车里静静的，大家都不言语，每双眼睛都远远打量着我即将开始新路程的校园。那时近黄昏，学校钟楼的幕墙玻璃已被擦得锃亮，清晰地倒映着停车场旁那株古老的银杏，黄色的树叶婆娑着，轻轻摆动，辉映在蓝色的玻璃里，那一瞬间，我真的是感到——是发自内心的，跟这所学校的气场结合在一起了，这种感觉莫名地给了我一些信心，我突然觉得我非常喜欢这所学校，我也相信这所学校会喜欢我。一种神秘的敬畏让我不再惶恐……

张：（笑）一下子安然下来了。

顾：一下子安然下来了。

张：实际上，在生命中有很多美妙的瞬间。为什么说会有一些瞬间是永恒的呢？它其实并不是因为这个世界非常有震撼力，或者某个经历特别曲折，或者是某个经历特别意想不到，更重要的不在这里，更重要的是那个瞬间身心突然被贯穿了，通透了，或者是融为一体了。所以，有时候，就像人与人见面一样，见面的那一瞬间非常重要。一照面，哦，原来是相识已久的一个人——虽然是第一次见面，但某种精神的照面，就让彼此认出了对方，而这种"认出"实际上是认出自己。

顾：对！

张：其实你在那一瞬间也认出了……

顾：（笑）生命里似曾相识的亲切。

张：一种对学校、对教育的归属感。

顾：一种认识，我就觉得学校就应该是长这个模样的。（笑）

张：啊，对，你这一点说得特别好，我们经常忘记了学校的面容。在很多时候，人们会凭着自己的经验，凭着自己的身体，甚至有时候也靠自己的智慧去辨别某个事物将给自己带来什么。我觉得你站在校门口的那个瞬间是很美妙的。

顾：是的，当我走进这个校园，我就知道美妙来自哪里：一个是来自由内而外的书卷气息，还有一个就是来自校园内的大树。

树是学校的精神象征和精神寄托

张：（笑）你说到树，我们就像亲戚一样。

顾：我对树特别有好感，每次我看到卡车上装着那些根部裸露在外面、要移植到其他地方去的树，我的心就很疼。

张：就好像那是不得不搬迁的移民。

顾：对，像是不得不舍去的一个朋友，特别难受。这个暑假有部门来学校商量，学校这边太拥挤，能否把道路间的花坛全部拆除。可是你要知道，那个花坛有很多年了，那边有很多的树，到春天会开很多白花。

张：那很漂亮的。

顾：他们希望我们能同意，并说只要我们能同意，那边就夷为平地，作为停车点。

张：多可惜啊！

顾：对，所以我跟他们说，我个人不同意。他们很奇怪我为什么不同意，我说如果要找个冠冕堂皇的理由，那个花坛才一米不到的宽度，能停什么车呢，化解不了最根本的问题。但是你要我说内心深处最真实的理由，那就是，我舍不得那些树。他们笑话我说，那些树跟你有什么关系呢？

张：是啊，树都是我们的亲戚，都是我们的亲人哪！

顾：我感觉就像我的同事，因为我每天都看到它们。

张：对，因为我们每天都看到它们。

顾：我说我真的舍不得，我不同意，是非常肯定的不同意。

张：其实，一个民族的情感的缺失，它有时候会更真切地表现在对大自然、对树木、对花草、对动物，甚至对一些……

顾：物品的漠视！

张：对，我也有类似的体会。老房子为什么很亲切，你看，墙上斑驳的色彩，你看过多少回呀，是吧？那么在你的住宿过程中，实际上你的记忆就跟它关联在一起，但是我们常常忽视了这一点。有时候我们以为树砍掉了还能再长，但再长的不再是那棵树了啊！说实在的，那就是记忆被抽空的一种感觉。我在我的一本书里面有一个略有点夸张的表达：一个校长要是什么事都做不了的话，你就多种点树吧！（笑）我说一个学校再贫乏，只要有了树，它就有了一种精神的象征和寄托。所以好的学校，都是跟古木参天、绿叶荫蔽关联在一起的，这是学校文化的一个很美妙的部分，也是很有生机的一个部分。

顾：它让我感受到，一所学校如同树一样有自己的生命，就像一株株树那样一年一年安静但蓬勃地生长。

张：越是安静的树木，生命越为长久！

顾：所以在它们那里，我就找到了学校最初给我的那种感觉。我觉得学校应该是以这样一种身姿去面对这个快速变化的社会。

张：你这么一说，我简直怀疑你就是因为树，才想到要请我来讲课的。

顾：（笑）我偶遇生命化教育之后，觉得这是冥冥之中的一种召唤。真是这样。包括我的网名就叫榕树，很多人都奇怪，你是不是南方人？

张：我们福州的市树就是榕树啊！

顾：是啊，我真的对树天生有这样一种好感。为什么取名榕树，是在很多年前，应该是 1994 或是 1996 年，我已经记不清了，去厦门……

张：看到榕树，很震惊？

顾：对，回来后把其他的都忘了，只记住了植物园里那一株一株的榕树，以及鼓浪屿边上的小路和悠扬的钢琴声，那种感触非常深，就像一帧照片一样一直印在我的记忆深处。所以当同事告诉我有这样一个新式的交流工具叫 QQ，可以随意为自己起任何名字的时候，我直接告诉学校的同事帮我取名为"榕树"，没有做过任何改动。

张：我看到你这个，包括学校博客名字的时候，也很惊讶。我想，看上去那么柔弱的女校长，起了一个这么伟岸又有生命力的树的名字，原来是有渊源的。我有时候还会这样想，凭着榕树，北方的朋友就应对我们福建人有多一点的尊重，你看，榕树就是他们的精神象征，非常顽强，而且往往能够独木成林。

顾：对，我喜欢它那种根不断伸向泥土的感觉。虽然它长得很高，但是它始终没有忘记土地。

张：它的生存方式也极其独特。所以你来学校，是你生命里非常独特的一个照面，因为你来到了一所百年老校。进来以后，——以前说新官上任三把火，其实我一听到这种说法，就很害怕，因为这么一说就想到三把火，为什么不是带来三片绿叶，带来三杯水，带来三个启迪，怎么会是三把火？（笑）

顾：是啊，那是一种相互算计、相互对抗的感觉。

好的学校一定会引导人变得更好

张：对，没错，对抗，甚至这里面有一种强势，有一种粗暴。其实有时候我们对这类词语略加思考一下，就发现它们都不适合用在学校的。我还是比较关心，你来学校以后最想做什么。

顾：我来学校后最想做的是快速地了解这所学校，因为我对它太好奇，我所有对它的期待、想象其实都不是来自于我对它最直接的了解。我觉得就像要融入一个家庭，必须去了解这个家庭一样。我太好奇它为什么这么有名，为什么能培养出这么多人才……我必须去了解促使学校近三百年生生不息的渊源，这是我想的第一件事。所以我深入到学校的每一个角落，看树、看草、看花、看孩子、看所有的一切，用我的眼睛去打量、去了解。

张：你看完以后，最深刻的体会是什么？

顾：最深刻的体会是，我非常感动，我非常喜欢这所学校的老师。有一个非常小的细节，记得第一次见面会，我跟老师说的是去华地买衣服那个事，我说华地里有一句标语写着"我们永远都只有一次给顾客的机会"，这句话对石梅如此，对于我也如此，我们对待生命中的每一次都要有这样的恭敬。然后我就看到一双双明亮的眼睛盯着我，我就觉得我们彼此有了一种相互的吸引。

张：很幸福。（微笑）

顾：会议结束之后，我就看到老师们都轻轻地将椅子塞到了桌肚底下。那个非常微小的细节真的让我打心眼儿里喜欢我们的老师。

张：这个细节就像我们刚才说到的，文化里所遗失的，或者说是不经意间忘怀的，但是又充满了文明古国意蕴的一种行为，就是从细节里面可以折射出我们的教养的高度。

顾：对，我觉得这就是我想象中的老师的模样，老师就是这个样子的，骨子里有善良、友好、好奇，也有对自己的尊重。所以那一瞬间，我真的是非常喜欢我们的老师。

之后我又觉得我们的孩子也非常可爱。因为忽然来了个女校长，他们非常好奇，有时会拉拉扯扯地来碰碰我，然后很愉快地跑开，或是非常大方地跑来和我打招呼，我觉得很幸福。

接下来我就去我们的校志办公室寻找学校的历史。我们的老书记在那边办公，我听他慢慢絮叨之前的故事，对这所学校的好感越发深入。我觉得我就应该好好珍惜与大家共事的机缘，我感受到了某种幸福而沉重的使命感，我觉得这是历史感带给我的。

张：从根本上而言，使命感是从内心领悟的，它是一种价值观在具体的时空中的呈现。当然，人也总是需要有一种从知识的、历史的，有时候是具

好学校，从关注每个学生开始

石梅小学优质教育多元感悟

体的活灵活现的生命的照面或者交互之中突然意识到的使命感。

那天我在博客上谈到一个观点，我说我们所有的努力都是为了使自己变得更好，让他人变得更好。那么，如果你很抽象地去谈这种情感的话，感觉就失去了某种真实感。但是你在学校里面，在具体的教育实践过程中，在你看到那些老师们的眼神的时候，它就在默默地、具体地践行。其实，当我们这么说的时候，就是一种最真诚的表达，同时也是一种最好的自我提醒。真正好的学校，它一定会引导、影响、推动更多的人变得更好。

我三次来你们学校演讲，第一次是最陌生的，但是当我站在讲台上，看到无数双充满期待的、又带点好奇的很美丽的眼睛，突然觉得一个人站在这里本身就是件很自豪的事情。同时我也感觉到，其实走进任何一个会场，从老师的眼神里，你都会看到他们的校长是个什么样的人。从老师的目光里会折射出学校的精神气质，折射出老师自己对教育的本心。

我来这里感到很荣幸，很荣耀。我那次在这里讲演的录音，整理成了文字后我又看了一下，突然觉得自己竟然讲得那么好。（笑）后来我意识到，是老师们的鼓励，老师们的热情，老师们良好的互动状态使得我始终处于一种最良好的、最自如的、能够不断有奇思妙想涌现出来的神奇状态。这里我所关心的是，虽然我看到的是老师们的精神状态——那是一种美好的状况，但校长还是在其中用了很多心，我想问的是，你用心都用在哪些方面？

顾：我觉得我总是真诚地用心和他人交流。平时和老师交流的机会不是很多，偶尔在办公室也是很短的，所以我就很珍惜每一次开会的机会，把这作为一种交流的方式，而交流的基本原则就是真诚。

张：说到真诚，我想补充一句，真诚比智慧要重要得多。

顾：真诚不需要用过多的智慧和技巧对人去防御或攻击。比如这三年，有很多人好奇，这三年我是怎样走过来的，用了什么招。

读书能够让教师始终保持一颗柔软的心

张：这三年里，你做的最得意的事情是什么？

顾：我想想，我想我能够想出来。

首先应该是在非常短的时间内完成了新校落成典礼这件事情。这对我来说是很大的挑战，老校长也留在这里帮我。我后来体会到一个词，就是"全力以赴"，你看有一件事情就能把大家都凝聚在一起，这也让我对这所学校越发信心满满。事实上当时很多部门的人我都不熟悉，名字都叫不出来，但我听到很多鼓励的声音。那次是市委市政府的一个行动，大家对这所学校充满了好奇，当然，也对我这个女校长充满了好奇。

张：是的，这么年轻的女校长……

顾：（笑）过后，听到对这件事情的肯定评价比较多，我对这所学校、对自己更是充满了信心。之后是创建，创建苏州市现代化学校。因为基建耽搁，任务非常重，当然要求也比较高，是对学校全方位的一个检测。我记得当时刚从学前教育跨到这边，我自己还担有省评估院对全省幼儿园评估的任务，学校这边要验收，评估院那边又催我过去，我很担心当时会面临怎样的考评结果。还好预验收顺利通过，最后正式验收时也以高分通过。

张：特别是第一年，对校长是非常大的考验。

顾：是的，就像有一次几位校长在一起聊天，他们对我说，第一年在担心这个小姑娘能不能做好，第二年是看你怎样做好，第三年想问问你是怎样做好的，直接点就是问有什么招。我说没招。现在我觉得，我只是在和最值得我骄傲的同事们一起，一点一点，本着真心，安静本分地做好每一件事，并从中获得一丝付出的喜悦、办学的自信。

2008 年的寒假，我需要放松，我们全家飞三亚去了。在三亚，其实我不是去玩，在海边，我在思考学校的工作。在一个放松的环境里，可以站在远远的地方打量自己，看看和我生命紧紧维系着的校园，好好思考 2008 年工作的思路。当时很多奇思妙想就一下都飞了出来，包括创办《石梅苑》。

面对这么有生命力的一所学校，我们有好多传统要继承，要在继承的基础上再发展。记得我去校史室了解石梅历史的时候，我第一个就翻见了以前的《石梅苑》。很佩服多年前的老校长，他们有这样的意识，关注全校教师思想的提升与发展，使得学校持续地发展。再好的学校，如果自我封闭的话，就会停滞不前，校长、教师必须开阔眼界，眼界开阔了，天地才会宽广。外界有这么多专家，可以让我们听到许多不同的声音，不仅是教育的声音，也可以是人文的、艺术的声音，我觉得这样的学校才是一个立体的、丰满的学校。它带给教师的教育生命不再是单一的，而是直接的、本质的改

好学校，从关注每个学生开始

石梅小学优质教育多元感悟

变。这样，我就想到可以办一个"石梅讲坛"，把很多的专家、学者邀请过来，有艺术领域的，人文领域的，让我们教师的精神生活更丰富。我的 QQ 签名是"用心工作，情趣生活"。我记得和老师们第二次见面的时候，我就把 QQ 签名告诉了他们，几年来一直没有变过，我把这个签名定为我一生的追求，我也希望老师们和我一起用心工作，情趣生活。我觉得情趣生活是对用心工作的一个推动，情趣生活，你才能够用心工作。

所以，我的工作初稿就在海南完成了。回来后我就跟干部们商议，我说我有这样一个想法，你们觉得好不好？结果得到了很多热切的目光回应。于是，从 2008 年起我们就成立了《石梅苑》编辑部，开办了我们的"石梅讲坛"，同时还启动了我们的一个很重要活动——"心灵之约"读书会，我记得我们还做了一个很好的海报。我觉得无论哪一科的教师都得读书，做教师就不可以不读书。读书能够让教师始终保持一颗柔软的心。我一直觉得一个老师讲课的技术可以不那么精湛，但是他一定要有颗柔软的心，带着骨子里的善良给孩子安全感和包容，这在小学阶段尤其重要。在小学教育阶段，在学前教育阶段，我觉得教师在提高教学技能外，还需要有温度，这需要不断地看书来洗涤自己的思想。我常听到很多朋友去医院后抱怨："我们一个月大的小孩，护士给我们的小孩扎针，那个动作，我们看得太心疼啦！"

张：有时候你会这么想，她扎小孩这么扎；扎别的动物，可能也是这么扎。

顾：是，我就想为什么会有这样一种麻木？我感觉这种行为或许是她对生命的麻木。为什么会这么麻木，因为年复一年，日复一日，她面对同样的工作场景，缺少一种新鲜感。尤其是现在医务人员工作的环境真的挺不理想的，压力、误解、辛苦，不自觉地就会有不恰当的压力释放。我把这个道理推到我们的教育工作中来，其实我们的老师也是年复一年地面对着孩子，他的工作如果没有一种新鲜东西注入的话，他慢慢也会觉得，用冰冷的脸面对学生也是一种正常的工作状态。其他行业的人文学习我不清楚，可是教师这个行业却不可以不去刻意地靠近孩子。生病让人打针不是常有的，但孩子有很多很多时光是跟老师一起度过的，班级的精神风貌会对他的性格养成及日后的人格发展，无形中有很大影响。所以我觉得教师一定要不断地读书。

深厚的文化底蕴才能彰显学校生命的魅力

张：你这几项工作，其实可以说是直接抓住了石梅精神的命根所在。就刊物来说，我自己多年从事编辑工作，无论是刊物，还是文章、书籍，其实我总是觉得，这样的一种工作，就是一种笨拙的功夫。所谓笨拙的功夫，它的着眼点就是积累、累积，因为在累积的基础上，才会有一种生成，一种文化的延续。我们先不急着谈创新，我们先把大家的劳动，无论是什么价值层面的劳动，先聚集起来，因为聚集起来后，我们才可以对它再审视、再阅读、再提升，它实际上就成了我们再出发的一个准备。你们的《石梅苑》，秋秋每次都会寄几本给我，有时我想，它就像石梅的某一个精神面相、精神写照，具有一种可传播的价值。这个"石梅讲坛"，更多的是向活着的人学习。——我这里说的活着，其实不仅是躯体的活着，还包括思想的活着，是一种蓬勃的创造力，一种表现力。

顾：一种感染的张力。

张：包括生命的魅力，活着的状态。实际上听他们的讲演，你不仅是感受他们的思想，也感受他们的独特的思考方式。同时，我们还是跟一个有着顽强生命力的人在交流。跟这样一个既具活力又颇具魅力的人交流的时候，都是对自我的一种提醒。啊，世界上还有这样的人！哦，原来他这样思考！甚至于有时候他某些不好的脾气，你都会很惊讶，原来这个人脾气这么大！一种新异感也油然而生。因为你刚才说到，当教师的生活相对封闭时，就容易产生滞足感，所以有时候也需要用某种精神的方式去打破这种滞足。

顾：（点头）对。

张：我想也不要用那种非常有撕裂感的方式打破它，而是用这种精神的方式。它是一种精神层面上的，将转化为一种内在力量的憧憬，所以新课程改革之后学校文化变化的一个重要方面就是，哪怕是一所小学，它也有勇气把当代最优秀的学者请到学校里来。虽然我们教的是 ABC，但是我们总要仰望比较高远的地方。所以恰恰是这种仰望，这种勇气，包含着一种见识，包含着一种责任。所以石梅的教师的目光可能不仅很温和，而且慢慢地也变得比较坚定了，温和加上坚定，本身就是一种智慧，所以教师慢慢就变得更智慧了！（笑）另外，我觉得更重要的是你做的第三件事情——"心灵之约"读书会。刚才在吃饭的时候我们聊了这个教育话题，我就在想，其实一种更重要的发展，是自我的觉醒。因为自我觉醒了，人就找到了一种人生的新的力量、新的方向，而这种新的力量、新的方向靠什么来支持，靠什么来丰富，靠什么来推动呢？还是靠阅读。跟书本、书本中那些鲜活的思想、思想背后那个隐身的生命打交道，这可能是更为重要的。

顾：它会让你的生活、生命变得更开阔。

张：对，还有一个呢，就是，一旦书出现了，就有了更多元的选择的可能，有了更多的自由表达的空间，教师才真正能够自明，就不容易——说得直白一点，就不那么容易被欺骗嘛！我觉得老师，你哪怕给孩子教最简单的"1+2"，教拼音，教一年级，这个老师都应该是聪慧的。因为他不仅是教这些简单的知识，而且是给学生的精神生命打底。在学生具体的问题情境里面，教师的价值判断，教师的临场智慧，都远比他所教的知识重要。

顾：对。

书是学校最能倚仗的评价标准

张：而这种智慧从何而来，我觉得阅读就是我们最能够倚仗的。有个生物学家说得很好，他说人就是被规定来学习的动物，我们不学习，就不能成其为人。（笑）这话听起来很夸张，但是对教师而言，这是我们的基本功。你做了这么一个基本功，现在三年过去了，你觉得成效体现在哪里呢？

顾：我觉得就是我刚才说的书院、书香和书生。书院是实际存在的，最让我感动与欣慰的是百年书院内的书香越来越浓，我们的读书会从2008年开办到现在，越来越多的老师主动、快乐地参与活动，这不是靠体制的、制度的制约去推动的。假期里，老师们就会一起你借我的书，我借你的书，哪本书你有，哪本书我有，互相借书看。就是说，爱读书，自觉地爱读书的老师越来越多，这也就催生了我所说的书生气息。同时，我们学校的内部刊物上也有我们很多老师的文章发表，即使是我们学校的内刊，老师发表了文章也依然会非常高兴。

张：（点头）这是真正的价值认同，它不是说内刊、外刊，不是说民间的刊物还是体制的刊物，而在于任何一篇文章，他都会用心地写。所以，有时候我收到你们的刊物，忍不住会给秋秋、你发个短信或是挂个电话，因为我确实看到这么一期一期下来，老师们在进步。这种进步，只要是对教育有辨别力的人，就会从字里行间看得出来。

顾：是看到我们对教育幸福追求的坚定吧！我是特别喜欢老师身上带点老师气的。

张：老师就应该长得像老师的样子。（笑）

顾：然后还有一些书生的本质气息。我们学校的办公室主任，他就老是担心，他感觉办公室主任应该是八面玲珑的，他说自己好像跟这个有距离。事实上，那天苏州的张翔老师来讲课，大大夸赞了他。我很认同，我觉得学校的干部还是要有学校的模样。

张：你这点说得太好了！我曾经在河南讲课的时候说了一个观点，我说学校的司机看上去都像老师。学校办公室主任首先是老师，只不过，他担负了另外的一个工作，就是办公室主任这个工作。

顾：所以我很高兴有时外界说我们的老师特别像老师这句话。他们说老师漂不漂亮，对我们来说还不是特别在意，哪个要是说石梅的老师走出来就特别像老师，类似这样的话，我就觉得特别的自豪。

张：也符合我那个"好教师三条标准"之一。

顾：（笑）对！

张：老师要长得像老师。有一次，有一个教科院的研究员跟我说，你这句话要是给我们院长听到，他简直会生气。我说为什么，他说这哪是教育学，我说我这是生命教育学。实际上，你到现实里去看一下，尤其是基础教育领域的老师，好老师的那种温和，那种从容，那种眼睛里透出来的慈祥，你能够很直接地感受到。我说的这些不是教科书里面告诉我的，而是我跟无数的老师照面获得的一种心得。

顾：我觉得越来越多的老师开始有这样的神采，当一位教师带着这样的神采时，那么每一个走进校园的孩子，他们眼中的老师都是很高大的，所有的家长，都是带着敬仰进来的。你能不能让他们有一种持续的敬仰，那就要你自己来经营你自己。如何获得尊严、尊重，我觉得就来自于一种教育智慧，使自己像教师，让这种状态通过学习能持续下去。

要让学校的每一个人都有成长感

张：你刚才说的话里，有一句我觉得说得特别好，实际上，你一进这个校园，校园里所有的工作人员都是教师，都应该有教师的品格、教师的责任、教师的工作方式。因为孩子在学校受到影响，那是一种整体性的影响，不单可以从班主任身上、数学老师或是语文老师身上，他也可以从门卫、学校的后勤人员，或者学校的工勤人员身上感受到某种影响。也就是说，他跟学校里面所有的员工照面的时候，会形成一种对学校的整体的印象。而所谓的整体印象就是学校作为一个生命的整体对他的生命的影响，它远比学校里有几个好老师对孩子的生命影响深刻而全面……

顾：所以我也就一直努力营造这样的校园氛围。

张：实际上，这里，我们就引出了另外一个话题了，就是面向全体教师的时候，你特别强调什么？

顾：面向全体教师的时候，我特别强调的两个字就是：成长。我觉得每一个人都要有成长感。不是说35周岁以下要做什么，35周岁以上就不要了。我脑海中一直有这样一个印象比较深刻的记忆，很多年前，经常有35周岁以下教师要参加什么，而35周岁以上就没有这种规定。当时有老师在私下里兴奋地说："快点，我马上就要过生日了，我就要35周岁了"，急切地盼望跨过这个坎，（张文质：就逃脱了）很多事情就不要他去干了。后来，我就觉得教师的成长应该是一生的。每一个人，他的成长都应该是一生的。36岁的老师也需要不断地成长和变化，因为他面对的孩子是变化的，42岁的也要，48岁的也要，50岁的也要，55岁的也要，甚至55岁退休之后我觉得仍然要！所以，我在面向全体教师的时候就会跟他们传达这样一种信息。

当然，我希望作为一个校长传递给教师的信息首先是温暖，我不希望有的老师看到我会诚惶诚恐，老觉得校长似乎看自己哪不顺眼，哪儿有点不对……

张：说得夸张一点，有的校长好像守在那里，等着教师犯错误。

顾：我就很不希望我们的老师看到我会有全身肌肉紧张的那种感觉，我认为校园就像一个大家庭一样，需要我们一起去把这个大家庭经营好。所以我觉得我需要给大家这种温暖安定的感觉，让教师不要为每天的工作担心校长的脸色。

张：一听说校长出差，学校都像过节一样。

顾：我的工作自然会遇到很烦甚至烦躁冒火的时候，但是一旦有老师进来，我就会克制这种情绪，我宁可一个人去消化，或者我们全家晚上去散步消化。我不希望引起教师的误会，因为有的时候我烦躁的原因也可能是不方便跟教师说的。我觉得温暖的感觉对老师来说很重要，这会让他比较安详地进入他的课堂去经营他的自留地。真诚温暖之后，就是老师的成长。我要告诉教师的是，大家都要成长，校长也需要成长。校长不一定都是对的，校长说的有的时候也是不对的，而且校长的起点也不是比教师高很多，只是在这个岗位上，这个职位需要我在原有的知识结构上做一些调整，可能跟教师的知识结构有些差别，但是成长的过程我们是共有的。只有我们一起成长，这个"家庭"才是和谐的。我记得我曾经跟老师们说过，就像一个家庭，如果夫妻俩能够非常默契地走一生的话，一定是两个人之间的离差比较小，这种离差是指思想上的。如果一个丈夫非常爱学习，他不断学习，思想进步非常快；他的太太却没有任何的学习，她仅满足于东家长西家短的饶舌活动，我想他们之间的差距、摩擦、裂痕一定会慢慢地出现。学校就像家一样，学校里所有的人我觉得都需要有一种成长，在这样一个成长的环境中，我们这个"家庭"才会向着善好的方向去发展。所以有一次我跟启东校长班的同行交流的时候，我就说生命化教育带给我一种生命的张力和成长感，我觉得一个校园有这样一种成长的张力，才是真实的，才会普惠每一个孩子。

生命化教育是学校自觉改变的生发

张：说到这一点吧，恰巧也正是我在想的。你看，一方面我作为一个生命化教育的研究者和实践者，今天在和你交谈，另一方面我们之间又没有签过任何工作上的协议，我也没有说从课题组角度来授权你们是生命化教育课题实验学校，学校也没有提出这样一个申请。实际上，包括很多其他学校都是采取这种很自然的方式，自然融入，同样也包括自然认同。其实这里面也有一个精神相遇的契机，我走进这所学校，做了第一次演讲，演讲之后学校老师阅读我的书籍，后来又有多次走进校园的机会，我们就是在这样的相遇里彼此接纳融合。实际上今天还有很多远比生命化教育显赫的课题，而生命化教育课题从来没有申请过任何一个级别的项目，它的自我定位就是民间课题、民间立场。那么对石梅来说，你们选择了生命化教育，学校门口写着"润泽生命，开启智慧，以人育人，共同成长"，显然它已经不单是作为课题，而是作为学校的办学理念，也可以说是学校的出发点，或者是追求的精神目标，我就特别想从这个角度来问问，你对这个课题有怎样的认识？

顾：首先，我对于课题的认识从不是以课题为哪一个层级课题来认定其价值的。我一直觉得课题不是一个任务，也不是对学校的包装，而是对学校的一种改变。可能是我骨子里有一种草根化的倾向，所以从以前到现在，我从没有对我们学校的课题能够申报多高的级别有任何的期待。我一直希望能找到一个能真正改变我的工作状态、我的整个团队的状态，乃至整个校园氛围和校园文化的课题，所以当看到和我有同样认识的课题时，我真的感动于生命里这样美好的相遇！（笑）

因为生命化教育不需要很烦琐的课题申报，只要你认同这样的价值观就可以加入，我就觉得这就是我在潜意识里一直追寻的东西。我以前做课题，总觉得做得很僵硬，这个僵硬一方面来自我们的知识结构，我老是说我们这些中师毕业的教师去做课题，对我们来说会找不到做教师的自信。之前我的一些师姐们，工作非常优秀，之后我们合作做课题的时候都是当我的副手。她们总说，她们不怕真心诚意地带孩子，去做一个好老师，但是她们做课题的时候总是有些惶恐，担心做不好。因为她们需要绞尽脑汁地去寻找使这些课题专业化的词汇，这对于她们原有的知识结构是极大的挑战。但是往深了想，想要做好研究一定需要理念的更新，要培养理性思维，然后才能走得更远。但是在从教前期提这种要求，她们会感觉门槛太高，担心自己做不好。

张：这里面有一个很大的问题，就是它打击了教师的职业自信。比如出于善心或出自于对美好价值观的认同，去疼爱孩子，这本来就极具意义，甚至是教育最核心的价值所在。如果觉得它很朴素就看不到它的意义，就否定它的价值，这是对教师的自我职业认同感的一种伤害。

顾：生命化教育让很多教师找到了根。首先来说，从关注自己的追求开始，改变自己的面貌，再传达给其他个体。这样浅显的道理，大家都懂，也觉得都可以试一试，这样就让教师的职业追求着陆了，找到了精神的依托。

第一篇 传承与超越

石梅的立校之本

张：你说到这里，我想补充一下，你看我每次到学校里就特别愿意和你探讨，说学校这个地方可以加些什么，这里可以减些什么，一方面是我对学校产生了强烈的感情，另一方面是觉得自己的建议在这里是有价值的。有时候到了某些学校，即使已经想到了某些好的点子，我还是会比较谨慎地想，我还是不说比较好。

顾：那是因为我们彼此生命里有了一种呼应。另外作为教育工作者，当我深入社会生活的时候我就会倾听来自社会、家长的声音，我就发现我们平常从教育内部来评价教师的标准，有时和家长是不同的，甚至落差会很大。然后，我就会想我们应该从哪个角度去评价教师。后来我发现，孩子看到的好老师，那才是真正的好老师。我们说的好老师是需要被孩子看好的老师。我们常常会评价教师，有时，管理者评价好教师会倾向于发表很多论文的教师，而听到很多家长议论，他们觉得教师发表多少论文不关他们的事，教师真心实意地待孩子才是真的，认真教书才是真的，认真批改好每本作业才是真的。如果把这些孩子撇在一边，教室里值日怎么搞他都不管，这个老师又怎能算是好老师呢？

张：（点头）你这个思考太重要了，这个思考正好跟我今天下午谈的那个话题形成强烈的共鸣。你看，我说的也是这些。教师工作最核心的东西是什么？是人性的那种美好的东西，如善良、疼爱、同情等；然后，外面一层是他的工作方式，他的那种耐心、诚恳、坚持；再外面一层才是他工作能力方面的，如专业素养以及专业表现能力。但是，如果缺了最核心的人性的内核的话，你就会发现，有时候别的能力或者素养也会有麻烦隐藏在里面的。所以我经常会这样想：生命化教育其实并不是我传达给你，你同时传达给我，这是生命化教育的一种方式，更重要的是我们彼此都触及了我们所理解的、所认同的一个教育的价值观。有了这样的一个前提，教育过程中会不断地有碰撞、有交汇、有共鸣、有相互的启迪。所以，我经常会说我记得上千个教师的名字，我不是炫耀我的记性，而是从每一个能记住的教师身上，我一下子就可以想到他有什么优点。而这一个个的优点，有时候当我静静地坐在那里念及的时候，我总是觉得它们是对我精神的滋养。

最后，我还想问你一个很有趣的问题：假如说当你某一天突然不做校长，不做教师了，换了一个职业，这个职业会是什么呢？让你自己选，你最想做什么？

顾：我这个人好像一直没有主动去选择过什么东西，突然让我自己选，那我得好好思考一下。我觉得医生我做不了，我害怕给人动手术打针，别人做金融我估计也做不了；做生意我肯定也做不了，让我手里拿着15块的东西去跟别人说卖30块，我肯定做不了。让我再想想看，经商、金融我都不行，我可能还是做一名教师。

张：（笑）那换一个话题吧。你还是做老师，在你有空闲的时候，比如说周末，正好什么事都没有，你最想做什么？

顾：如果是周末，我最想做的事情是我们全家去湖边。

张：到湖边晒晒太阳，发发呆，听听音乐，看看花草树木。

顾：没错，如果我退休，我可能会选择和一个老师学古琴，学画画，然后经营一个充满安静气息的家居小店，能够让我在那里按着自己的意愿张罗布置，给客人朋友提供咖啡、茶点和图书。

张：有时候我也会想我要去做什么，想着想着心里总有些不安。你刚才说什么学古琴啊，开一个自己喜欢的店呀，我这古筝肯定是学不来了，在乐器方面我实在是没有信心，开一个店我基本上也没有信心，那么我是否还具备其他能力呢？好像我没有。所以说有时候我想要不我就去从事一个这样的职业吧：就是专门跟人聊天的。你有什么教育问题，你就可以到某一个文化馆里面找那个老先生，那个矮矮胖胖的张文质老师，他可以跟你讲几句。也许我就适合坐在那个地方。

顾：（笑）那今后我们两个合作，我可以开个卖咖啡的店。

张：（笑）人家就会说，你到顾泳那个咖啡馆去找张文质先生吧，他反正一天到晚在那边看看书，偶尔写一点什么，有人找他说话他也挺高兴的。

顾：我还会在店里养一群猫。

张：我有点害怕猫，这跟乡村经历有点关系。因为只有在乡村有特别漆黑的夜晚，猫在那时就显得很神秘，而且猫这个性格，人家有时候说是古怪，有时候说是不可思议，用在猫身上都很适合，但不适合用在狗身上，所以我还是有点害怕猫的。但是如果你养在店里的话，它应该会对人亲切点。

顾：没错，我们家的猫就是这样子的。

张：我看我们今天这个生命化教育的话题谈得也挺生命化的了，就谈到这里吧。

八月桂花年年香

今天的石梅小学

现任校长顾泳（左）与老校长
钱佩智（右）的对话

与桂花院一墙之隔的昭明太子读书台

在实践中做一名 T 型校长

——石梅两代校长的对话

学校管理要横向融合，纵向深入

顾泳（以下简称顾）：钱校长，您是石梅德高望重的前辈校长（注：钱佩智先生曾于 1986 年 9 月至 1991 年 9 月担任石梅小学校长和书记），今天想与您就学校管理文化和历史积淀等问题作个回顾并讨教。

钱佩智（以下简称钱）：接到顾校长的电话，很激动。我已经退休很长时间了，很多观念和做法都不符合现在的要求了。

顾：时代在发展，但对人的关注，对人生命的尊重应当是学校管理中永恒的话题与命题。

钱：那我就谈谈自己以前的想法和做法，提不到文化的高度，不符合要求的千万不要用。（笑）

顾：我相信文化不是一个虚无的概念，它是通过像您一样的一代代石梅人实实在在的教育实践与行动表现出来的。

钱：对，我认为学校管理可以分为校园管理、常规管理、教育管理和行政管理四个方面。进石梅时我就有个总目标：要通过四个方面的管理，把学校办得生动活泼、积极向上。

在常熟市校长培训班上，我和年轻的校长讲过，校长要形象正、校情清、敢于抓。校长是一把手，是一所学校的灵魂。在长期的实践中，我发现校长有多种类型，有一种 T 型校长，是我认为比较理想的校长，"T"的写法代表的就是校长管理要横向融合，纵向深入。

顾：实践证明，您就是 T 型的校长。

钱：（朗声笑）还差得很远啊！20 世纪 80 年代中期开始提出培养开拓型人才，我正好被调入石梅工作。接到任务，我开始思考，校长的开拓要在哪里开拓，我想应该开拓在事业上，而不能开拓在酒桌上。开拓事业就不能墨守成规，人云亦云。当时我对办好学校就有两个想法：第一，校园要有生气；第二，校园要积极向上。要有生气，就是要改变学生在校园的生活方式，校园的早晨是需要书声琅琅还是生龙活虎？我在家长会上向家长征询意见，结果是两种生活都各有需求。我对生龙活虎的构思有很多，我希望早晨的校园有读书声，有体育活动，有科学活动，有外语角，有美术活动，还有诗歌朗诵。但当时限于师资、场地，未能达成。此事一直搁浅，未能办成，很遗憾。

顾：这样校园会因为有生机而充满生命的活力。尽管因为场地等原因未能完全如愿，但石梅的教育确实从此生动缤纷。

钱：是的，这些想法是符合素质教育规律的，是符合人的发展要求的。当时限于经济条件，只买了多台手风琴，开了兴趣班。当了三年校长后我当书记，不再担行政管理的第一个责任人。因为一直有一个让教育和课程适应人发展需要的想法，后来，一次偶然的机会，我迸发了实施劳动课改革的念头。这一改革的启动，让劳动教育从此成为学校办学的亮点，影响全省，波及全国。

顾：劳动教育拉动了学校的课程改革，也让一批孩子改变了生活方式。我讲一件事，钱校长您听了一定很欣慰。今年教师节庆祝活动中，一位曾经是石梅的学生、如今是石梅的教师的"老石梅"深情回忆在石梅的经历时说，他印象最深也最喜欢的就是劳技课了，长大后考上了师范大学，遇到很多同学们束手无策的事，他却能轻松应对，因为小时候的劳技课让他不仅掌握了一些简单的生活技能，更学会了对待生活的态度。

钱：听到有孩子受惠我确实很高兴啊。

顾：劳动教育改革的想法您是因何而起的呢？

钱：最主要是看了当时的教材《劳动教育》一书，书里只有劳动教育没有让学生真正地动手和动脑的内容。我认为劳动教育就要让学生亲身参与、亲自探索。

顾：劳动教育的改革也正是钱校长心中有"人"的成果，有了对人生命的尊重、对人发展的敬畏，就会思考人如何发展。这样的变革在 20 世纪 80 年代是极具开创意义的。这个意义不是因为它标新立异，而是因为它让学校管理多了对人内在需求的尊重。当然，就现实意义而言，这一改革也确实引起了各级领导、家长以及社会各界对学校的关注。

好学校，从关注每个学生开始

石梅小学优质教育多元感悟

钱：是的，学校的声誉有了很大提高。这一改革也为学校评上江苏省首批模范学校奠定了基础。同时，当时学校办学的经济困难也有了缓解。到石梅当校长后，会计告诉我学校账上只有几百元钱可以用，这样的窘境后来再也没有出现过。各级领导张罗，各级企业家慷慨相助，学校的经济状况改善了。

有一点，我非常有感触，那就是学校管理要发挥领导班子的集体力量，充分发挥集体智慧，不能因为校长是学校的灵魂，就让校长包揽学校的一切。我的管理办法就是每月召开一次工作研究会议，回顾上一月工作，计划下一月的工作，这样就避免了领导之间相互不通气的问题，更能集思广益。

学校管理者要带着思考的头脑

顾：这些实践为后来管理工作的制度化提供了可行性经验。

钱：（笑着点头）是的，每次开会前，各条线的人员就要先开会，内部分析讨论后再决定要在大会上提出的意见。

顾：这样的措施，让学校管理人员逐渐养成带着思考的头脑进入会场的习惯，会议的效率就能提高。我们作为石梅现在的管理人员，要在这些思维习惯上继续向钱校长学习。

钱：刚才讲的是校长要形象正，现在讲校长要校情清。我的办法就是，所有副校长既有管理工作的办公室，也有学科办公室。我自己总是在所有副校长和教师都下班后才走，副校长们下班前也会及时反馈要商量的事情。

钱佩智夫人：插个嘴，他当石梅小学校长那三年，非常辛苦，所以从不去菜市场，从不下厨房，从不洗衣服，活儿我全部包揽。退休了他要弥补，所以现在都是他做的。

顾：（笑）对，家庭的支持和学校同事的支持一样重要，相互支持才能关系融洽。各就各位互补互助才能把学校办好，把家经营好。

钱：我一有时间，就去办公室聊天，我最反感校长端着官架子，从不去教师办公室。校长多去教师办公室，教师有建议、问题，在聊天中就能得到信息。王化民校长说我总能在谈笑风生中开展工作，解决问题。

顾：内心装着教工，您到教师办公室走动就有了诚意和智慧。

钱：（朗声笑）校长就应该心里装着教工，否则就不是一个合格的校长。我在走动中把了解到的教师的长处、爱好都记下来，比如有的教师争取进步，我就让他积极靠近党组织，有的教师能力强，我就让他们多开课，接受锻炼。我还在走动中了解教师的实际困难，用现在的新理念讲就是以人为本。能解决的困难立即解决，不能解决的都回办公室记在记事本上。我一直笃信待人要雪中送炭，要实实在在。要解决困难，就要敢于打破常规，比如房子问题是教师最关心的事，怎样做到既符合规定，又顾及教师的实际困难，让大家都认为公平，是我当时一直在考虑的问题。我记得当时有个不成文的规定：家中有私房的就不能得公房。一位教师家中确实有私房，但仅有30多平米，还是三代同堂，这样的房子怎么够用，但按规定只要有私房就不能分。我坚持实事求是的原则，帮这个教师解决了房子问题。因为这名教师平时工作认真上进，而且困难确实存在，所以这次解决住房问题非但没有引起矛盾，反而得到了群众的一致称赞。

顾：处事要公，待人要平。从您分房子的故事里，我看到了一名处事待人公平的校长。

钱：当时很多教师私下说，钱校长是他们既想接近又害怕接近的人。

顾：我能理解，这是因为您雷厉风行的管理风格和您公平办事的做人原则让大家敬重和敬畏。

钱：我一向反对"团子"校长，做人圆滑，只要眼前的一团和气，只想做老好人，在外面有不少酒肉朋友，从不深入教学管理，这样的校长，是不顾学校长远发展的校长，是不行的。我也反对"豆芽"校长，虽然纵向研究很深入，但横向关系很不融洽，这样的校长也办不好学校。我欣赏的是 T 型校长。记得 1987 年开学伊始，我给全校教师作了一个报告——《我需要的校长和校长的需要》，我提出了我喜欢的校长应该是怎样的，为自己树立了一个标杆，确立了行动的准则，教师们听得津津有味。

校长要努力改善学校的办学条件

顾：日常管理深入基层，文化管理深入人心，您就是 T 型的校长。

钱：每次和教师开会前我总有三四天睡不好，一个报告我要写很长时间。

顾：报告的基调就是校长的思想，会议时间是校长和教工交流的密度、效度最高的时间，是实现学校文化管理的重要环节。您会前的精心准备，是一个想办好学校、愿办好学校的校长的责任心体现。

钱：我赞同你说的"责任心"三个字。一个人无论做什么，责任心很重要，只要有责任心，就能做好工作。校长的责任心还体现在敢抓，要敢于抓学校的大事和要事。我初到石梅时，一直为学校的发展受到经济问题困扰而苦恼。校舍、设备很差，我就想着要想办法争取各级领导的支持，以加大对学校的投入。正好有一位家长会后给我写了一封信，题目就叫《救救孩子》，这位家长历数了学校电灯、课桌、椅子、设备的种种问题……我正为如何向上级领导申请资金而费神，这封信来得正巧。我把信拿给局长看，局长陷入沉思。时任人大常委会主任的家长马国富同志看了后认为这个家长提得有道理。于是召集了五六十个企业家来学校座谈，当时市委四套班子负责人全部出席。这次座谈会彻底解决了学校办学资金困难的问题，我们把钱确实用在了改善办学条件上，没有一分用在教师福利上。比如原来只有电化教室才有的设备我们做到班班都有，每个班的日光灯都数量充足，我们还办了自然专用教室，在图书室添了藤椅，教师可以坐着看书，帮教师办公室装了天花板，还设了接待室。我用钱的原则是先学生、再教师、最后领导。

顾：这些措施对于改善当时的办学条件起到了很大的作用。教学环境和办公环境大大改善，为师生工作、学习提供了方便，也给大家带来一种新鲜感。这样的改变可能比物质上的福利带给大家精神的享受、内心的自豪要更多一些。

钱：是的。改善办学条件后，我千方百计地提高学校的知名度，这也是校长要敢于抓的一项重要工作。我们学校一学期组织一次大型的电化教育研讨会，邀请领导、专家和同行参加。我们还用三天时间举行了轰轰烈烈的校庆活动。省教育厅领导、苏州市教育局局长和常熟教育局全部领导都出席了。这些活动让大家对石梅小学有了认识了解，使学校声誉迅速提高。

顾：这些活动有特定的学术意义和历史意义，但更有意义的可能是增强了全体教工对石梅的自豪感和办好石梅的信心。

钱：（笑）确实是这样，大家团结一心很有朝气。

顾：达到了您办学理想的第二条——积极向上。

钱：积极向上很重要，校长要办事正、办事公，这样正气才能出来。

顾：真想听听您有关这个话题的故事。

钱：（笑）都是不符合当前形势的老故事了。今天高兴说说也无妨。比如在招生问题上，当时石梅小学班级人数超标，我担心影响正常的教学秩序，学校讨论后决定不收任何一个关系户。结果当时有位局领导自己去幼儿园帮孙女报名，这让园长很为难。我想，既然规定定了，那么不管谁的孩子肯定都要一样对待。我就和当时实验小学的李校长商议，能不能帮忙接收这个孩子，李校长一口答应，我很开心，马上到局长办公室向他汇报学校招生的困境以及李校长那里能够接收的情况。局长很通情达理，马上帮孙女办好手续。这件事的处理，让教师们也都心服口服。其实大家最希望的就是公平。

顾：无论哪个时代，公平都是最重要的。温总理说：公平正义比太阳还要有光辉。因为您工作细致，因为局领导的理解，您让全校教工感受到了公平正义的温暖。我相信，这也是石梅教工能全神贯注做好自己的教育工作的原因。那么，在学校管理中您还有哪些体会呢？

钱：（稍加思索）我觉得在学校管理中校长一定要抓好四件事，即思想政治工作、教学业务工作、生活福利工作和后勤保障工作。这四件事不能偏废。思想政治工作无疑是学校中的一件大事，是学校工作的灵魂，必须认认真真抓紧抓好。但一个管理者不能只抓思想，放松其他几项，否则思想政治工作变成空头政治。教学业务工作，是学校工作的中心环节，而如果一个管理者只抓业务，那么学校就一定会变成一潭死水。教职工生活福利也是学校工作中的一个必不可少的环节，但是如果学校热衷于教师福利，今天分鱼，明天杀鸡，教工就一定无心教学，学校就会变成一盘散沙。后勤保障工作同样要放到适当的位置上。只有这四项工作和谐发展，全体干部发挥好职能部门的作用，明确职责，齐头并进，"弹好钢琴"，学校才能生气勃勃。

顾：今天与您的交流让我深深感受到了您因为心中亮堂而人生从容，因为开明睿智而生活幸福。谢谢您能腾出时间与我对话，这样的对话对我来说是生命中的一次重要学习。谢谢您，更祝福您身体健朗、生活幸福，继续关心石梅的发展。

后记：

对话结束已近午间用餐时间，钱校长执意邀我们在他家用餐，钱校长女儿在我们说话时已不声不响地做了满满一桌的菜，我们当然恭敬不如从命了。钱校长乐呵呵地拿出两罐啤酒，我们的交流又继续开始，关于生活、关于事业、关于友谊……闲散的话题里折射出他对生命的通透理解，对工作的执著追问。

下午回学校，我开始细细整理与他的对话，反复倾听着录音笔记下的每一个洪亮铿锵的音律，心中对前辈愈发钦佩。钱老犹如一株铁干槎桠的古梅，疏枝横影塑造了他梅花般的高贵品格，唯有暗香盈袖才知他永远都是春的使者。

百年老校年轻校长的历史担当
——陶继新与顾泳的对话

胸怀：海纳百川，有容乃大

陶继新（以下简称陶）：如果说教师需要胸怀宽阔的话，校长就更加需要，因为校长是一个知识群体的管理者。有的教师还可能名气超过校长，这个时候，校长如果心胸狭窄，就会妒贤嫉能，以致压制打击这样的教师。而据我所知，您不但希望学校教师出名，而且慷慨解囊，让其更加有名。对于这个问题，不知道您是如何思考的？

顾泳（以下简称顾）：我很喜欢我们常熟的一家餐馆，原因来自它的名字——"海纳百川"。我喜欢它的名字里蕴涵的广阔。

一个管理者会遇到各种性格的工作伙伴。容人之短，用人之长，是我和伙伴们相处共事的原则。一个管理者拥有豁达的心胸特别重要，以便让每一位教师都拥有专业自信、人生自信，用心去做好每一件事。所谓"尽人事，听天命"，我们在乎的是过程和努力，对结果，则要学会坦然与平和。

我一直以为，在我们这个团队中，如果有教师成长得好、发展得好，我会很高兴；如果学校搭建的平台对他来说已经太小了，他能够往更大更高的平台上去发展，我更会为此欣慰，因为他的起点在这里，因为他曾是我们的同事。而我也始终相信，当他走出这片天地的时候，他会有眷恋，会有感激，甚至会有支持与回报。

我的老同事小 G 老师，是作家协会的会员，出版了一些儿童文学作品。这位优秀教师心中藏着担忧，担心领导会对她的"不务正业"有异议，担心同事会对她的"不务正业"有微词。作为当时的园长，我真诚地告诉她：你千万不要担心，你爱上了阅读与写作，你也就拥有了诗意与柔软的心灵。当你在业余花费大量的时间进行思考、写作时，你的知识、你的思想、你日渐温暖的心会通过课堂、通过接触传达给孩子们，这些熏陶已远远超出了课程本身。于孩子们而言，岂不是一件幸事？

陶：我在采访时发现，有的校长对教师的写作并不感兴趣，甚至觉得这是歪门邪道。其实，教师不但要教好课，也要读好书，还要写好文章。一个教师如果不会写作，在某种意义上说，不是一个真正意义上的好教师。陶行知和苏霍姆林斯基都是堪称大教育家的校长，都是写了大量文章的大家。写作，是人的精神和心灵的反映；写作的过程，便是精神锻造与提升心灵的过程。甚至可以说，写作会使人变得越来越有品位，越来越有思想，越来越有爱心。那么，在教育教学过程中，教师就自然会将这些传递给自己的学生。这种隐性的影响，有的时候甚至超过了正式教育活动与课堂教学。您在担任园长期间关注教师写作，恐怕来了石梅之后依然没改初衷吧！

顾：是的，甚至有点"变本加厉"。我们正用心创办一份校刊——《石梅苑》，我将其视做所有石梅人思想栖居的园地。这本费了心思、情意厚重的刊物里记录了老师们的教育心得、课改体验与人生感悟。它像一个立体的舞台，演绎着老师们的万象生活。在这里，老师们可以自由地言说，自在地呼吸，用各自独特的方式去实践"一棵树摇动另一棵树，一朵云推动另一朵云，一个灵魂唤醒另一个灵魂"的教育真谛。

好学校，从关注每个学生开始

石梅小学优质教育多元感悟

为了更好地促进教师的个人成长，我们的《石梅苑》还将推出一系列教师个人专辑。沈丽新老师的文集就是第一辑。沈老师游学英伦28天，记录了十万多字的文稿。这种勤勉与智慧深深打动着我，打动着身边的每个人。所以，我们愿意将它呈现给更多的人，哪怕这样做的确会有一笔不小的花费。

陶：我与沈丽新老师虽然接触了只有一天左右的时间，但已感受到她对教育的那份挚爱之情以及对文学创作的特殊喜好。学校为她正式出版一本书，这对她将是一个巨大的精神鼓励。在交谈中，她的感激之情不经意间就会流露出来。我想，她由此会更加喜欢写作，也更加喜欢这所学校，喜欢她所钟情的教育教学工作。另外，这还会在无形中产生一种辐射作用。那就是，更多的教师会将写作看做是一件"神圣"的事情。而一所学校如果有了更多喜欢写作和会写作的教师，这个学校就自然拥有了更加深厚的文化底蕴。这是学校发展的软实力，甚至比盖上几座大楼、增添一大批设施的作用还要大。不过，为她一个人出一本书，学校还要掏为数不少的一笔钱，其他教师会不会心理不平衡呢？

顾：您的这种担心，也曾有人对我说过。而事实上，这本专辑从装帧设计到内容编辑都是我们《石梅苑》整个团队齐心协力完成的。大家团结共事，只因为这是我们石梅共同的荣耀。

陶：看来，你们学校已经形成了一种文化氛围。教师不是看着别人发展了就去嫉妒，而是去学习、去欣赏。因为您的这种做法传达出一个信息：如果我努力写出一本书，校长和老师们也会像关注沈丽新一样关注我。教师向上发展的态势，会带动学校的蓬勃发展。

顾：是的，学校的发展，关键在教师。所以，"教师第一"是我一贯秉承的管理思想。我和老师们一起努力从传统的"自闭""自轻""自贬"中挣脱出来，去自由表达、真诚倾听、彼此欣赏，在石梅这个舞台上展示自己独特的美丽。

品行：爱心传递，温润心灵

陶：听说你们学校的教师特别富有爱心，甚至构成了一道最动人的"人性美"风景。那么，可不可以举个例子，让我们也感受一下那道风景的美丽呢？

顾：可以。我们《石梅苑》的封二曾介绍过这样一位老师——汪明波。他戴着眼镜，外表斯文，实际上却是坚强而执著。除去一名普通劳技教师的身份，他将无偿献血和公益事业作为自己生活的重要组成部分，倾注了大量的爱心和热情。踏上工作岗位以来，汪明波老师已累计献血2200毫升。他说，每次看见殷红的血液流进血袋，想到自己的鲜血能够让他人的生命重放光彩，内心就感到充实。同时，他还是一名造血干细胞捐献志愿者。2007年，汪明波老师获得了市首届无偿献血"爱心大使"的称号。

除了积极参加无偿献血，他更多的是去组织和参加公益活动。作为社会论坛爱心版的版主，他将爱心活动组织得有声有色——每年组织虞山保洁活动，去市儿童福利院送温暖，去市老年公寓打扫卫生，发动身边的朋友、网络上的志愿者捐书捐衣给贫困山区的人，组织爱心义演捐款活动等。所有这些付出，汪老师从来没有声张过。他甚至还心存顾虑，生怕影响了工作而遭到反对。我告诉他："爱心是一名教师最重要的情怀。一个人如果对社会能有博大的爱心，我相信，他对学校、对孩子同样是有爱心的。我为你感到骄傲，我们所有的石梅人也会为你骄傲的！"

事实上，对于这样一位充满了爱心的老师，孩子们是格外喜欢的。因为，卡尔·荣格也说过："课程必须由一个个知识点构成，但对于成长中的植物和孩子的心灵来说，温暖才是最重要的。"

陶：爱是没有边界的。如果将爱仅仅定位在学校之内，那就显得太过狭隘了。汪明波老师的爱几乎无处不在，这恰恰是教育的至高境界。我甚至认为，没有爱，就没有真正意义上的教育。特别是现在，爱的教育尤其重要。现在，个别人，包括有的孩子，已经不知道爱是什么，更不知道爱是何等重要。对人的生命，包括对自身的生命以及对动物、植物生命的漠视甚至戕害，有的已经达到了令人不寒而栗的地步。唤醒这些人的爱心，当是教育工作的重中之重。所以，对于那些有爱心的人，我们不但要敬仰，还要大张旗鼓地进行宣传表彰。让爱充满校园，让爱充满人间，才是教育的真谛。从这个意义上说，汪明波老师不但是你们学校的骄傲，也是全体常熟人的自豪。

顾：爱是没有边界的，爱更是可以相互传递的。正是基于这样一种思

好学校，从关注每个学生开始

石梅小学优质教育多元感悟

考，我们学校还成立了一个爱心团。这个团队里有老师，有家长，有学生，大家都是自愿报名的。我们希望借助这个团队，汇聚校内外的力量，营造一种爱的氛围，让爱洒满人间，让爱温润心灵，更用爱让我们的孩子懂得一份责任、塑造一种品格。

这个暑假，学校爱心团和社会义工组织联手开展了一次到涟水的访问活动。爱心团的成员们积极参与，带去了大量的书籍、衣物等，也带去了我们学校的扶助资金。大家实地参观了当地的校舍、民居，和那里的教师、学生进行了交流，每个人都感触深刻。在这样的对比中，不管是成人还是孩子，都开始重新审视自己的内心，学会珍惜、感激与回馈。

陶：由汪明波老师的爱心之举扩展到整个学校师生的爱心活动，又由学校辐射到家庭与社会，且组建了"爱心团队"，这需要教师的自觉，也需要您的引领。一个没有爱心的校长，是不会干这种"劳而无功"的事情的。如果每个学校都这样做，我们这个社会就会充满爱心，就会越来越美好。我认为，一个学校的教学取得突出成绩固然可贵，而让爱心不断传递就更加可贵与高尚。所以，这应是你们学校的一个品牌，它甚至超越了教学质量。一个品牌的形成，不但要有知名度，还要有美誉度。而这种美誉度的形成，正是你们学校所有教师以及学生共同在爱心道路上行走所结出的硕果。

顾：我们学校是有了一定的美誉度，这也是我们引以为自豪的地方。我特别喜欢冰心老人的那句话——爱在左，同情在右。怀揣着这样美好的情怀行走在教育之路上，该会成就多少美丽的风景！一位教师的生命中包含着太多的内涵丰富的东西：专业技术、知识积淀、社会责任感，而爱心，则是内涵最为丰富的精神所在。

引领：传播温情，润泽生命

陶：校长自身的发展固然重要，但是，校长又有着一种特殊的历史担当，那就是，校长还是整个学校发展的引领者。作为一个很早就在幼教专业方面取得很多成绩与荣誉的青年幼教教师、一个上任不久的小学校长，您是怎么看这个问题的呢？

成全教师的专业发展

顾：校长需要不断学习、不断进步，这是自身工作岗位的需要，也是对学校整体工作负责的需要。我非常钦佩那些专业素养很高的小学校长，因为他们不仅是管理的行家里手，更是学科的领跑者，他们是我学习的榜样。我相信，他们努力提升自己，也一定为教师提供了很好的发展榜样。

我学的是学前教育，参与过两年的小学管理。如今因为工作的需要，工作的重心完全转移到了小学教育上。接受这样的改变时，我 37 岁。我想，这个年龄的工作积累或许会让我有更深的发展可能和空间，但完全也可以让我适应归零，一切重来。而事实上，我也不完全是重新开始，因为我所在的幼儿园是附属于小学的。学校小学部领导和教师对我管理大型幼儿园产生重要影响。我在内心深处始终保留着对影响我的校长、教师最朴素的感激。尤其是直到如今，我的身边还有一大群堪称优秀的石梅同伴，我面对的还是可爱的儿童。

《西游记》是一部家喻户晓的经典之作。我常想，那个团队里，最无能的恐怕就算是骑着白龙马的唐僧了。他手无缚鸡之力，但他与能干的悟空、踏实的沙僧、开朗的猪八戒合作，竟然最终取到了真经，这当然不是他一个人的功劳，这个团队的共同信念、各司其职的努力、合理的协调无疑是他们取到真经的主要原因。所以，我的重要任务之一，就是让各个不同类型、不同能力的教师都有其施展才华的地方，都可以快乐地去做他们愿意做且可以做好的事情。

陶：一个好的校长，就是要善于发现教师的长处，而且要发扬这些长处，用好这些长处。这样，教师才会更快地发展起来。其实，任何一所学校的教师，都不会是平行发展的。校长首先要承认这个事实，将其视做一种动态平衡。同时，又要不断地改变教师的生命状态。这就要引领教师的发展，就要使教师人尽其才。甚至有的时候要牺牲自己的发展空间。如果教师这个群体发展了，那么这所学校就发展了，校长就成了这个团队发展的最大的功臣。

不过，有时校长的发展与教师的发展是会发生冲突的。在这个时候，恰恰可以检验一个校长是否将教师的发展视做生命。

顾：所以，作为石梅的校长，忽略小我，将手上这些所谓的权力和有限的资金投入教师的发展需要上，为教师的发展服务，让他们在这个领域做得更好，让他们在石梅这个空间里成为生命丰实的教师，是我应尽的职责。因为教师的成功就是石梅的成功，更是惠泽石梅学生的成功。我想，这就是做校长的快乐。

营造温情的校园氛围

陶：在采访教师的时候，我发现他们除了对您的人格和学识佩服之外，还特别欣赏您的人文情调，说您很会生活，尤其善于将自己的情趣传递给教师，从而营造了一个温馨的校园文化氛围。请您就这个方面谈谈。

顾："认真工作，情趣生活"是我的 QQ 签名，也是我的人生格言。富有情趣的生活会更好地推动工作。所以，校长为教师的工作多创造些情趣，也是有意思、有价值的事。所以，我总是在生活上更多地关爱教师，希望教师成为生命健康、完满的人。

陶：这也不单单是情趣问题，从本质上说，这是校长心里有教师。如果校长一味地想着自己舒服，就不会考虑到教师的感受，对教师这个群体就没有温情。

顾：很多人说我不像校长，还是像老师。其实，我很享受像老师的感觉。我真的觉得校长是为大家服务的一个特殊的岗位，所以我从没把校长定位为"一个好像有权驾驭学校老师的人"。我觉得作为一个校长，真的要心中有教师，这样，教师才能心中有孩子，他才知道被关怀是一种很幸福的事情。让教师感觉到他在学校里被重视，让他感受到学校给他的温暖，他就会在工作中得到更多的幸福。那么，可以想象，他会把这样的一种幸福感带到与他接触的学生中，我们的学生也就能受到一种更具温情的教育。

秉持诚信的办学信念

陶：孔子的主要教育内容是"文""行""忠""信"，他甚至说："人而无信，不知其可也。大车无輗，小车无軏，其何以行之哉？"可见，这个大教育家是何等重视诚信教育。可是，目前社会上甚至学校里作假已经不是什么新闻。殊不知，校长的作假会影响到教师，教师的作假又会影响到学生。所以，我们应当将诚信教育作为学校教育的一个重要内容。

顾：是的，诚信是人生的金律，我一直信奉。管理团队的公信力对学校工作的开展有很重要的影响。能力、才干之外，我觉得更重要的是诚信。弄虚作假，欺骗的只是自己，这是很简单的道理。如果校长有意作假，教师也会上行下效来应付你。所以，不管在什么情况下，我都绝不作假，即使由此影响到学校的荣誉。得到了一时的荣誉，往往需要付出更大的代价。

定位适当的得失境界

陶：一所学校、一位校长的荣誉非常重要，但是，这种荣誉不应是取来的，而应是水到渠成得来的。如果为了一己之名利而强为之，失去的东西也许更多。这就是有得必有失。所以，校长有得的时候，同时也要考虑会不会有失；而有失的时候，可以去想将来还会有得的到来。

顾：我觉得，荣誉的获得能激励学校的教师和学生看到共同努力下的点滴进步，但只有真实的积累才珍贵，才能换来学校的公信力、美誉度，也才能成为一个名副其实的好校长。

陶：弟子司马牛问孔子怎样才是君子，孔子回答说："君子不忧不惧。"司马牛不信，甚至提出了质疑。孔子说："内省不疚，夫何忧何惧？"是的，具有君子人格者，即使得到也要"内省不疚"，不然，就会既忧又惧。不是自然得到的，特别是那些不是通过正道得到的东西，就在他的心里埋藏下了大"失"的种子。

顾：今年暑期，我看到记者采访姚明。记者问他："这么多人关注你，这么多国人对你的爱有些超出了你的承受能力，你一定压力很大吧？"姚明沉思了一下，然后说道："是的，但是很少有人有这样的机会承受这么多的关心和爱护。承担这些压力，是我应该的。"我觉得，这跟校长的岗位一样。有的时候也有些焦虑，因为你必须要活在这个很现实的社会里。但是，我同样会说服自己："你是这个学校的校长，你就不仅仅是你自己。你既然承受了这些压力，你就必须自己去消化。焦虑、暴躁，甚至把这不良情绪发泄出来，是不会解决问题的。"我有自己的调节方式。我会找一个很好的咖啡馆，坐在里面，带着我的笔记本电脑，我觉得我会慢慢调节过来。教师出现什么情绪，我都能够体谅。然后，我就会想怎么把事情处理得更好。我不会让这个烦恼蔓延，基本上让自己保持良好的情绪状态。

陶：良好的情绪对人的身体健康影响是巨大的。所以，一个人要真的处在良好的情绪状态中，有一些阿Q精神还是非常必要的。不能将这种心态定为消极，因为人与人相处的时候一定要宽容，宽容是一种美德。改变对别人的看法，对自己来说，会获得心理上的快乐；对别人来说，还得到了善待。这样，才能有一个良好的群体关系。尽管有失，可是，得到的也许更多。

顾：是的，我也常常这样想。所以，我几乎天天快乐着。

视野：关注阅读，诗意生命

陶：在采访教师的时候，他们几乎都说起过你们学校的"心灵之约"读书会，说那是一个读书的特殊场所，也是一个心灵栖息的家园。曹丽秋老师甚至说它是一个使人走向审美的、富有诗意的地方。那么，教师为什么如此钟情于这个读书会呢？

顾：说起这个读书会的组织，还真是很有意思。每个月的一个晚上，我们会把会议室进行一番精心布置，将桌子重新摆放，铺上素雅的台布，提供各式茶点、咖啡、水果，然后在轻柔的音乐中开始我们的读书之旅、心灵邀约。每次读书会，我们的主持人都会用心策划，从结构的安排到气氛的调节甚至礼物的发放，无一不仔细推敲。在这样宽松而温馨的氛围中，教师便会忘却一天工作的劳顿，敞开心扉，畅所欲言。读书会上，大家或是深情诵读，或是自由辨析，或是诚诉疑惑……每到兴奋处、叹息时，室内便会流淌出一串音符，那是音乐教师在钢琴上即兴奏出的旋律。于是，所有的人便都融入了此情此景之中。我觉得，从形式上看，这是一个小小的茶话会，其实，它改变的是教师的心态。久而久之，他们便不会用一颗坚硬的心、一个坚硬的外壳去做一名教师。这种柔软的带动会让他用柔软的心踏进他的课堂，然后柔软地对待孩子。

陶：读书本来就是快乐的精神之旅，而您又在这个读书会中特意布置了富有诗意的"插曲"，读书会更加有了审美乐趣。

另外，教师之间、教师与领导之间也是需要心灵交流的。这个读书会，还为人们之间的心灵沟通提供了一个载体。教师既在读书过程中提升自己的文化品位，也在读书过程中与其他人进行着心灵对话。所以，这种读书会，是"以文会友"，也是"以友辅仁"；是增长智慧，也是在增进感情，可谓一举多得。

顾：是的，我们从去年成立这个"心灵之约"读书会的时候，就确定了"以书会友，坐而论道；开阔视野，荡涤心灵"的宗旨。我们期望教师能在阅读与交流中体会成长的快乐，努力做充满热情、乐于读书、善于思考、尊重他人、超越自我的石梅人！这样，他们才能带着对幸福生活的敏锐感知参与学校的教育工作，而不是一个个机械的知识传递者。

陶：读书的内容不能单一，除了让教师读教育的书之外，还要读教育之外的书。如果只读教育类的书，就会如苏东坡的诗所言："不识庐山真面目，只缘身在此山中。"只有既读教育的书，又读教育之外的书，甚至是高层次的书，教师才能视野大开，才能走进苏东坡所说的那一种境界："横看成岭侧成峰，远近高低各不同。"

顾：我们的看法是一致的。全校教师除了读一些教育名著之外，我们还向教师提供了如李开复的《做最好的自己》等企业家的书。这些书的内容并不生涩，和教师的日常工作很贴近，也具有很好的价值引领功能。他们的文字折射出的对于环境的认识，对于自我的定位等，都能帮助我们更好地认识自己的职业价值，拥有积极、平和的健康心态。以后，我们还将阅读更多的教育之外的书，不断地拓宽教师的阅读视野。

陶：据高校长讲，每年学校都要免费向教师提供一些优秀图书。当一个群体都在读书、读好书的时候，其实都是在接受高尚情趣的熏陶，其作用甚至超过了某个教学技巧的传授、某种课堂教学方法的分析。

顾：是的。学校需要文化的引领，必须有一些东西把零碎的思想集中起来，让教师把目光集中到这里来。至于教学技能，我认为，当我们在积极的意识状态下的时候，我们技术的培养、调整都不会是困难和艰涩的。况且，读好书还可以养颜，使人更加健康。所以，读书有着超越教育本身的更大价值。

陶：读好书，可以使人长期处于快乐、愉悦的心境之中，不但可以丰盈思想，还可以促进心灵的内在和谐。而心灵的和谐，才是健康之本、幸福之道。我写过一篇题目为《读书，使我驶进宁静的心灵港湾》的文章，认为诵读好书可以使人物我两忘、优雅从容、淡定自然、快乐无比。如果天天如

好学校，从关注每个学生开始
石梅小学优质教育多元感悟

此，月月如此，年年如此，那么你还会不健康吗？我甚至有一个新的理念，那就是：人是可以不得病的，即使得了病，也是可以自己治愈的。要真的达到这种境界，不仅要锻炼，而且要读书，通过读书抵达心灵的高贵境界。

顾：确实有道理。我发现，教师通过读书，都发生了变化，而且都是向好的方向发展。我想，如果过上三两年，当您再次光临石梅小学的时候，就会发现，我们的教师将变得更加优雅、美丽。

注：陶继新，山东教育社编审，《创新教育》（报道版）执行主编，《新世纪文学选刊》（教育文学）执行总编，山东省作家协会会员，中国教育学会小学教育专业委员会学术委员会副主任、山东学术研究基地理事长，山东省教育学会中小学作文教学研究专业委员会理事长、山东省教育学会教育管理专业委员会副理事长。

石梅精神的梳理与创新

初到石梅，就被这所经历岁月洗砺，文化积淀深厚，彰显着优雅、谦恭、厚重、大气、从容的教育风度的学校所吸引。

面对这样一所传统与现代建筑风格自然融合的校园，每一个站在石梅历史链接点上的人，都愿意从教育传承的视角去关注学校的教育细节，审视学校的教育作为，检省学校的教育文化，从而明晰她作为一所百年老校存在的历史价值和现实意义，为今天的学校教育发展提供可资借鉴的经验。

好多人提及石梅，都会谈起石梅的电化教育与劳技教育。确实这两大项目的成果在一段时间内是业界的标杆，是石梅发展历史中的骄傲业绩。而我以为，更为弥足珍贵的应是在学校特色项目和特色课程建设过程中，每一位石梅前辈身上体现出的"忠诚""责任""激情""奉献"等石梅精神。

人无精神不立。一个人的成长如此，一所学校的发展亦如此。而学校的发展关键在落实，落实的关键在人，人的关键在精神状态。在梳理思路的过程中，我们达成如下共识：

1. 石梅信念：石磬由天砺，梅香自苦寒。石头经历自然的洗砺才能成为乐石，敲击出清亮的妙音；梅花唯有经过寒冷冬季的考验才能绽放，散发出悠远的浮香。石梅和石梅人要想拥有珍贵品质、美好才华，需要不断努力、修炼，克服困难才能梦想成真。

2. 石梅承诺：石琢成器，梅绽浮香。作为百年石梅的传承者，全体石梅人定将秉承"忠诚""责任""激情""奉献"的石梅精神，忠于原则，忠诚工作，做对自己行为负责的石梅人；发扬明德至善、强学力行的石梅校风，做专心、专注的石梅人；坚持"对孩子负责、对家长负责、对社会负责"的办学理念，做诚信、尽责的石梅人。精诚合作、全力以赴，努力办有品位、有品质、有品格的基础教育精品学校。

3. 石梅格言：①人以正为高，事以公为大。②卓越的品质要从个人做起。③凡事先想到孩子就错不了。④用责备别人的心责备自己，用原谅自己的心原谅别人。⑤一个人的高度并不重要，重要的是他向上的姿态。⑥世界的路用脚走，人生的路用心走。

这样的信念和格言折射出石梅的传统精神，既包括民族的教育传统，也包括植根学校土壤的办学传统；既包括曾创造过辉煌的经验，也包括历尽挫折走出困境的感悟。它是几十代教师智慧的积淀，它是无形的，但它是有力的。

《中国教育改革和发展纲要》明确指出："中小学要由'应试教育'转向全面提高民族素质的轨道，面向全体学生，全面提高学生的思想道德、文化科学、劳动技能和身体心理素质，促进学生生动活泼地发展，办出各自的特色。"办学特色是学校发展的持久动力，是学校教育优势的集中反映，也是学校办学风格的具体体现。它是在全面和规范发展的基础上产生的，同时，又能反过来促进学校各项工作的发展。

在石梅发展的历史中，无论是"电化教育""劳技教育"还是"综合实践课程"，都是历任领导基于学校的发展历史和实际，在合理目标定位的基础上取得的硕果。因而，在新的起点处，我们同样需努力做到在对传统文化的吸纳、传承中有所突破。

在思考如何继承发扬学校特色的问题时，石梅人首先确立了一个思维基点：不为特色而特色，延续或创建特色的目的是促进教育的发展。这个基点的核心是真正能为学生的生命奠基，办人民满意的教育。

鉴于以上的认识，学校确定了"书卷校园、首善德育、争鸣研究、儿童

好学校，从关注每个学生开始

石梅小学优质教育多元感悟

立场"的特色观。

1. 书卷校园——"五六月间无暑气，百千年后有书声"。石梅古书院"庭院深深深几许"的情致，寂静的石子路，紫藤架下落叶飘零的景致，都散发出淡淡的诗意与书卷气息，令人浮想联翩。腹有诗书气自华，最是书香能致远，让校园有更多读书的身影，让校园与古典、与优雅有更多的接触机会，是书卷石梅的永恒追求。

2. 首善德育——全员德育、全程德育和全面德育是我们的德育观。在这样的德育观下，首善是我们德育的切入点。我们深信，善良、孝心、分享、给予、同情心这些品质是良好品德的根基。我们除了利用少先队阵地、班集体力量、校园媒体等，还充分利用石梅爱心团这样一个由教师、家长、孩子三部分成员组成的义工团体，让每个成人以自觉行动完善自我，通过每个成员的自主带动，引导孩子树立追求善好生活的理想，找到追求善好生活的正确途径。

3. 争鸣研究——知识仅是工具，思考才是力量。我们尝试着完善教师参与学习研讨的学分考核制，以石梅夜话、石梅讲坛、"心灵之约"读书会、对外教育教学交流等多样的研讨方式激励更多教师主动参与反思型、研思型的教育教学研究活动，加强与本市、外县市以及国外教育机构的合作，形成石梅校园内百家争鸣的学术氛围，使教师在开放悦纳的研究氛围中博采众长，相互欣赏，增强自信，拓宽视野。

4. 儿童立场——我们以生命化教育理念为支撑，以学校十一五课题《构建适合师生发展的校园生活》为指引，在教育、教学、后勤服务工作中更多落实儿童立场的理念，真正认识儿童、理解儿童、关注儿童，让学生成为课程内容的建议者和建设者，改善儿童的评价纬度，通过争走石梅星光大道的方式，借助儿童成长手册的规划，让灿烂、温暖成为石梅学子校园生活的永远记忆。

这些细碎的思考仅仅是单薄的断想，因为它还未经历足够的实践检验与岁月砥砺。但每一个石梅人都将以感恩书写责任，用感性融蕴思考，以诗情通涵理想，以意首平常、志存高远之信念，带着热情、活力、谦和行走于从校园改造到校园文化建设、从课程开发到课程文化营造、从把握现状到坚持办学使命的教育旅途中。

（顾　　泳）

第二篇

首善德育：
远大前程的基石

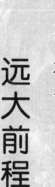

首善德育的要义，即：在孩子人生的起始阶段，给予他们以"善"的引导、"德"的熏陶，从而使之形成健康、积极的人生观和价值观。

"学高为师，身正为范"，高尚的师德是学生道德修养的楷模。因此，通过读书沙龙、青年教师夜校、辅导员论坛等载体，我们不定期组织主题研讨，彼此释疑解惑、互动影响，在一次次的思想激荡中，我们的心灵得到润泽。"责任，让我们携手同行"并不只是与家长的约定，更是对全体石梅孩子的承诺。

苏霍姆林斯基指出：只有能激发学生进行自我教育的教育才是真正的教育。因此，"让德育更具亲和力、让德育少些说教的痕迹"成了我们努力的目标。我们会在新学期伊始，为每位学生精心准备一份特别的礼物，给他们即将启程的学习之旅装些启迪和激励。我们也会根据每个年级孩子的年龄和心理特点，精心设计丰富多彩的活动，以润物无声的德育营养孩子的心灵，丰富孩子的精神世界。我们还成立了由教师、家长、孩子三方组成的"石梅爱心团"，进行捐资助学、义务献血、手拉手结对的活动，在校园内外掀起了传递爱的热潮，也在石梅校园写下了对"善德"的礼赞。

在锤炼师德的过程中，我们的教师"换一种方式交流"，成为孩子的良师益友；在活动育人的过程中，我们的孩子获得了真善美的体验，"人人都是石梅星"便是最好的例证。我们重视孩子责任感的培养，提供岗位让他们实践、锻炼、成长；我们着力展示"全员德育、全程德育、全面德育"特色，组织师生编写中队辅导员报、家校联系"同心桥"报，以便让"首善德育"理念辐射到每一位家长，乃至更广泛的社会群体。

因为，让孩子在起始阶段就得到最好的教育引导，是我们最真的心愿。

体验，让儿童成为自我教育的主人

著名教育家朱小蔓一直主张这样的观点，道德教育不能离开生命中的情绪感受、情绪表达、情感体验，即不能离开生活的基础去奢谈什么道德，去幻想某一天就变成一个道德高尚的人。简而言之，对于小学生来说，要促进他们行为习惯的养成、道德品质的提高，很重要的方式是实践体验。

德育过程是使学生的思想品德得到完善的过程，是德育工作者借助一定的教育手段、方式去实现已经确定的德育目标要求的过程，是由教育者的教育引导与受教育者能动的认识、体验和践行组成的双向互动的过程。在这样的过程中，每一个生命个体都能获得不同程度的发展。

在小学阶段，少先队组织是落实德育目标的一个重要载体，丰富多彩的活动则是少先队的灵魂，"在实践中体验"是少先队活动的重要特征之一。

体验，是少年儿童自身的体验，他人无法替代。通过体验，学生会不断深化对做人做事道理的认识；通过体验，学生会对道德的本质有更深刻的认识；通过体验，学生的推理能力、选择能力可以得到提高，最终形成良好的行为习惯。

体验，并非空洞的说教，而是在客观现实中亲身实践。要从小处入手，从儿童的日常生活入手，从他们的实际需要入手，采取灵活多样的活动形式，激发学生参与、体验教育活动的兴趣和热情。

在实践中体验，我们的孩子才能成为自我教育的主人。

【经典案例1】校园岗位角色体验

学校不仅是学生学习知识的主阵地，同时还是培养他们各方面能力的场所。"校园岗位角色体验"就是发挥儿童主体作用的活动。活动给孩子们建立一个蹦起来够得着的目标，激励孩子用自己的双眼去观察、寻找岗位，用自己的心灵去体验、品味角色。

在"红领巾礼仪岗"上，队员用规范的礼仪迎接老师和同学进入校园，同时也规劝同学不要将点心和零食带到学校，他们面带微笑、仪态大方，在为他人服务的同时受到了别人的尊重，并且懂得了怎样约束自己的言行；在

"红领巾超市"中，孩子们设计广告、推销商品，在体验中学习消费和理财，从而树立正确的金钱观念和消费观念；在"红领巾电视台"，小记者寻找校园亮点、编辑撰写美文，与小主持人一起将童年生活的美丽与希望播撒到每一位石梅孩子心田，校园因此而显得更加生动与开放！

校园是一方天地，各种岗位角色等待着孩子们去体验：图书管理员、节能监督员、环境小卫士等。由于岗位不同，对学生的要求也不同，这使得每一位孩子都有了选择的方向、参与的目标。于是在轮值中，队员们俨然以"学校主人"自居，把关注的眼神投放到学校的每一处空间。"课堂、走廊礼仪常规""校园果树的维护""后山游戏规则"等新的服务项目被提了出来。"心语信箱"有了"你当家我点评"的来信、来稿；中队活动观摩中有了"值勤苦与乐"的小品表演……

是的，岗位意味着责任，也意味着与人交往。让孩子在岗位中锻炼，体验服务的快乐，体验与人合作的重要性，体验集体主人翁的自豪感，在体验中培养他们良好的行为习惯。

【经典案例2】雏鹰练翅展翼社会

人是社会的存在，一个人参与社会建设、管理和服务的过程，实际就是社会化的过程。我们把少先队活动的目光投向社会、投向社区，为学生的社会化活动开辟新空间。

在我们学校附近有一个部队——汽车营部队，他们训练时经常从我们校门口经过，那整齐的队伍、响亮的口号引得孩子们无比羡慕，也触发了学校少先队的工作灵感，于是在大家的努力下，我们创办了"石梅小学少年军校"。11月份，正是天气寒冷的季节，五年级的学生穿上迷彩服住进军营，进行为期一周的生存能力和军事能力的训练。进入营地，同学们开始接受军事化训练：整理内务、集会排队、班组竞赛等。每天一大早，在嘹亮的军号声中开始登山拉练、长途野炊、正步练习、障碍攀爬……同学们吃的是部队的粗茶淡饭，睡的是军营的木板床，真真切切地体验到军营的神圣和纪律，体验到军人的责任和刚强，这些直接影响孩子们的行为和素养。

我们还引导孩子们组成雏鹰假日小队，走进社区开展环保活动、爱心活动、文明宣传活动。孩子们在居民楼擦扶梯、扫楼道，给爷爷奶奶讲故事、带小弟弟小妹妹做游戏，或自发走进特殊教育学校和福利院，帮助残疾儿童整理宿舍，教他们读书游戏，给他们表演节目。活动让孩子们懂得了什么是爱、责任和自强不息。

我们还组织学生组成"小小讲解员"队伍，在学校附近的常熟市博物馆担任"常熟文化历史展厅"的义务讲解员，使学生的综合素质得到了提高，交往能力得到明显增强，学会了表达、倾听和共处。这一活动也使他们分析处理信息的能力普遍到提高，学会了如何对信息进行有针对性的分析和处理。

我们也担任市图书馆的"图书整理员"，在虞山森林公园做"护林防火宣传员"等。小小雏鹰在社会各个领域锻炼羽翼，在接触社会的过程中内化道德要求。

【经典案例3】魅力石梅的闪亮童星

童年，在石梅的校园是有梦想的，是会冒出嫩嫩的芽儿和绿绿的叶来的。小小古琴演奏家、小小虞山读书迷、小书法家、小画家等都会在"星光大道"上走一遍，接受那一枚鲜艳的"梅花奖章"。给他们颁奖的是学校的领导，是家长代表，还有来自社区的嘉宾。我们总能看到，六月的校园阳光明媚，宽阔的操场上一条鲜红的地毯长长地将两端衔接成希望。沿着干净的绿色塑胶地毯坐下的是满怀兴奋与期待的石梅学子。音乐声中，鲜花舞动，群情激扬，这便是石梅学生争走"星光大道"颁奖仪式的现场。

能够走上星光大道，那是一次至高的荣誉。就以"文明星"为例，怎样做一个讲文明有道德的小学生？怎样用自己的行动为校园增添光彩？怎样在成长的道路上留下一串美好的脚印？没有过多的说教，孩子们在老师精心设计的活动中自觉参与、努力拼搏。

一颗五角星是起步，它代表了孩子在文明礼仪方面的进步，评价的对象可以是班主任，也可以是任课教师，甚至可以是家长或同伴。10颗五角星是台阶，它代表了孩子可以再申请第二层次的竞赛：换取一朵代表学校形象的梅花奖章。5朵梅花奖章是机会，它表示孩子获得了一个"文明礼仪"的奖杯。谁得的奖杯多，谁就有机会通过班级的评议，参加学校组织的"石梅星"评比。

这样的活动是激励也是体验，让孩子们在各项实践中感悟品德养成的重要性。

生命化教育的主导作用突出体现在调动儿童的主体积极性上，把教育看做是对生命的点化或润泽，那么少先队活动的体验和实践就是对孩子道德生成的一种人文关怀。孩子通过主动参与道德体验和实践，从而实现道德素养的内化。丰富多彩、富有实效的实践活动是少先队组织的生命力所在，它丰富了孩子们的人生经验，赋予生命存在以重要的价值。

同时，少先队还是一个政治性很强的组织，有着自身独特的文化，因此，我们在开展少先队生命化教育的活动时，又体现其根本属性。

1. 与少先队小课题研究活动相关联

少先队小课题研究活动其实类似于成人开展科研课题的工作，它是学生运用研究性学习方法，通过自主实践、亲身体验，掌握基本的科学方法，提高解决问题的综合能力的一种探究活动。开展这项活动必须立足于队员的生活实际，引导队员发现问题、筛选课题、设计方案，进行探究活动、总结。如学校组织的"肯德基的一天""双休日的活动方式调查""书院街十字路口一小时的汽车流量情况"等，都以中队为单位开展。这些体验、实践活动，培养了孩子们的探究精神、参与社会调查的兴趣和分析整理的能力。

2. 与节日、纪念日活动相关联

在各类节日和有特别意义的纪念日期间开展相关体验实践活动，可以培养学生爱祖国、爱人民等美好的情感及良好的道德行为习惯。

可以利用的节日、纪念日很多，因此，不管是少先队大队还是中队、小队，都可以组织开展相应的少先队活动。这些节日、纪念日基本上可以分为六类：法定的政治性节日、纪念日；与重要人物和事件相关的纪念日；传统的农事和时令性民俗节日；国际性节日；少数民族节日和区域性节日。由于活动比较频繁，因此，在设计、组织时就要注意推陈出新，吸引学生主动参与。在石梅校园，"绿叶对根的情意"教师节庆祝活动、"我型我秀"六一儿童节大型游艺活动、"校园文化艺术节"等节日活动一直举办至今。学生在这些活动中体验到成长的快乐和责任的神圣。

3. 与重大时事、热点新闻的少先队主题活动相关联

开展适应时势的少先队活动是学生德育工作的重要内容，学校少先队大队部特别重视结合重大时事和热点新闻开展相关的教育活动。"学飞天英雄，当石梅之星""迎奥运、文明行""心系汶川爱飞扬"等活动点燃了孩子们生

命的激情，点亮了他们的梦想。学生参与着、体验着、感悟着、收获着。

这些活动，使学校的少先队组织有了强大的生命力，也使石梅少先队在社会上形成了巨大的影响力。孩子们在教师用心设置的教育情境中体验、实践，成为自我教育的主人。作为教育工作者，我们能做的，就是从关注孩子们的成长出发，考虑他们的需要，不断地探索、实践、创新，让活动触及儿童的心灵、让儿童的生命绽放如花的风采。

（顾惠芳）

行走于爱的德育之路

生命化教育理论的创始人和践行者、著名哲学家黄克剑教授在与张文质老师的对话中提出了教育的三个价值取向，这深深启迪着作为班主任的我们。黄先生认为，教育的三个价值取向应该是：授受知识，开启智慧，点化或润泽生命。是的，生命是需要点化和润泽的，而点化和润泽孩子生命的源泉是什么？就是爱。因为爱包含着对生命的崇敬，对生命的敬畏，对生命成长的成全。因此，润泽生命应该从爱开始。

一个心中有爱的教师在学生的心目中就是高尚人格的化身。学生以教师之是为是，以教师之非为非。教师要把学生造就成什么样的人，自己就应当是这样的人。作为班主任，我们不但肩负着"授业""解惑"的任务，更重要的是充当"传道"者的角色，因此，我们要注重炼好"内功"，注重自己的师德修养，做学生的楷模与表率。我们不只把教师的爱心理解成对学生的爱，对学生的呵护，我们还要把这种爱心理解成对教学、对管理工作、对学生、对学习、对创新等的广泛的爱。

【经典案例】班主任大练功——"我和我的学生"演讲赛

一名优秀的学科教师，可以教好一个科目；一名优秀的班主任教师，可以带好一个班级，影响一批学生。为此，学校组织全校班主任苦练内功以不辱使命。"20111"工程就是石梅班主任大练功系列活动之一，它要求每位班主任每学年写20篇教育随笔，读一本教育专著，研究一个教育现象，写一篇研究论文。

苏霍姆林斯基说过："教育教学的全部奥秘也就在于如何爱护学生。"高尚纯洁的爱，是开启学生心智的钥匙，是点燃学生求知火种的火苗。作为受教育者，学生是一个个有感情、有灵性的、活生生的人，他们有自己独立的人格，有着强烈的自尊心，都渴望得到老师的爱护、关心和尊重。作为班主任，应以宽广的胸怀热爱每个学生，应以发展的眼光客观公正地看待每一个学生。班主任要给每一个学生尽可能多的鼓励，尽可能多的信任，尽可能多的赏识，尽可能多的尊重。我们应给那些所谓的"差生"更多的帮助，在心中给他们留着更好一点的"位子"。因此，班主任大练功系列活动特别重视爱生教育，举行了"我和我的学生教育故事"征文演讲比赛。班主任将自己教育学生的个案写成了一则则感人的教育故事，行文流畅，主题突出，事例典型、情节感人。

周丽娜老师在《师爱如水》中写道："每个人都需要关心帮助，特别是那些暂时落后的孩子。让我们宽容地对待，亲切地关怀，友善地帮助他们，让师爱成为润泽孩子童年的清澈泉水。师爱当如水！"

田祎明老师在《小心轻放孩子心》中写道："从那以后，文文变得活泼起来，我也不知道这件事会在她的心里留下什么痕迹，只是深深地感到孩子的心就像那美丽的水晶，那样的美好也那样的脆弱，需要我们每一个为人师者用心地去呵护。让孩子的每一天都因为有了我们的关爱而总是明艳，就像那句发自肺腑的小诗'老师的伞下永远是晴天'所描写的一样。"

王燕老师在《特别的爱给特别的你》中写道："也许这就是爱的真谛：对待学生，多看一些优点，少看一些缺点；多一份理解，少一份苛求；多一份宽容，少一份埋怨；多一份关爱，少一份指责……让我们的学生在老师的关爱和呵护中健康成长。"

爱使教育成为真善美的传递，爱使学校成为真善美的发源地。心中有爱的人不嫉妒，不自夸张狂，不做羞耻之事，不求私利，不轻易发怒，不计较别人的恶，喜欢正义与真理，凡事包容，凡事相信，凡事希望。

我校特级教师王美卿是班主任的楷模。王老师将班主任工作视为一生的事业，她把自己所有的智慧和精力都毫无保留地奉献给了石梅小学。直到现在，七十多岁的王老师也没有放弃心中的追求，经常到校指导青年班主任开展工作。我们定期邀请王老师作有关班主任工作的讲座，王老师的人格魅力

好学校，从关注每个学生开始
石梅小学优质教育多元感悟

影响着一代代的班主任。

当前普遍存在的班主任职业倦怠告诉我们，班主任最缺少的是专业信念，心中缺乏的是一种大爱。专业信念是班主任做好本职工作的精神动力，是班主任专业成长的关键所在，它能使班主任在工作中产生强烈的进取心、信心、勇气和毅力；它能使班主任在物欲横流的今天感受到自己作为一名教师的幸福。很多教师不愿意当班主任，这说明了班主任责任重，压力大，更说明了班主任爱的信念的缺失。

爱是灵魂深处飘出的人性芬芳，她在心与心之间弥漫……石梅的班主任将通过阅读和思考，带着健康的身心、高尚的师德，在博大的爱中做学生健康成长的引路人。

（查慧玉）

用爱心谱写青春之歌

教育的终极目标是什么？应该是人的道德的自我完善，心灵的自我督责，人格的自我提升，境界的自我超越。其中，完善道德，也就是提升爱心，是最基本的目标。苏联教育家苏霍姆林斯基就曾说："热爱孩子是教师生活中最主要的东西。"作为一名教师，拥有爱心是最基本的条件。教师只有热爱自己的学生，热爱自己的事业，才能在工作中散发出动人的魅力。

作为教师，为人师表很重要，因为小学生模仿教师的意识非常强烈。如果教师在学生面前树立一个美好的形象，学生也会因模仿老师而养成良好的习惯。如当教师发现教室的地上有纸屑或粉笔头时，主动捡起来，当遇到有人摔倒在地时，教师上前把他扶起来，当某学生遇到生活上的困难时，教师对他进行一定的帮助等，这些都会对学生产生积极的影响。教师应该用自己美好的行为去感化学生，用自己诚挚的爱心去感染学生。

青年教师是一所学校的宝贵财富，也是学校发展的力量源泉所在，是体现和传承校园文化的中坚力量。我们希望，每位石梅青年教师都拥有善良与爱心，都有一颗服务大众的心，都有无私奉献的高尚道德情操，都能用自己的行动诠释石梅的爱的教育的真谛。因此，进行师德师风建设就十分必要，成了关系教育工作成败的大事。在师德师风建设中，我们密切关注青年教师群体的思想状态，开展各类具有青春气息的活动，让青年教师在活动中受到启发，在实践中焕发风采，在成长中铸就更成熟、美好、高尚的品格。

【经典案例】爱心团，我们在行动

2008 年 5 月 12 日 14 时 28 分，一场无情的天灾降临在中华大地，上万条鲜活的生命顿时消失，哀乐低迴，青山垂泪。

危难当前，清华学生、成都市民排队献血，海内外同胞捐款捐物，我们石梅小学的每个师生的心亦被牵动着。石梅爱心团，一个以青年教师为主的爱心团队，在灾难发生后第一时间行动起来，他们向全校老师、学生、家长发出了捐款的倡议，在各班组织中队活动，在学校开展大队活动，短短两天时间里，他们一共募集到近 20 万的赈灾款，并在第一时间送到了市红十字会。

捐赠，是所有善行中最感人的一类；安慰，是所有语言中最甜美的一种。在汶川大地震几个月后，在灾区人民的情绪稍有平复后，爱心团并没有忘记灾区的孩子们，我们又组织学生捐衣捐物捐书送给灾区的孩子，并号召学生给灾区的同龄人写一封信，寄一张卡，给他们带去心灵的慰藉。

2008 年 7 月 30 日上午，我校爱心团与常熟零距离论坛一行 16 人（12 个成人，4 个孩子），从校门口出发，开往此行的目的地——涟水县，开始了为期两天的爱心之旅。我们探访了涟淮小学，走访了两所贫困小学，走进 10 多名特困生的家里给他们发放助学金，赠送图书、书包等学习用品。他们刻苦学习的精神，他们居住环境的恶劣，都深深地震撼了爱心团所有成员的心。

一份捐赠，可能改变一个人的一生。石梅爱心团就是在用自己的爱改变着他人的世界。

教育家乌申斯基有句名言："只有人格才能影响人格的形成和发展。"同样，只有爱心才能培育爱心。

无论刮风下雨，严寒酷暑，每天清晨，你都可以在石梅小学校门口看见石梅青年教师为小朋友开车门、指挥交通的情景。他们牵着一只只稚嫩的小手穿过拥挤的人群，同时，也将爱的暖流传递给每一个孩子。在校园里、街道上，孩子们会弯腰捡起被随意丢弃的垃圾；在老年公寓里，他们又陪伴老人聊天；在儿童福利院里，他们带去亲手准备的礼品，陪小朋友一起玩耍；在帮困群体中，又出现了他们乐于助人的身影。每年的十月是石梅团支部的无偿献血月。在这个月，石梅的青年教师总会走上街头的采血车，伸出自己的臂膀，献出自己的青春热血。几年来，已有多名教师成了造血干细胞捐献志愿者。

石梅团支部以培植"爱心"为工作主题，在青年志愿者奉献、友爱、互助、进步精神的鼓舞下，于2008年青年节这一天，在校团支部大会上成立了石梅历史上首个爱心团。在爱心团中，每个团员以自觉行动完善自我，自主带动孩子树立追求善好生活的理想，并向全校教职员工与家长发出号召，鼓励更多的人加入到"爱心团"中来。

石梅的青年教师用爱迎接每一天，他们爱自己、爱家人、爱学生、爱学校、爱社会、爱祖国，他们用爱获得成功、快乐、幸福和心灵的宁静。他们也用自己的爱感染着他们的学生。这种爱也被学生内化为对教师的爱，进而迁移到教师所教的学科上，正所谓"亲其师，信其道"。

如果说，青春是一曲奋进的歌，那么，有了爱心的点缀，这歌就有了柔情万种，有了千娇百媚。

（汪明波）

公民教育实践：以本色育童心

教育实践至关重要，影响着每一位教师。只有当我们运用自己的知识与经验、智慧与方法，把成全人的理念付诸实践时，我们才能成为有思想的行动者、行动中的思考者和自我提高的人，也只有如此，我们才能找到"生命而事业，事业而生命的最后依托"（黄克剑）。

随着人类社会的发展，人们越来越关注作为未来社会主人的青少年的发展，由此产生各种评价和探讨。20世纪，青少年一代曾被称为"充满希望的一代"，也曾被称为"漠不关心的一代"。面对这些无论是期待还是忧虑的议论，我们认为：第一，关注青少年，就是关注未来，这些议论体现了人们对社会发展与青年发展的关心；第二，每一个时代的青少年都存在特定的问题，但这是社会发展中的问题，不能完全归咎于青少年；第三，社会进步依赖于人的进步与发展，不断加强青少年的公民意识，是社会的责任，也是教育的责任。

公民教育，是塑造公民健全人格的教育，能为一个现代化强国提供崛起的动力。公民实践教育，让学生以自发、自主、自由的方式，自觉地走进生活世界，主动地在多样化的社会活动中进行真发现、实体验、细探究。学生们在实践活动中增长知识，提高研究性学习和社会实践的能力，形成胸怀天下、关注社会的意识。

【经典案例1】孩子失踪了

周六中午，我正在家里吃饭，忽然一连接到几个家长的电话，都说孩子参加学校的社会实践活动去了，到中午也没回家，他们有些担心。

接完电话，我不禁纳闷："学校今天没有组织孩子们参加社会实践啊，难道是其他老师安排的？"突然，我想到最近进行的公民教育实践活动。前两天我要求参与活动的每个人主动去发现身边存在的公共政策问题，并让他们到自己生活的小区里进行考察。难道这群小家伙自己组织了一次集体活动？

星期一早上，一进教室我就迫不及待地和他们进行了交流。果不其然，他们真是"去做这么有趣的作业了"（学生语）。我问他们有什么收获，他们就像一群小麻雀，争先恐后地向我汇报他们的成果。我发现，通过用心观察社区，与父母交流，他们变得目光敏锐，找到了好多问题，并提出了他们的看法。一些身边的事情，特别是与他们生活息息相关的问题更容易引起他们的兴趣：古建筑的保护问题、社区宠物饲养问题、自行车道直行与右转冲突问题、市区停车难问题……通过考察社区，他们增进了对社会的了解，开拓了自己的视野。

晚上，家长来接孩子的时候，有的家长对我说，这个双休日孩子就像是个小大人，缠着父母问这问那，如环境恶化、水资源浪费等，孩子从没问过他们这些问题，自从开展了这个活动，孩子变得关心身边的人和事了，甚至有点"多管闲事"了。也许他们还没有很深刻地理解什么是公民意识，但公民意识却已经在他们心中悄然生根了。

【经典案例2】人心齐，泰山移

要充分研究课题，需要完成大量的工作：调查、讨论、验证、选举……

一个个数据的获得，一份份报告的形成，一次次成功的采访，无不凝聚着师生辛勤的汗水。学生们在教师的指导下拍摄了照片、录像，写出体验日记、采访实录，分析调查问卷。学生们利用休息日深入社会，记录最真实的声音；发放调查问卷，进行科学统计分析；反复讨论，达成共识……这样的活动，让这些在家饭来张口、衣来伸手的"小公主""小皇帝"深切地体会到：现实生活中会有许多不如意的事情，做任何一件事情都不是轻而易举的。

四（3）班黄安逸同学在体验日记中写道：

今天下午，班主任黄老师带着方司南、朱天阳、汤雅南等几名同学，开展了一次特殊的活动——"争做文明小公民"。这次活动的主要目的就是把西城楼阁附近的公交停车站搬离以缓解交通堵塞，方便车辆行驶。我有幸担任了这次活动的拍摄工作。

这天下午，天气晴朗，和煦的阳光抚摸着我们的脸庞。我们沐浴着清风，踩着矫健的步伐，出去"工作"。刚出校门，汤雅南就自告奋勇地去采访一位叔叔："叔叔您好！请问您觉得西城楼阁那里的停车站设置得科学不科学啊？""好，很好！给我们方便！""那，它在那很容易造成交通堵塞……"她问不下去，我也拍不下去了。于是，我把照相机关了。我们几个都有点沮丧，"工作"一开始就不顺利，挫败感油然而生。

失败是成功之母。确实，接下来，我们的"工作"开始顺利起来了。我们接连采访了几位家长和一个警察叔叔。他们都很支持我们的观点，觉得那个停车站给过路的人们带来了很大的不便，甚至影响了很多人的工作。还有人告诉我们，有关部门也已经开始关注这个问题了。

听了这些话，我们心中比吃了蜜还甜。我们没白费心血，虽然这事还没有结果，但至少得到了一些人的肯定。我相信"人心齐，泰山移"，只要我们努力，事情一定会成功的。

【经典案例3】小小听证会

听证会，对于中国的孩子来说是很陌生的一个词语。听证会可以向更多的人阐述所研究的问题的重要性，使人们理解和支持研究者制订的解决问题的方案，以便政府有关职能部门将该方案付诸实施……

2006年10月的一个星期一的早晨，二十多位穿戴整齐的石梅学生在老师的带领下走出校门。这是李玉华老师和她的学生们盼望已久的日子，今天，他们将作为常熟市的代表到苏州参加江苏省中美合作项目——"公民教育实践活动"的听证展示活动。到时，省教育厅副厅长、教研室主任、美国的项目专家、苏州教育局的领导将出席此次活动，聆听孩子们作为社会小公民的心声。这样的日子，他们怎能不激动呢？这样的经历，他们怎么会忘记呢？

听证会上，学生们克服紧张情绪，团结协作，滔滔不绝地向听证员阐述了他们所研究问题的重要性，分析了目前政策的优缺点，提出了创造性的建议，设想了他们的行动计划等，充分展示了小公民特有的风采。听证会让大家有前所未有的体验。

公民教育项目正在石梅校园生机勃勃地开展着，公民教育实践活动也焕发出盎然生机。我们的学生说："我听见了就忘记了，我看见了就领会了，我做过了就理解了。"我们的老师说："经历了就会被感动，行动了就会有收获。"我们的家长说："我的孩子在研究中进步，在实践中快乐成长。"四（3）班的学生第一次走上街头开展问卷调查，却鲜有行人理会，同学们沮丧之余对问卷加以改进，收到了很多积极的反馈；六（3）班同学顶着烈日对社区、政府机关、司法部门、卫生防疫站、公安部门等有关人员进行了实地采访，了解了目前市里宠物狗的数量、伤人事故、流浪宠物狗、宠物狗粪便是否严重影响绿化等情况；五（5）班同学走访了明日星城社区的许多居民，向大家发出呼吁：携起手来，为拥有一个良好的停车环境而努力……挫折中的感悟、成功后的喜悦丰富着小公民的生活，加快了他们成长的步伐。我们真切地感受到，公民教育实践活动使学生开始关注立法机构和政府关心的问题。学生的研究方案可能不会被政府部门采纳，却可以作为有价值的参考，拓宽公共政策制定者的思路；学生的研究结果并不重要，研究过程就是他们宝贵的成长经历。在研究过程中，我们的学生发挥着自己的聪明才智，品味着学习的乐趣，体验着探索的艰辛，收获着成功的喜悦。公民教育实践的道路上留下了小公民们一串串快乐成长的脚印。

现在，越来越多的师生参与公民教育实践活动，这使得这个公民教育实践团体研究更主动、观察更敏锐、思考更深刻、成效更明显。一批批小公民在公民教育实践活动中茁壮成长，一个个优秀教师在公民教育实践活动中脱颖而出，学校的"学生健康成长，教师成功发展"的办学理念也在活动中得到充分体现。

我们的孩子，正从这里扬帆起航，高歌前行，留下一路精彩……

（须　洁）

责任，让我们携手同行

作为承载教育要义的学校，应把能影响孩子成长的所有积极因素诱发出来，使它们形成教育合力，引导孩子幸福前行。

父母是孩子最早的老师。张文质先生说："一日为父，也是终身为师。父母对孩子的责任几乎就是终身性的。好父母就是一所好学校。"作为孩子的启蒙者与成长同行者，父母对孩子的成长同样承担着不可推卸的责任。

为此，只有密切家校联系，取得家长的信任与配合，共同投身到生命教育中来，才能为孩子创造宽松、和谐、有安全感的成长环境。这一切源于我们对孩子生命的尊重、关爱，源于我们为人师为人父母的神圣责任。

【经典案例1】亲子活动，密切家校联系的纽带

在艺术节中，最令孩子们期待的是和爸爸妈妈同台演出。家长们也乐意参与艺术活动，感受童年的无限美好，品味艺术的无限芬芳。于是，在英语小品《小红帽》中，有了凶恶的"大灰狼爸爸"的精彩演出；在经典诗文短剧《以诗会友》中，有了豪放的"李太白妈妈"的灵动演绎；在家庭合唱《小燕子》时，有了可爱的"小燕子妈妈"的生动展示……

在艺术节首届经典诗文诵读赛中的《以诗会友》诗文短剧堪称家长参与的典范。短剧讲的是三个21世纪的少年在外出郊游时穿越时光隧道来到唐朝。正在恍惚间，他们碰到了诗仙李太白，来了一段古今对话，以诗会友。

演出开始了，"李太白"由小朱同学的妈妈客串。她一身洁白的古装，造型脱俗，颇有大诗仙的风范，让观众眼前一亮，未开口就已吸引了众人的眼球。当三个现代装束的孩子被她的诵读声吸引而进门求教时，现代与古典和谐地融合在一起了。学生们展示了深厚的文化底蕴，无论是课内还是课外的古诗文，他们都能演绎得十分精彩。悦耳的童声加上朗朗上口的节奏，使观众不时报以阵阵掌声。大家在李白的豪情感染下诵读《将进酒》，把节目推向了高潮。在大家的诵读声中，小朱同学铺开宣纸，在油墨清香中挥毫写下了：高山流水诗千首。全场观众屏住呼吸，完全沉浸在短剧描绘的意境中了。

活动中，家长和孩子一起徜徉在艺术的海洋中，感受着艺术芳香弥漫的石梅校园的魅力。

【经典案例2】半日开放，打开家校联系之窗

十月，飒爽的秋风送来了丹桂的甜香；十月，素雅的石梅迎来了参观的家长。在学校德育处，在各班班主任和任课老师的精心组织下，为期一周的家长半日开放活动拉开了序幕。家长纷纷走进课堂，端坐于教室内，饶有兴趣地听课，观察着自己孩子在课堂上的表现，专注地听着孩子的发言。也许这是他们十几年来第一次这么直接地观察孩子在学校的学习，这么近距离地走进孩子的心灵，关心、理解、支持、教育孩子，而不是单纯从生活角度去照顾孩子。

活动结束后，家长也表达了心声：

"他们把孩子教育成了有爱心、有集体荣誉感的学生。把这些原本淘气的孩子教育成有美好心灵的孩子，老师们花了多少心血啊！"

"'安心教学，潜心育人'，'对每一个学生负责，对每一个家长负责，办社会满意的学校'，是石梅精神的体现，也是每个教师辛勤耕耘的写照，相信这种精神能够一直存在下去。家长把子女送入石梅很放心，来石梅就读是个明智的选择。"

"首先感谢老师对我儿子无微不至的关心，信息时代的到来增加了家校沟通的渠道，一个电话、一个短信，已经成为家长和老师互通情况的桥梁。家庭与学校携起手来，就会产生一加一大于二的效果。"

【经典案例3】网络通信，构建家校联通桥梁

尊敬的××家长：春季是流行性感冒的多发季节，最近又天气多雨，为做好预防工作，希望您给孩子穿得暖和些，或者适当吃一些预防的药，提醒××早些休息。

尊敬的××家长：您好！今天××主动交给我一份近期思想汇报，分析了最近的思想动态和自己退步的原因。我已经认真批阅，他也愿意给您"过目"。请您也认真阅读并写上评语。为达到更好的教育效果，还请您注意语气，切勿批评。

亲爱的××同学：你好！这两天气温骤降，你周围的一切都在微妙地变化。早上起床，看看你家的窗户玻璃上，你发现了什么？对，是冰花。仔细观察，动手摸摸，展开想象，你的笔下会出现一两篇小美文或科学小品文。如果有兴趣的话，你还可以打开门，感受降温带来的变化。友情提醒：要注意保暖哦！

××：明天你可是运动员，可别忘记穿上舒适的鞋子，有需要的话带上合身的衣裤，可以在比赛前换上。今天早点休息，争取在明天的比赛中取得好成绩，为班级争光！我们都会为你加油的。

……

"家校路路通"为我们搭建了一个家校沟通的便利平台。教师通过"单发信息"，加强联系，使学生和家长感觉到被重视、被理解、被关注，不经意间和老师走得更近了。教师通过"群发信息"，将学校活动、家长会安排、口头阅读等信息及时、准确地传达给家长，使家长有针对性地指导孩子的学习与生活。一条条信息拉近了家长和教师间的距离，温馨、关爱的话语让我们彼此的心贴得更近，感情更深厚。通过"家校路路通"，我们开始真正关注孩子成长的细节，哪怕是他们一个小小的进步，我们都会及时传递给家长。在频繁的互动中，我们给予孩子的点滴的鼓励和帮助，让孩子们建立了自信，更积极、主动地参与学习与活动。

教育目标的达成离不开家校的协作。只有家校达成合力，才能为孩子的生命成长创造和谐轻松的环境。家委会便是加强家校协作的桥梁和纽带。

在每学期不定期的家委会成员茶叙会上，家长们热情地对学校工作提出建议，为学校发展出谋划策，发挥了对学校的辅助管理功能。2008 年，为了密切家校联系，学校还创办了一份校报，校报以"同心桥"为名，取"架设同心桥，共走育人路"之意。第一期报纸在座谈会上向家委会成员发放后，得到了大家的首肯。2009 年的教师节，石梅的教师们感觉格外温暖，一大早，家委会成员给踏进校门的每位教师送上了一捧芬芳的鲜花，一张感恩的贺卡。在一次次的相遇、相交中，我们的心灵近了，我们的感情深了。

家校携手，我们还开展了特色活动。一年级新生家长会，旨在强调"重基础，重习惯，抓好一年级新生的行为习惯"；半日开放，为了让家长了解孩子的成长环境，感受孩子的学习氛围；家长会的名家讲座，目的是传递家庭教育的新理念，介绍家教新方法。自 2008 年以来，学校邀请了广东英豪教育研究所的程奇所长、教育学者张文质先生、团中央"心理健康教育全国巡回报告团"的孙玉华老师、全国著名特级教师李镇西等走上石梅讲坛，举办了"将成功传给下一代——当代学生教育的特殊问题和对策""关注孩子的生存智慧"等一系列讲座，向家长传递着家庭教育新理念。聆听报告的家长和老师都深受启发，将家校联系落到实处，努力为孩子开拓健康成长的天地。

在平日里，我们做得最多的是构筑家校联系的平台，如记录"成长手册"、开通"家校路路通"等。石梅的每个学生都有一本记录自己成长的册子——《石梅小学学生成长手册》。册子里记录着孩子成长中的点滴进步与收获，也记录着同学、老师、爸爸妈妈鼓励的话语。"家校路路通"中既有家长对孩子的鼓励，又有教师与学生的心灵沟通，记载着孩子成长路上的一个个清晰的脚印。

"生命是一次奇异的旅程，我们承担着我们生命中的一切，同时也承担着关联我们生命的一切。"为了共同的关联——孩子，我们心手相连，携手共进；孩子因为我们而生活在幸福的生命征途中。

（周丽娜）

人人都是石梅星

各位同学，低年级的小朋友们，老师们：

早上好！

站在国旗下的演讲台上讲话，对我来说，并不是第一次，但在石梅小学国旗下讲话，却还是第一次。我把它作为一种荣耀。因为，这里有学校对我的肯定和信任。站在教室里的讲台前上课，我把它视为一种责任，因为，我要面对底下几十双渴盼知识和哲理滋润的眼睛。六月份国旗下讲话的主题是"人人争当石梅星"。同学们，施老师想在这里把这个主题改动两个字——"人人都是石梅星"。

同学们可能会想：人人都是石梅星，怎么可能！荣誉永远是属于少数人的。的确，奖状有限，机会有限，真正能受到集体表彰的只能是一小部分。我们在场的大多数同学，往往会与之擦肩而过或者根本无缘。那么，刚才老师所说的话岂不是一句空谈了吗？不是的。站在这里的每一个孩子，都是石梅学子，自从你踏入这所学校的大门，这样的身份便与你相伴相随，甚至在你离开母校继续求学的征途中，或许你还会以曾是石梅学子而自豪。那么，在这六年十二个学期一千多个日子里，我们该怎样度过？我们又在怎样度过呢？如果你时时以此身份提醒自己，用"每天努力一点点，每天进步一点点，每天改变一点点"的信念约束自己、督促自己，向你的同学、老师和学校展现最好的自己，那么，你就是"石梅星"！

石梅星，它并不仅仅是一个荣誉称号，它应该是我们每一个学子心头的准则和目标。获得奖状、得到表彰固然可喜，但只要你在朝着这个方向默默努力，丰富的知识、良好的习惯、出色的修养和文雅的气质总会在你不经意间自然流露，你走在哪里都会成为石梅的荣耀。有没有奖状，是否获得过表彰，已经并不重要。

石梅星，它也并不是少数孩子的专利，它像一个鲜红的果子，就挂在我们头顶，就看你是不是愿意努力伸手去摘取。浩瀚的夜空，正因为有了无数星星才显得灿烂无比，假如只有一两颗星星，夜空会黯然失色。石梅的星空，也一定欢迎更多的孩子甚至每一个孩子星光闪耀，每一个孩子的努力进取，都会为这一片星空增添新的光辉！

早晨来到校门口，微笑着和老师、值日岗同学互相问好，此时的你，就是当之无愧的石梅星；各科课堂上，你积极思考、勇于表现自己，课后主动学习、不懂就问，此时的你，就是当之无愧的石梅星；课间漫步校园，看到过道楼梯偶有纸屑，你弯腰捡起，遇到不文明言行主动劝阻，此时的你，也是当之无愧的石梅星……也许，有的同学心里会说，这些都是老生常谈了。但是，小事情能显现出一个人的素质。老子说得好："天下难事必作于易，天下大事必作于细。"无数微不足道的细节积累在一起，你的身上也就渐渐显现出了"星"的光芒；从身边的点滴小事做起，渐渐地你就会变得目光坦然，步履坚定。古人所讲的"一屋不扫何以扫天下"其实就是这个道理。

相信每一个孩子心中都有理想，但实现理想首先要做的是脚踏实地。刚才列举的以及作为学生应该做到的其他所有小事情，会渐渐成为通向未来的一个个台阶。作为老师，我心中一直有一个朴素的信念，那就是做好我的每一件分内事，对自己负责，对我的学生负责。虽然"教育皆小事"，但"事事皆育人"。相信石梅的每一位老师都和我一样，为了心中的那份教育理想，愿意在每一件小事上做得更好。那么，孩子们一起跟着每日里教育着你、关心着你、陪伴着你的老师们，从小事做起，把自己塑造成当之无愧的石梅星吧！

同学们，小朋友们，请记住：用点点滴滴的行动点亮自己，你，就是闪亮的石梅星！

我的讲话到此结束，谢谢！

（施建军）

石梅小学中队活动剪影

六月欢歌

六月，是色彩斑斓的时节；六月的天空，也因为有了孩子的节日而更加生动。走进我们的校园，走入我们的中队，你就会发现：六月，就是一首歌。

才艺盛会。各中队在大队部指定的展区布置展览，有小种植、小手工、小养殖，有书法、绘画、刺绣，有证书、奖状、奖杯……简直就是孩子们的才艺盛会。

亲情体验。虞山脚下，一支蔚为壮观的队伍在向城门前进，那是我们每年儿童节的亲子体验活动之———登山比赛。凭借得天独厚的地理优势，每年我们都会举办两次这样的活动，让家长心动，让孩子激动，让老师感动。

玩转游戏。游戏是孩子们的最爱，但很多孩子却不会玩游戏。每年六月的"游戏周"前，大队部就把"征求游戏表"发到了各个中队，于是各中队就开始了设计游戏等形式多样的活动，老游戏、新游戏一起玩，比比谁的游戏更健康，谁的游戏更文明。

六月里石梅娃的笑颜，成为校园里最亮丽的风景线；石梅娃的欢乐心情，就是给辅导员老师最好的礼物！

（顾惠芳）

五色花，光荣花

有一则童话叫做《七色花》，善良的小姑娘珍妮用美丽的花瓣给别人带去了幸福。借用这个故事，我们四（4）中队开展了"拼拼做做五色花，人人争戴光荣花"的系列活动，培养队员们的荣誉感和责任感。

红花瓣。富有教育意义的革命诗歌一直是震撼童心的旋律。孩子们利用中队活动的时间进行红色诗歌朗诵比赛，感受诗歌中爱祖国、爱人民等高尚情感，还可以获得一片红色的花瓣贴在"荣誉角"自己的名字后面。

粉花瓣。鼓励队员用自己灵巧的双手、真挚的爱心制作精致的贺卡，在校内设摊义卖；同时，鼓励其他学生用自己省下来的零花钱、压岁钱去购买贺卡，然后队员们把义卖所得的钱捐给学校的爱心基金。在这个过程中，他们感受到自己动手劳动是光荣的，关心别人是快乐的。

绿花瓣。校园四季美如画！我发动孩子们写申报方案，向学校大队部递交"绿色环保租赁卡"，尝试着用自己的双手和头脑来经营这份"绿色的事业"。让孩子们以绿化、美化校园为荣。

橙花瓣。常熟是古琴之乡，我校与古琴的历史也有着不解之缘。我和队员们举行了虞山古琴文化的主题活动，为传承优秀传统文化而努力。

蓝花瓣。成长的每一天都有难忘的故事，我引导队员们自己组合成小队，一起编写小队队刊，讲述与记载童年蓝色的梦想，留下"我是光荣的石梅娃"的快乐回忆。

（须　洁）

特别的爱给特别的他

初接新的中队，就有老师提醒我，中队里有一个特殊的孩子——小瑜。他特殊在哪呢？我带着疑问走进教室。

和孩子们相互问好后，我便微笑着走近小瑜，他怔怔地看着我。还没等我开口，周围的孩子就叽叽喳喳起来："老师，他什么都不懂"，"老师，他在幼儿园时就什么都不学。"……我冲大家笑了笑："以前的小瑜可能什么都不会，但进入了一年级以后，他可不一定会输给其他小朋友！我们应该相信他会有精彩的表现！"说完，我转头看看他。他依旧呆呆地看着我，喃喃地重复着我的话。

原来，他真的和别的孩子不太一样，这让我惊讶又心痛。

就这样，我有了一个特别的学生，也开始了对他的特别的关爱。我经常在课间提醒他上厕所，或者为他准备上课用品，我手把手地教他写字……渐渐地，他和我熟悉了，也更信任我了。当我招手让他过来时，他会高兴地跑过来，当我送他去上厕所时，他更会紧握我的手飞快地进入男厕……那一刻，我觉得自己就像一株大树，撑开浓荫，为他遮挡风雨，让他依靠。

我还引导队员们都来照顾他、帮助他，让他们体会团结互助的快乐。他们不再嘲笑小瑜了，也懂得对他的行为给予宽容了。当别的中队有孩子笑话小瑜的时候，他们还会站出来护着他。这样的爱，正伴随着孩子的快乐成长。

（姜　僖）

中队是我家　快乐你我他

中队是队员成长的舞台，健康和谐、积极向上的氛围会使每一个队员茁壮成长。作为辅导员，我经常为营造这种氛围而努力，让孩子们既感受到中队的温暖，又能积极主动地为中队增光添彩。

快乐师生，其乐融融

中队是充满人文关怀的地方，辅导员既是队员的良师，更是他们的益友。课堂上，我让队员感受民主的氛围；课间活动，我和队员一起游戏聊天。我还引导队员积极表现自我，让他们学会自信、自强。在轻松愉悦的集体环境中，队员们勤奋学习、快乐生活、全面发展。

书香教室，感染童心

每学期，我都有计划地给队员推荐阅读书目；每次放假，我都鼓励队员多读好书。晨会课上，我和孩子一起交流读书心得；队活动课中，我们摘录好词佳句做书签、开展背诵精彩段落擂台赛、编读书小报等。中队里书香浓郁，孩子的心灵被好书感染着，辅导员也不断体会着队员成长的喜悦。

魅力音乐，陶冶性情

音乐是"陶冶性情的熔炉"。我把音乐作为中队休闲娱乐的内容，让孩子们收获多多。富有朝气的少儿歌曲，激发队员积极向上；雄壮有力的革命歌曲，激励队员热爱祖国；代代相传的民族音乐，引导队员走进上下五千年，感受中华民族的艺术瑰宝……队员们学会了欣赏，懂得了审美，树立了责任意识。

中队墙上的"闪光角"的内容不断更新，显示着队员们的成长。

（查慧玉）

架设爱的心桥

走近孩子是容易的，但要走进孩子的心灵世界却非易事，需要家校合力，需要共同沟通。我们在孩子、学校、家长间架设起爱的心桥，帮助孩子健康成长，并以此为荣。

"孩子，你是老师的骄傲"

我和孩子们之间有一个默契的约定：哪位孩子有进步了，他就能得到一份特殊的礼物——听老师说悄悄话。进步的孩子能享受和我促膝谈心的"待遇"，我会把这位孩子留在我记忆里最美好的印象、最有趣的故事或最令我生气的一幕等向他娓娓道来。教师坦诚地诉说，在不经意间打开了孩子的心扉，于是我得以洞悉孩子的喜怒哀乐，了解孩子的真情实感，孩子也感受到老师的温情与关爱。两颗心，就这样贴近了，融合了……

"孩子，你是家长的骄傲"

自从中队全线开通了"家校路路通"短信平台，我常会主动和家长发这样的信息："让我们聊聊您的孩子吧！"我讲述孩子在学校的出色表现、存在的问题，还会把孩子们在和我聊天时谈及的对父母的看法委婉地向他们转达。家长也和我谈起孩子在家里的种种表现，教育孩子过程中的烦恼和困惑，以及孩子的成长经历、性格特点等。和家长的沟通，既增进了情感，也获得了更多有关孩子的信息，于是，在以后的日子里，我又有了更多和孩子交流的话题……

孩子，让我们共同呵护你，你是我们共同的骄傲。

（毛李华）

好学校，
从 关注每个学生开始
石梅小学优质教育多元感悟

石梅小学的亲子登山活动

争走"星光大道"

石梅小学幼儿园毕业典礼

中队活动之图书义卖

在爱的感召下
——爱心助学游随想

2008年夏天，台风"凤凰"相伴，我们一行16人（包括4名儿童），驱车350公里，北上。

我们要去省内那个"最著名的贫困县"（当地官员语）走访学校里那些需要资助的孩子们。16人的背后是爱心团其他成员的拳拳爱心。四辆车上，装满了书籍和学习用品。

充满希望的土地

抵达县城，来不及休息，放下行李，我们就在当地爱心团义工的带领下，开始走访小学。

两天里，我们走访了3所学校，看望了六七个孩子，带回了25份需要资助的孩子的名单。活动的组织者会为他们在常熟寻找资助者，300元一年。相信他们能很快找到这25个资助者。300元，对我们来说，或许是一条裙子的价格，或许是一次朋友聚会的饭钱。可是，它却是这里孩子一年的生活费。这25个孩子，只是当地贫困孩子中的代表。选他们，还有另外一个原因：他们都品学兼优。因为个人的力量太渺小，能做的只是杯水车薪。

对别人的帮助，不知道感恩，或许可恶。而卑微的道谢，却又让人心疼。

在一个孩子家里——土墙垒就的两间屋子，他在大人教导下一遍遍地道谢，我只能告诉孩子：一定要好好读书，只有读书才能改变你的命运，只有读书才能让你将来的生活更美好，将来你才也有能力帮助需要帮助的人。

一个孩子和奶奶在雨中的路边等着我们。他的妈妈走了，爸爸疯了。爸爸在最疯的时候，将家里的房子全扒了，还差点勒死自己的老父亲。在接过文具用品助学金及辰辰给他的我从英国带回来的巧克力的时候，他居然在奶奶授意下一次次鞠躬！多么让人心疼的鞠躬！我拉住他，不要他道谢，并一遍遍地告诉孩子：很多大企业家、大科学家都出生在贫困地区，他们通过努力读书，改变了自己的命运。你也可以，只要你好好学习。不需要道谢，只要你长大有能力后也去帮助那些需要帮助的人们。

记得有个校长在发言时充满信心地说，这是充满希望的土地。我也相信，这是充满希望的土地。

打开那扇窗

我扶贫助学游最初的出发点是为了教育自己的女儿辰辰。这是不是很功利？平时固然会带她看望孤儿院的儿童，会带她探视生活在街头的儿童，但她毕竟不能够真正理解生活的苦难。

我在英国的一个月期间，她会读我的博客，然后在 QQ 上给我留言：妈妈，我长大后要去英国留学。去国外留学，我童年时未曾有过这样的梦想。然而我的孩子却有这样的梦，她甚至知道：即使妈妈没有能力供她留学，只要自己足够优秀，也可以获取全额奖学金。

妈妈的游学为孩子的梦想打开了一扇窗。而去看望那些贫困儿童，虽然是为了实地教育自己的孩子，但也是真心实意地想为那些孩子打开一扇窗。窗内，固然一片萧瑟；可窗外，真的有一个美好的世界。我想去告诉那些孩子，如果你足够努力，你就有希望到达那个美好的世界。

（沈丽新）

换一种方式交流

"五一"长假时，我去苏州参加了"慈济——新教育"的交流活动，活动的主题是"大爱让世界亮起来"。我原本是备着笔记本，准备"奋笔疾书"一番，谁知根本用不上，最终反而解放双手，充当了一回小朋友，把严肃的教学培训变成了净化心灵的放松修行。这次交流活动之多，内容之奇特，在此不一一赘述。不过有一个我已经迫不及待地用上了，那就是手语歌曲。慈济是一个世界著名的慈善机构，其成员怀着大爱活跃在世界各个角落，为了能与更多的人交流，手语是必要的技能。灵活的手语配合着词曲皆美的歌曲，让我们都想尝试。我特别喜欢手语，边学边盘算着一回学校就要教小朋友。

"五一"过后，我鼓励孩子们，如果这周每个小朋友都有进步，就教他们唱好听的歌，这让那帮爱动爱唱歌的孩子兴奋了许久。班会课上，我播放准备好的 PPT 和歌曲，先表演给大家看，再一个动作一个动作地教他们，正面、反面、左边、右边、手指、手腕，动作虽不难，但学生又要学动作又要学歌曲，都累得满头大汗。

小孩子手舞足蹈特别可爱，在下课后他们主动要抄歌词，还三三两两地练习。之后的几天，他们一直要求我放一下歌曲，让他们表演。

教学果然起了作用。

第一件事：天天是个顽皮的孩子，又很倔强，很难集中精力学习，但他口头表达能力不错。那天他又在发呆了，我就把他叫过来，问他："你认为陈老师喜欢你吗？"他点点头，我又问："那你喜欢陈老师吗？"他笑着点点头，我接着问："那天天的妈妈喜欢天天吗？"他说当然，"那天天喜欢妈妈吗？"他使劲地点头。我故意问他："手语歌还记得吗？"他边唱边表演，我就对他说："其实很多人都很喜欢天天，虽然说'爱是看不见的语言，爱是摸不到的感觉'，但是大家总对天天说'要认真听，要加油'，这都是爱的表达，这些爱会像阳光一样温暖你。老师希望天天能进步。如果天天整天发呆，那大家会很难过的。"我边说边打着手势，天天听得很认真。

第二件事：语文课本上有一篇课文叫《番茄太阳》，讲一个愿意把腿给别人的 5 岁盲童。在问到"明明离开后，作者的心情还会如以前一样阴暗吗"时，小朋友回答"不会"。有一个孩子边比划边说："因为爱会像阳光温暖我和你，前方漫漫人生路，有了大家的祝福，没有过不去的坎儿。"还有同学受到他的启发，说："明明是有爱心的，爱是看不见的语言，爱是摸不到的感觉。"课堂上有了新的元素，果然很热闹，教学效果更好。

近些年，我们一直提倡感恩，提倡爱心，就是希望能唤起人心中最柔软、最善良的一面。我教孩子学习手语，就是换一种方式进行感恩的交流，把爱以动作而非文字的形式印入他们的脑海，在动作交流的时候达到心灵的共鸣，进而把德育落到实处。

（陈　睿）

第三篇

儿童立场：
于细微处关怀生命

卢梭认为，儿童期的存在是自然规律。大自然希望儿童在成人以前就要像儿童的样子。然而，现实是，一些儿童在一定程度上成了成人的"附属品"，与童年生活逐渐分离。为此，我们提出了教育的儿童立场。

基于儿童立场的教育，就是要回到具体的教育现场，尊重与敬畏儿童个体的生命，耐心而坚韧地做对生命成长有益的事。

基于儿童立场的教育，就是让儿童像儿童，让他们拥有安全感，拥有对一切新鲜事物的好奇心与探索欲，度过一个鲜活而丰富的童年。

了解了儿童立场的教育，你会明白钱静霞老师为什么会对一个孩子说些莫名其妙的话，陈芝娟老师为什么会问"孩子是玻璃做的吗"，陆晗老师看着孩子们课间活动为什么会这么快乐，查慧玉老师为什么把"爱生如子"视为一种智慧。了解了儿童立场的教育，你会看到教师在教育现场的努力：毛李华老师读到了孩子内心的苦闷，王根元老师在运动会上大声为学生加油，金颖老师则希望尽己所能使部分孩子将"要我学习"的心态变为"我要学习"……

基于儿童立场的教育，是我们永远的追寻！

我要找童年

在《静悄悄的革命》一书中有这样一个故事：一个名叫彻也的孩子由母亲带来学校，在那儿哭闹着不肯进教室。小林老师过去询问缘由，那孩子哭着说："老师和妈妈都骗人，说学校里很快乐，都是撒谎！"小林在没有办法的情况下只好对彻也说："学校也许不是一个快乐的地方，但是很多同学不都一直坚持着吗？"这时，在旁边听到这话的孩子们纷纷附和："是呀，我们也不觉得快乐呀！"孩子们异口同声的回答深深震撼了小林老师，也震撼了我！

那天，在读书会上，我忍不住问其他老师："你们有没有人做过这样的调查：问问孩子他们是否快乐。"一时间，大家都有些沉默，只有小丁老师一人举起了手。她说，那天和一个孩子去爬山，问他："在学校里，你快乐吗？"那小男孩摇摇头，率真作答："不快乐！"丁老师蓦地停住了。这个只有一个调查对象的结果也让室内安静了很久。或许，很多老师的内心和我一样痛——我们既不敢过问孩子的快乐，也不敢过问孩子的忧伤，我们不敢，是因为我们知道！

是的，我们知道，孩子们并不快乐。

他们在一堆堆的作业里埋头苦干，忘记了什么叫做烂漫；他们在一次次的考核里奋力拼搏，忘记了什么叫做梦想；他们在一项项的培训里辛苦奔波，忘记了什么叫做自由……在没有了烂漫、梦想、自由、天真甚至安全的日子里，他们的童年丢失了。

想起了顾城的那首小诗：

天是灰色的，路是灰色的，楼是灰色的，雨是灰色的。

在一片死灰之中，走过两个孩子，

一个鲜红，一个淡绿。

多么鲜活的色彩，多么明亮的童年！

钱理群教授说，童年生活应该是欢乐的，这是他们基本的生存权利。"基本""权利"两个词震聋发聩。这对当今的教育来说，实在是一份警醒，一个令人感到难堪的叩问啊！

站在童年的门外，我开始战战兢兢地去找一条走向童年的"秘密的通道"。

那天上《桂花雨》，我们将课堂搬到了学校的桂花亭。正是秋日午后，阳光斑驳地落在庭院里的桂花树上。孩子们在台阶上坐下，我们开始上课。

师：读读课文第一段，看看作家琦君最喜欢桂花的什么？

生：朴实、香味……

师：书上所写的"笨笨拙拙"到底是什么样子呢？来，我们一起好好看看院子里的这几棵桂花树吧！

孩子们"呼啦"一下簇拥到了树下，煞有介事地看着、说着。当文字与生活融合，一切便充满了趣味与生机。

师：大家再读一读，看看它开花时是什么样子的？

生：它开的花大都很小，藏于绿叶间。

师：那么我们学校的桂花在开放时也是这么羞涩吗？

经我这么一提醒，孩子们发现，庭院里的桂花分明开得那么张扬。虽然也很小，但一簇一簇地从叶丛间冒出来，便满目皆是。我微笑着告诉他们："作家琦君念念不忘旧宅院里的那株桂花树，我们也拥有只属于我们石梅孩子的独一无二的桂花树，这是多么幸福的事！"孩子们全都笑了。这一刻，我看到了生命的诗意绽放；我也知道，在今天的课堂上，我和"童年"有了一次庄重的接头。

著名教育学者肖川教授曾为我们界定了真正的教育，他说："如果一个人从来没有感受过人性光辉的沐浴，从来没有走进过一个丰富而美好的精神世界；如果从来没有读到过一本令他（她）激动不已、百读不厌的读物，从来没有苦苦地思索过某一个问题；如果从来没有一个令他（她）乐此不疲、废寝忘食的活动领域，从来没有过一次刻骨铭心的经历和体验；如果从来没有对自然界的多样与和谐产生过深深的敬畏，从来没有对人类创造的灿烂文化发出过由衷的赞叹……那么，他（她）就没有受过真正的、良好的教育。"肖教授的描述少了一些我们惯见的严谨，可是，在诗意流淌的语言里，我们却能依稀想见一些教育的场景：孩子们或是捧着书本尽情阅读，或是忙碌地进行着各种实践活动，或是在与自然界里的一朵花、一只虫对话，或是徜徉于人类悠久的历史长河里生发无限豪情与憧憬。教育在这些画面里生动地呈现出它的光明、慈祥与和谐，它是一种润泽，是一种点化。

记得那天一早进教室，孩子们都在安静地看书。思琦很兴奋，她说，她已经看完那本《夏洛的网》了。我很是惊讶，因为这本书是我前天才向他们推荐的。

这学期我继续开展读书活动。然而，孩子在校的时间有限，到底该怎么做才能保证活动的顺利开展呢？我想到了比赛。每周由我或是学生推荐一本书，将书名写在"读书角"，我进行简单导读之后，就让孩子们在课余自行阅读，谁先读完，就把谁的名字写在"读书角"里。同时，为了保证阅读的深入与到位，我每周组织一次交流，每月评出"阅读之星"，奖励书籍。

在接下来的日子里，我看到了一幅动人的画面：早晨，孩子们三三两两地来到教室，从书包里取出心爱的书，便投入地看起来。洁净的窗外是静默的大树，抬头便可见明丽的蓝天。我也捧一本书，和他们一起读。看到有趣处，我总是忍不住笑出来，然后和孩子们分享，于是，笑声便荡漾开去。课间，仍有不少埋头阅读的身影，也有三五成群聚在一起发表自己的阅读高见的。当"读书角"里写满孩子们的名字时，我们便开始了一项简单而隆重的仪式——依次读出这些孩子的名字。你可以想到，当自己的名字被读到时，孩子们脸上那份掩饰不住的激动与骄傲。

我一直深信，阅读是一种浸润，会让童年变幻成一个色彩缤纷的梦；我也终于明白，阅读是一种素养，会让孩子一生有梦有爱。在我和孩子们共同的阅读生活里，我，和童年在一起！

我无法确切地描述教育该有的模样，童年该有的样子，我更愿意的是做一些基于现实的、并不遥远的、具体的教育展望，或者更确切地说，是教育改变。因为基于现实，我便能实实在在地找到一些问题的根源，然后试着去解决它；因为并不遥远，我便能拥有足够的勇气与毅力，然后不断地去靠近它；因为具体，我便能从点滴小事入手，实现改变的可能。

为了爱与梦想，为了找回孩子们丢失的童年，我愿意去追寻！

（曹丽秋）

叩问心灵

那一天，在学校的报告厅，听生命化教育倡导者张文质先生"回到基础看基础教育"的讲座。我凝神细听的同时，也在不断叩问自己的心灵……

是否保卫了孩子们童年的美好

明明有许多感触，却怕自己简单、琐碎的文辞会破坏美好与深邃，因此，不敢轻易动笔。那是第一次如此近距离地聆听先生的讲座，我被深深地打动了。难道仅仅是因为我的座位在第一排吗？还是，先生的思想让我心生共鸣？

先生的一个个反问发人深省：到底什么是基础教育？什么是核心的基础？这些理解跟学校的发展有什么关系？这些问题我都无法解答，也不能直接从先生的讲座里找到答案。因此，我一遍遍地叩问自己的内心。

先生常常呼吁让儿童"回到童年"。读过他的《保卫童年——基于生命化教育的人文对话》一书及《重申"保卫童年"》一文后，我更加深刻地认识到在一个生命个体的成长过程中，教师，尤其是童年时候的教师所起的重要与独特的作用。这个认识，让我日益觉得惶恐，对孩子的成长越发不敢掉以轻心。

而先生的谆谆教诲为前行的我指点迷津：

"在小学阶段，要完成培养人一生的情感培养。对小学的特性，人们一贯缺乏正确的理解，缺乏根本的把握。就人的生命而言，要强调小学阶段的基础性。童年会在人的一生中刻下'文化烙印'。人在逆境中，最想回到童年、母亲的叮咛中汲取力量。童年的仇恨是一生的仇恨，是永远的毒。"

基于童年如此持久的影响力，我得出这样一个结论：孩子健康成长对教师、尤其是小学教师提出了更高的要求。孩子们的美好童年，远远比成绩、比排名重要得多。

听先生的讲座，我竟有些如坐针毡了，回想对于班上那些成绩不太好的

好学校，从关注每个学生开始

石梅小学优质教育多元感悟

孩子，我有没有把保卫他们童年的美好放在第一位？我不是个特别计较分数的教师，面对成绩不够理想的孩子，更多的是祈愿他们不要觉得英语老师可怕，不要觉得英语课无聊。我一直努力保持着自己的耐心与微笑，当然也会批评学生，但绝对不是因为他的成绩。或许我比较幸运，从教这么多年来，之间至少有 10 年是教毕业班，每年送走的毕业班学生最多有 4 个班，最少也 2 个班，这些孩子之中，并没有英语特别差的孩子。是由于我比较幸运呢，还是由于我不计较分数，他们反而并没有考太低呢？前天，同事在 QQ 上提醒我："今年你教 3 个毕业班，补差会很辛苦。"想了想，我居然回答她："可是，我真的几乎从来也不给学生课后补习啊！""成绩靠课堂教学质量来保证"是我一贯的主张。如果依据"课后给学生补差"这一条来评判教师，我一定不是好教师。如果有英语特别差的孩子出现在我的班上，我会如何面对呢？我能恰当地表达我的担心与忧虑、同情与鼓励吗？我会让他心生畏惧吗？

"避免学生因为学业被羞辱"，先生这句话，该是最委婉的提醒。孩子若因为学业差而遭受羞辱，那我也该对他受的羞辱而负责。我不能默许其他孩子羞辱一个学业失败的同伴，我会在所有的行动与言语间表现出对学生的爱，不允任何一个孩子，因学业进展不顺利而受到羞辱。

保卫每一个孩子童年的美好，哪怕他是所谓的"学困生"。我提醒自己。

是否等待孩子的缓慢成长

在教学中，我们总怕孩子犯错误。对于成长中的孩子犯错误，先生是这样说的："一个儿童如果从小开始不犯错误，他的生命力就没有弹性，他就没有成长空间。我们的民族非常崇尚早熟，其实早熟意味着早衰，也意味着精神的衰退。我们对于生命成长要有一种更深的思考。你为什么希望孩子不犯错误呢？"

为什么呢？为什么在孩子们的童年时期，在他们的成长的起点上，我们就不能接受他们犯错误？每次有错误发生，我们总是追究错误的原因，而不是接受他的错误并减少他对犯错误的恐惧感。我们太喜欢在孩子们面前摆一副永远理直气壮、义正词严的面孔。这样的态度很有问题。先生说："16 岁之前的儿童没有自主改善自己错误的能力。"面对孩子们不断重复的错误，做教师的我们，是否理解儿童的这一成长特点？陈之藩教授要求教师将"理直气壮、义正词严"变成"理直气和、义正词婉"，两字之变，境界全然不同。每个教师接受"孩子的成长是极其缓慢的"这个观念时，应该接受这样的词语，并努力追求这样的境界。

先生告诉我们："充满生命激情的表达哪怕是谬误，也比冷漠的真理吸引人。"初听似乎有些茫然，先生的解释让人茅塞顿开："个人的魅力，比正确与错误更重要。"很多时候，孩子们犯下的小错误，真的不值得追究。在成长起点上的孩子们，更需要我们耐心地等待他们的缓慢成长，允许他犯错，让他保持儿童的天真，展示生命的鲜活。"少年老成""胸有成竹"这样的稳重，不是儿童发展的最佳状态，反而是违背孩子成长规律的扭曲。很多时候我们太急于求成，太喜欢立竿见影了，这样的影响施加到孩子身上，对他的一生成长，到底是促进还是毁灭？

听先生这一观点，我不自觉地想到李叔同了。李叔同先生对犯错误学生的"低声下气、和颜悦色"里，显示了他无尽的耐心，耐心地等待学生的觉醒。这和张文质先生的观点非常一致。先生屡次提醒我们：小学教育，最需要的是仁慈。

这样的仁慈，真的应该成为我们的素养。因为仁慈，我们愿意给孩子一个温和的眼神；因为仁慈，愿意包容孩子的失败、错误与无心的冒犯；因为仁慈，一定会多一点耐心等待孩子的缓慢成长。

是否带着晦暗入眠

"认识"先生，是在几年前，文字间。先生"认识"我，是在半年前，博客上。他曾在《不带着晦暗入眠》一文中这样写道：

"和江苏的沈丽新博友因为稿件之事通电话，我惊叹于她写作的勤奋，又惊讶于她的孩子都读三年级了，她看上去却如此年轻。沈老师说，她的很多同事也常问她有什么保养秘诀，她说自己的秘诀就是'熬夜'——每天白天无论多忙，晚上一般都不早睡，一定要读书、写作，'我要让自己的心渐渐平复'，'读过、写过之后，仿佛所有的烦恼和辛劳都已消散，这时再入睡，身体才舒坦、心灵也最为健康！'"

感谢先生对于教师的理解与共情。他说："教师这个职业，是跟琐碎相伴、很容易受伤的职业。教师很容易受到伤害，很容易受人指责，包括受家长指责，受社会指责。"是的，我们常常被指责、被伤害。但是无论如何，我们都要"不带着晦暗入眠"。先生提点我们：作为普通的人，都会遇到相似的困难。重要的是，怎么解决这个困难、怎么理解这个困难。不要带着仇恨入眠，不要带着太多的痛苦入眠，不要带着对工作的过多的焦虑入眠，改善、调整好心态，生活、工作会是另一番景象。

是的，记住了，不带着晦暗入眠。惟其如此，作为教师的我们，才可以得到精神上的满足感，才可以获取职业上的幸福感。

（沈丽新）

"你是新的"

报名第一天。

一个漂漂亮亮的小女生（六年级）走到我面前，向我问好。

登记名字以后，我发觉这个娇媚的小女生就是以前拖拉不完成作业以至于令老师无可奈何的孩子。（她名字旁边有一个小圆圈，是以前老师做的标记）

我微笑着与她对视，她用若无其事的目光看着我。一旁的妈妈憋不住了，说："老师，她有一个毛病……"

我赶紧打断她妈妈的话，示意她坐在离我们稍远的地方等待。随即，我对这个漂亮的小女生说："今天你是新的学生，你妈妈是新生家长，今天的妈妈一定不了解今天的你，是吗？"

小女生被我的话吓了一跳，直直地盯着我看，以为我在胡说八道。我没有对所说的话做任何解释，只是让她看外面，跟上一句："你看，太阳不也是新的吗？"……好久好久，这个小女生重重地点了点头，说："是的。"

我想，她是不可能很快明白我的意思的，但至少，我让她对"你是新的"有了些许印象吧！或者可以这么说，我让她很快记住了，有一个老师喜欢说一些莫名其妙的话。

这就是我与小女生的第一次谈话。

（钱静霞）

每个人都是第一

有这样一则故事吸引了我：一位学生问教师："老师，在你心中，我排第几?"那位教师毫不犹豫地说："第一。"学生惊喜地问："真的?"教师意味深长地说："孩子，有一位哲人说得好，在各种排列中，任何人都想得第一。其实，得第一并不难，只要愿意另起一行，每个人都是第一。"

"每个人都是第一"，这句话似音符在我眼前跳动，如火光在我脑海里闪现，像鼓点在我心里震荡。我反思着：每个人都是第一？是的，每个学生都有才能，只要经过良好的教育和训练，每个学生都能成才，都能成功——这是教育的本义和真谛!

要让每个人都是第一，就要相信人人都有才能，就要充分挖掘他们的潜能，就要像故事中的那位教师那样，换个角度看，"另起一行"，给每个孩子找到第一的位置，扬起学生自信的风帆，点燃学生奋斗的激情。

要让每个人都是第一，就要相信人人都能成才，就要改变评价观念。木头，可以制成家具；泥土，可以烧成砖；石头，可以铺路……学习成绩的好坏是评价的重要内容，但绝不是评价的全部内容。仅用考试成绩这把尺子衡量，把学生分成了三六九等，就有了令人心寒的"差生"一词。如果另起一行，根据学生的个体差异，设计多元评价体系，用多把"尺子"来衡量，不就能多出一批有特色的好学生吗?

要让每个人都是第一，就要切实关心每一个学生，因材施教，实施有差异的教育，实现有差异的发展，为每个学生提供表现才华的机会，搭建展示才能的舞台，帮助学生发现自己，肯定自己。

（朱　玥）

生命是一团热情的火焰

同学们、小朋友们：

早上好！

校园的银杏树叶又黄了，金灿灿的，在风中飘舞。那天，曹老师路过那里，看到一个小女孩正在认真地拣树叶呢，她笑眯眯的，好像正在收礼物。这真是个热爱自然、热爱生活的女孩，她注意到了大树的美丽，她也一定感受到了生命的美好。

是的，动物、植物都是有生命的，而人类的生命显然更为奇妙。有人说，生命是一团热情的火焰，我们的每一次努力都会留下印记。今天，曹老师想和大家来分享一个特别的生命成长的故事。

一个女孩去见一个医生，在医生的办公室里她几乎不敢抬起头来。就像她的医疗记录单上写的那样：害羞、极端内向、交谈困难、有严重的自闭倾向，医生很难和她进行谈话。后来这位医生发现，让她通过书写来表达远比和她交谈容易，所以他就让她随意写，随意在任何方便的纸上写下任何她想到的文字。

她的笔画很纤细，几乎是畏缩地挤在一起的，要稍稍费力才能读懂。

后来医生慢慢了解了她的成长经历。她从小就非常胆小，甚至宁可被嘲笑也不敢轻易出门。所以她的父亲便在她面前叹气，担心她的将来，甚至直接就说她不正常。

她从小听着父亲对她的评价，也渐渐相信自己是不正常的了。到了小学，同学们很快就找到了朋友，她也很想交朋友，可就是不知道怎么开口。因为在没上学时，家里人是很少和她交谈的，似乎认定了她的语言或发音有严重的问题。到了学校，和同学们一比，她更加觉得自己是真的不正常了。

在她年幼时，医生诊断她是自闭症；后来，到了专校，她又被诊断为忧郁症；再后来，她脆弱的神经终于崩溃了，住进了长期疗养院，被诊断为精神分裂症。这么多年来，她就一直这样默默地接受着各种治疗。

医院里摆设着一些过期的杂志，有的是教人如何烹饪裁缝的，有的是教人如何成为淑女的，有的则是写着一些深奥的诗词或小说。她在医院里茫然而无聊，索性就提笔给这些刊物投稿了。

没想到她的那些在家里、学校里或医院里总是被人们认为不知所云的文字，竟然在一流的文学杂志上刊出了。

医院里的医生有些尴尬，取消了一些原先的治疗，家人觉得有些得意，忽然发现自己家里原来还有这样一个女儿，甚至旧日小镇的邻居都不可置信地问：难道这真的是当年那个古怪的小女孩？

终于，她出院了，并且凭着奖学金出国了。再后来，她经著名的精神科医生诊断，她根本就没病。然而，大家能想到吗？那一年，她已经 34 岁了。

这是发生在新西兰女作家简奈特·弗兰身上的真实故事。她现在还活着，还在孜孜不倦地创作着，成为公认的新西兰当今最伟大的作家。

听完这个故事，大家会想些什么呢？这个故事的题目叫《活着，其实有很多方式》。就像世上没有完全相同的两片树叶一样，人也是不同的。你的特长我可能没有，但是我的优点你也不一定有。你可能不是学习优秀的孩子，但你完全可能是心灵手巧的孩子；你可能不是运动最棒的孩子，但你完全可能是热情善良的孩子；你可能不善于说话，但你可能擅长写作；你可能不善于画画，但你可能擅长音乐；你甚至也可能像故事中的主人公那样，被人嘲笑，被人排斥，但你一定要相信，你是一个正常的孩子，你有你的特点，你有你的才能，只是你还没有被发现罢了。说不定，有一天，你也会是一位了不起的人！你一定要记住，每一个生命都有存在的意义，每一个努力都会在你的生命里留下印记，每一个你都是优秀的！就像那悠悠飘落的银杏树叶，有的大，有的小，有的黄，有的绿，但是，它们每一片都很美！

同学们、小朋友们，路过的时候别忘了停下来看一看这些叶子吧！

（曹丽秋）

学 本 领

研研的妈妈来幼儿园接研研，她见到女儿就问："宝宝，今天老师教了什么本领呀？你上课举手发言了吗？"研研笑眯眯地回答说："我发言了，瞧，得到了一颗小星星呢！"妈妈疼爱地看着女儿："我的女儿真乖，奖励吃个蛋筒!"

荧荧的奶奶也来了,荧荧领着奶奶到走廊里看自己上午画的《快乐的小鸟》,奶奶看着孙女画的画,眼睛笑得眯成一条缝,奶奶指着画表扬荧荧:"这小鸟的颜色涂得真漂亮!"荧荧对奶奶说:"奶奶,你答应我的,我上课乖的话,星期天带我去野生动物园玩!""好!肯定带你去!"

平时也有孩子对我说:"老师,我乖不乖? 今天我能得到小红花吗? 我如果得到星星,爸爸就给我买会变形的汽车呢!"

休息天,在少年之家门口,更是经常听到家长这样那样的承诺:"乖,去学画画。学好了,回去给你买喜欢的大吊车!""英语很重要的,你长大了想出国去吗?""乖,学好了,同意你打一会儿游戏!"

真是"可怜天下父母心",父母为了让自己的孩子成龙成凤,不惜时间和精力,创造条件也要让孩子上兴趣班、特长班。大人是一片好心,可细细想来,感觉有点像钓鱼,孩子好比是鱼儿,大人用鱼饵来引诱他们学习。

随着时代的发展和进步,孩子们的学习条件、学习环境越来越好。但竞争越来越激烈,对人才的要求也越来越高,除了要有知识,还要有特长。家长们都有这样的意识:"孩子的教育抓得越早越好","不能让自己的孩子输在起跑线上"。有的家长因为自己小时候没有好好读书,现在把梦想都寄托在孩子的身上,希望孩子能"青出于蓝而胜于蓝"。双休日、节假日,少年之家、图书馆、各类培训中心报名的人络绎不绝。家长们放弃自己的休息时间,尽心尽力地开车接送孩子,让孩子将来多一点在社会上立足的能力。可孩子对纷繁的学习内容不感兴趣,家长们想尽办法,投其所好,用对孩子有吸引力的玩具、书、新衣服、出门旅游等作为激励的手段。但是,父母们的努力最终并不一定能如愿以偿。我认为,关键还是要让孩子自己从内心深处想学习,知道学会了知识,能做个对社会有用的人。

首先,我们要让孩子体会到学习的乐趣。每个孩子的天资、性格、爱好和能力不同,我们不必用相同的标准要求每一个孩子。我们要做的是帮助孩子养成良好的生活习惯和学习习惯,充分肯定孩子的点滴进步,多赏识,多鼓励,激发孩子的上进心,使他们体会到学习的快乐。这样,孩子的学习兴趣自然就会提高。而且,我们要从孩子的兴趣出发,选择适合他们的学习内容、学习方式和进度。每个孩子的喜好是不尽相同的,有的喜欢唱歌、跳舞，有的喜欢画画、下棋，也有的喜欢讲故事，在为孩子选择兴趣班时，要根据孩子的兴趣和特长来选择。孩子对所学内容感兴趣，学起来也就更容易投入，更能体会到其中的乐趣。

另外，家长不能有急功近利的心理，不要盲目追求效果。孩子的发展有一定的阶段性和规律性，如果拔苗助长，只能适得其反。孩子的成长需要轻松、愉快、和谐的氛围，家长要注意自身的言行，让孩子明白，学本领是为了自己，而不是为了大人在学，更不应该用物质激励的手段。

我作为一名教师，会尽自己最大的努力给孩子营造良好的学习氛围，提供丰富的学习内容，同时希望家长也能采用恰当的方法培养自己的孩子，让孩子体验成功、感受快乐，长大成为有用之才！

（金　颖）

孩子是玻璃做的吗

在孩子牙牙学语时，你能轻而易举地抓住那粉嫩的胳膊，把他紧紧搂在怀里；在孩子蹒跚学步时，稍不留意你会发现他已悄悄挣脱了你的手，而你要紧赶几步才能追上；在孩子背着书包走向校门时，你的手还停留在为他整理红领巾的姿势时，可他却早已蹦跳着与同学消失在走廊的尽头。

所以，我们说，孩子长大了；所以，我们想，孩子离我们远了；所以，我们又念叨，孩子的心里在想什么？我们还能"看透"孩子的心思吗？

哦，不！千万不要将孩子的心"看透"！哪怕是很小很小的孩子，也要让他拥有一个小小的属于自己的心灵港湾。

记得这样一件事：一次，一个小女孩因为口算出错较多，放学后我就与她在教室里补习口算。她的父亲比较严厉，对我说："连口算都算不好，还说以后要当数学老师呢！"我听了，抬头看看小女孩，她那白皙脸庞上泛起的红晕，那似腼腆又似尴尬的笑意让我的心猛地一紧。几天后，在批改作业时，我有意无意和她聊起："你以后是不是也要当数学老师呢？"她马上淡淡一笑："不当数学老师了，当——美术老师。"这么快就改变了？就为了口算的不熟练？诚然，这也许不是小女孩的本意，但她父亲的话语似乎把她原本脆弱的心给"看透"了，使她觉着自己真的是很不适合当数学老师了。我的心不由隐隐作痛，之后一直给她鼓劲打气，但不知小女孩今后还会不会再以当像我一样的数学老师为自己的理想了。

孩子的心虽小，但有他们的自尊、信念、追求，也有自卑、胆怯、退缩。这里或许深藏着他们自己从小就立下的远大而又不愿与人说的理想，或许深藏着跟同桌的一个小秘密，当然也有与同学斗气之后的小恶作剧，或者还有跟家长偷偷说过的一个小谎言……我们老师、家长，难道非得要用强似X射线的目光将之一览无余吗？我们，难道就不能有一点点的"愚钝"吗？

记得一次兴趣班的课间休息，仅仅在我离开教室又折回的几分钟之内，居然发现我的点名册上被人用黑色水笔狠狠地涂了色，涂掉了三个小朋友的姓名。这是谁做的？胆敢在老师眼皮底下做这种坏事？围观的小朋友马上都以"我没有，我不知道"为由搪塞。毫无疑问，上课后的一番"软硬兼施"是不可避免的。但出乎我的意料，就是没人承认！或许是看见我满脸的怒气，或许是想着承认之后的批评，或许此时他的心里正遭受着自我谴责，只是，他没有勇气和胆量迈出那一步。看着那一张张诚惶诚恐的脸，我的心慢慢平静了下来。我何不"愚钝"一回？我何必把孩子们一个个都"看透"？那也许是学着我的样子在名单上涂改的调皮罢了。

我不由得想到了曾经看到的几句话：不要让我的"精明"将孩子们的心灵逼迫得无处可藏。因为，每个孩子都有权拥有一处可以躲避责问的空间，只有拥有了这个空间，孩子的心灵才有可能得以喘息，然后渐渐归于正道。至此，我已释然，我等着，哪怕等到最后仍没人来与我说明这涂鸦之事。

孩子是玻璃做的吗？不，当然不是！

有时，我们能"看透"他们的心，但更多时候，我们"看透"了却不能"说透"！因为每个孩子有自己的个性、特点，也有自己独具的缺点、毛病，作为教师的我们，只有尊重孩子、信任孩子，这样才能让每个孩子成为具体、丰富、灵动的个体。

（陈芝娟）

"我和你一样"

"如何处理与学生的关系?"今天有一位老师问我,"是严格些?还是温柔些?或者是很传统的'课上是老师,课下是朋友'?"我想了想,都有吧。与学生的关系处理得妥当与否,影响的不仅仅是教育质量。

其实工作以前我不喜欢和太小的孩子打交道。"不幸"的是,工作第二年,我成为一名一年级的班主任。"残酷"的现实让我不得不想办法面对47个只有7岁的孩子。怎么处理与孩子们的关系呢?不能让他们看见我过分害怕,也绝不能因温柔泛滥而丧失威信。看着其他班的孩子上课时很听话,下课又围着老师,我既羡慕又苦恼。

一次看《美丽人生》。剧中的理发师和坐轮椅的贵子也在思索相处的方式,两人常因为看风景的视线高度不同而无法共同欣赏美景。有一天,理发师突发奇想地蹲下身来,说是想体会身高100公分的感觉。他发现了与原来完全不同的世界,也正是这一举动感动了贵子。原来是这样!与孩子相处的最好方式也是蹲下来吧?和他一样高,站在他的立场上,来理解他。交换立场,为对方考虑,这不正是我一直奉行的"己所不欲,勿施于人"的原则吗?

于是,"我和你一样"就成为经常挂在我嘴边的话。

"我和你一样",让孩子觉得老师和自己一样。首先,老师也经历过"小朋友"时期。小朋友动的脑筋,老师也动过,小朋友做的努力,老师也做过,所以,老师是最了解小朋友的,一旦小朋友做错什么事,老师一下子就能洞察到。其次,老师虽说是成人,但也有不舒服的时候或害怕的事情等,和小朋友一样,所以,老师也需要小朋友的关爱和照顾,爱的付出不能只从老师到学生,而应该是双向的。最后,"一样"表达平等、体谅,也可从"老师和学生一样"迁移到"学生和学生一样"。孩子间产生矛盾了,我会进行教育:"你看,如果反过来,刚才是你被他绊倒了,会不会痛?他和你一样啊!他现在一定很痛,道个歉吧!"

"我和你一样",让我觉得与孩子相处很轻松,拉近了我与孩子的距离,使孩子愿意与我接近。由于我的直接、坦率，孩子对我的脾气也很了解。所谓"亲其师，信其道"，他们对于我说的原则性问题都很注意，比如考试的诚信、"事不过三"的限制等。看着越来越懂事的孩子，家长们和我都很开心。

有时候，我们不妨把自己当做孩子，钻进他们无邪的世界，体会童年的天真快乐；有时候，我们不妨让孩子当成大人，和他说说的心里话，相信他们会懂得大人的良苦用心。我想无论是"蹲下身去"还是"站在高处"，这样的交流都是有趣和有效的。因为，我和你一样。

（陈　睿）

饭盒打翻了

上午第三节课的铃声响了，我提醒孩子们在桌子上铺好小毛巾后去洗手。我照例把汤搬进教室，把汤碗放上讲台，拿起勺子给孩子们盛汤，教室里井然有序。"丁老师，钱××把你的饭盒打翻了。"突然从教室门口传来一声喊叫。我给排队的孩子把汤打好，然后走到教室门口，只见我的饭盒侧着，盒盖已不知去向，几块红烧肉可怜巴巴地躺在地上，饭盒里还剩米饭和一丁点儿红烧粉皮。"看来，今天丁老师只能吃白米饭和汤了！"我边说边弯腰把饭盒拿起。忘记了那天吃饭的滋味，只记得教室里特别静，只有几个孩子在窃窃私语。而那个女孩一直睁大眼睛看着我，怯怯地来拿汤，怯怯地回到座位。我没有任何的责备，但我记得，吃饭时我始终没有看她一眼。

又一次轮到我分饭。我刚把汤搬进教室，那个女孩已经把我的饭盒放到了讲台上，"丁老师，你的饭盒。"这轻轻的一句话、一个动作，让我的心不由得一颤：她是在弥补上次犯的错？可那分明不是她故意的，而且我们的饭盒也常盖不紧。她是在为她上次的不小心说对不起？那天的我虽然没有任何的责备，那神情却是让她无法接近的。我忙微笑着说："谢谢！"她甜甜地笑了，轻轻地说："不用谢。"一个微笑，一句感谢，就足以让她高兴得雀跃了，多可爱的孩子啊！以后每到我分饭，她总是先帮我把饭盒放到讲台上，然后再给自己拿饭盒。有一次我先吃过了，她找了半天没找到饭盒，便问我怎么饭盒不见了，我的心中泛起一股暖流。我摸着她的头说："丁老师已经先吃了，谢谢你。"她竟有些害羞。

接下来的几天里，发现小女孩越来越喜欢围在我身边，和我亲近。课堂上，她的眼睛亮了起来，作业本上的字也端正漂亮多了……

想起曾经有一位家长对我说，她家的孩子回去兴高采烈地告诉他们，丁老师喜欢他，他最喜欢上丁老师的课了。亲其师才能信其道，让每个孩子都觉得老师喜欢他，让每个孩子都喜欢上老师，那是多么幸福的事！

我忽然发现如今的自己对孩子的爱被不断的抱怨掩埋了许多，少了亲近，多了指责；少了微笑，多了皱眉……孩子的心就像是雨后荷叶上的露珠，晶莹剔透却又容易破碎，我们该怎么做呢？前不久，我看到这样一则故事：一长者看到孩子长久地站立在花前，嘴里还不时说着什么。长者疑惑，上前询问才知道孩子是在对花说话，长者凑近花朵，可什么也听不见。孩子说："您蹲下来就能听到了。"长者蹲下身来，微风吹过，缕缕花香飘来，花儿似乎真的向人们诉说着什么。长者为自己听到花的声音而高兴地举起这个孩子。蹲下身来，就能听到花的声音，那么就让我们蹲下身来，用孩子的眼光来看问题，忧他们所忧，乐他们所乐，我们就会看到孩子心中真实的自由天空、丰富的情感世界。蹲下身来和孩子一起感受学习的酸甜苦辣，一起体验生活的七彩世界，敞开心扉，用爱交流，真正走进孩子的心灵，那么我们一定能收获更多的爱与幸福！

（丁　怡）

愿做那缕春风

今早批阅孩子们的日记时，读到了这样一段心声：

"毛老师，我要向你诉苦！我一回家就做作业，做到吃饭前，吃完饭又去写毛笔，接下来是弹琴、看书……

"我整个人都快变成'学习机器'了。这种日子真枯燥呀！看别人学习很轻松，而我呢，到了晚上就闷闷不乐。我好痛苦！毛老师，我该怎么办？"

日记不长，一百多个字，少有修饰，纯粹的直抒胸臆。读着这段用稚嫩文笔抒写的朴实心声，我的心被那字里行间流露的痛苦和压抑深深震撼了。这就是我们的孩子！这就是在老师殷切期望、家长望子成龙的"好意"之下苦苦挣扎的孩子！难怪有人如此评价当前的教育：如今的教育，不管是学校教育还是家庭教育，已经把人视为一种实现某种既定目标的读书工具，受教育者本身的自主性被剥夺了。于是教育在很大程度上成了对灵魂的围剿与拷打。

我知道我改变不了什么。这是社会施予孩子的重压，这是时代强加于孩子的生存状态——他们注定是生长在蜜罐里，却要成长于"战场"上。

我想我能做的，也许就是用言语去安抚一下孩子苦闷的心。

于是午间值班时，我从这篇日记说起，把我对生活的态度和感悟用最通俗易懂的话语传递给孩子们。我说："有时我们无法改变生活，但我们却能改变自己的心态。打个最简单的比方：如果你一直戴着一副墨镜去看这个世界，那么即使窗外阳光明媚，你看到的却永远是一片阴霾。勇敢地摘下那副墨镜，再去欣赏窗外的风景，你会发现春天已经来到了我们身边，阳光是那么灿烂，春光是那么迷人！"天真的孩子们在我的话语引导下，真的放眼向窗外望去，那明媚的阳光照亮了他们带笑的脸庞，不少孩子惊叹道："哇，真的！"我又说："其实毛老师每天也生活得很辛苦，白天忙着上课批作业，晚上回家还要备课写东西，常常要忙到十一二点才能睡觉，但我却觉得这样的生活很充实，因为充实，所以快乐！刚才咱们从日记聊起，现在还是以日记为话题，请大家算一算，你们每人每周写2～3篇日记，那毛老师一周得批多少篇日记呢？批那么多的日记很辛苦吧？但我从不觉得这很痛苦，因为在我看来，能够读到大家的心声，知道你们每天在想什么，在做什么，能够分享你们的喜怒哀乐，能够通过在你们日记本上留言和你们交流，那是一件很快乐的事！所以，我要告诉那位写日记的同学，也要告诉大家，换一种心态去学习，去生活，你就会收获更多快乐！如果你不得不写毛笔字，那尽最大的努力写好它，写完后再好好欣赏一下自己的大作，这么小的年纪就能写出书法作品来，你多优秀！如果你不得不弹琴，那就把乐曲弹得流畅优美些，它不仅能带给你快乐，也能给你身边的人以享受……"

看着孩子们听得津津有味、频频点头的样子，看着那个脸带红云却嘴角上扬的善感女孩，我知道，这个中午，有一缕春风吹进了孩子的心田，吹散了他们这个年龄不该有的浮雨流云；我知道，有一缕暖阳照进了孩子心房，让他们打开了一扇迎接快乐的窗！

（毛李华）

爱需要沟通

孩子做错了事，父母就大声斥责："你怎么又做错了？教你多少遍你才能学会！"

学生间发生了争执，教师就怒气冲冲地说："老师对你们说过多少次了，同学之间要互相谦让，互相宽容，不要为了一点小事就争吵。说，今天又是为了什么？"

……

作为家长的你，作为教师的你，是不是觉得对上面的情境和话语都非常熟悉呢？面对被斥责后情绪低落的孩子，面对被训斥后不愿把其中的细节告诉你的学生，你一定很苦恼。

当我一口气读完一本书后，犹如拨开云雾见到了青天，因为从这本书中我了解到了很多与孩子沟通的有效方法。这本书就是——《孩子，把你的手给我》。

作者海姆·G·吉诺特是美国的临床心理学家、儿童治疗专家以及家长教育专家。序言中说，他的这本书已畅销多年，被翻译成 31 种语言，"彻底改变了父母、老师与孩子之间的关系"。让我感兴趣的是，在成为心理学家之前，海姆·G·吉诺特医生还是以色列的一名教师。

没有哪个父母早上醒来时就打算着要让孩子生活得痛苦不堪，没有一个母亲或者父亲会说："今天，只要有机会，我要对我的孩子大叫大嚷、唠叨，要让他丢脸、出丑。"相反，每天早晨，许多父母都下定决心："今天会是平静的一天，没有叫嚷，没有争辩，没有战争。"但是，尽管有好的意图，讨厌的战争还是会时时爆发。即使是那些爱孩子的、为了孩子好的父母也会责备、羞辱、谴责、嘲笑、威胁、收买、惩罚孩子，给孩子定性，或者对孩子唠叨说教。

为什么会这样？因为大多数父母没有意识到语言的破坏力量。海姆·G·吉诺特认为：在沟通中发生这种不幸，常常不是因为父母缺乏爱心，而是缺乏对孩子的理解；不是因为父母缺乏智慧，而是缺乏知识。父母光有爱是不够的，洞察力也不足以胜任，他们需要用特别的方式跟孩子相处，跟孩子交谈，而且交谈时还需要运用技巧。

那么怎样才能实现与孩子的真正有效的沟通呢？看了《孩子，把你的手给我》后，我有了一些感悟。

理解孩子的感受，出问题时给予指导而不是批评。过去，当学生犯错误时，我们总是先看到错误的结果，又追问其原因。当学生向我们倾诉其想法时，我们总是对其进行否定、批评。每当学生们不听话、不按我们的要求去做时，我们总是对其怒目而视。然而海姆·G·吉诺特认为，我们要引导的是孩子的行为，而不是其动机。当孩子非常生气地乱扔东西时，我们要对孩子生气的感受作出回应，而不是对扔东西的后果作出反应。我们可以说："你看起来很生气！你在这件事上一定生气极了。"当情绪被人理解后，孩子会有所平静。我们就可以给予指导：你可以在这张纸上任意画来发泄你的怒气，表达你的愤怒。

每天早上，我叫睡得很香的才八岁的儿子去上学，孩子总是照例重复他的不情愿。平时，我一般会说："快点快点，要迟到了，你晚上晚睡现在才会爬不起来……"换来的不是继续蒙头大睡，就是一边穿衣一边皱着眉的低声嘟囔。这次，我记得书上的话：孩子发脾气或不配合，不要去说教或批评，只要说出理解对方的话，他们自己会思考和调整的。于是我尝试用惯常温和的语气说："是啊，妈妈也觉得躺在床上的感觉好舒服，起床可不容易啊！"结果儿子没有像平时一样拖拖拉拉，而是立刻起来穿衣刷牙，情绪也超乎寻常的好。

读过《孩子，把你的手给我》这本书后，你会觉得：原来跟孩子的交流如此重要而又如此复杂，简直是世界上最深奥的一门学问，这不单单是你对着孩子说"我爱你"就足够的。这本书从方方面面来向我们介绍了和孩子交流沟通的技巧，有些章节不仅有生动的例子，还会具体指导父母应该对孩子怎么说怎么做，不应该怎么做，否则会对孩子造成怎样的后果。

这本书值得所有的父母好好读，同时也适合和孩子们打交道的教师好好读。

（朱丽丹）

第三篇 儿童立场

于细微处关怀生命

有一种智慧叫"爱生如子"

在教师工作中，爱是关键，爱学生是做好教师工作的前提，爱要贯穿工作的全过程。关于师爱的话题很多，经典论述也很多，爱是教师工作中的永恒主题。

其实，对于教师而言，爱不是目的，只是手段。教师以责任为支点，通过爱的杠杆去撬动学生进步的车轮，促进学生健康成长，这才是目的。而杠杆的撬动是需要智慧的，有一种智慧就叫"爱生如子"。

星期四是班里学生小王的生日，孩子爸妈一早就提着小巧玲珑的凯司令小蛋糕嘱咐老师不要忘了分发给班里的小朋友。于是，一下课办公室的窗台上就晃动着许多小脑袋。下午第二节课，有个调皮的小男孩嘴中吮着手指，笑嘻嘻地终于开口了："老师，发不发蛋糕啊？"的确，连我看着香喷喷的蛋糕也不禁饥肠辘辘，何况孩子们呢？于是我决定提前把蛋糕分给孩子们。"今天小朋友们表现不错，咱们提前给小王过生日。不过老师有个小小的要求，哪组小朋友的作业一起完成了，那组小朋友就一起提前享用蛋糕，好吗？"

"好！"话音刚落，只见五十几颗小脑袋齐刷刷地低下去完成作业。一会儿小组长就陆陆续续把蛋糕分发到了组员的手中。

拿着蛋糕的孩子们用小眼睛紧紧地盯着我，他们分明在恳求："老师，能吃吗？"

看着孩子们天真无邪的眼睛，看着喷香的蛋糕，我突然灵机一动，何不利用生成的教育资源激发后进生自身的成长需求？

"完成作业的小朋友跟小王说句祝福的话，就可以享用美味了！可是最近作业完成不好的同学，先要想一想这个蛋糕能不能吃，然后来告诉老师。小王，你同意老师的做法吗？"

"同意！"

教室里忙起来了。我回到办公室静静地等待要出现的几个作业完成不好的学生。我想借助蛋糕的力量，触动他们的心灵。十几分钟后，不出我所

好学校，从关注每个学生开始

石梅小学优质教育多元感悟

料，小邱、小谈、小朱出现在我跟前。

"你们能享用蛋糕吗？"

沉默。

"想想你最近的表现，再想想本来就应该属于你的蛋糕，你可以享用吗？"

"不可以。"小邱开口了。

"为什么？"我乘胜追击，"谁先说？"

"因为我最近课间老想着玩，没有及时做作业。"

"因为我作业字迹潦草。"

"因为我作业本老忘记带。"

也许是想到到手的蛋糕就要飞了，也许是真的认识到了自己的错误，孩子们说着说着竟忍不住呜咽起来。

"好了。既然大家都认为自己不能吃蛋糕，那么，老师也同意大家的想法，那蛋糕就不能发给大家了。"孩子们一看真的不能拥有这块本属于自己的香甜蛋糕，眼泪一个劲地往下掉。

"那么，蛋糕怎样处理呢？"

"蛋糕我就送给老师您吃吧。因为老师平时经常教育我要认真学习，可我没有听您的话，您非常辛苦……"小邱其实是个能说会道、聪明伶俐的孩子，他一边啜泣，一边喃喃地说道。受了他的影响，其他两位也表达了自己的悔改之意和对老师的感激之情。

看着孩子们虔诚的样子，我郑重地接过了蛋糕，并爱抚着他们，动情地说："首先老师感到欣慰，因为你们不但能认识到自己的错误，而且都是重情重义的孩子，都非常理解老师的良苦用心，而且非常感激老师。的确，老师经常会把大家当做自己的孩子，你们不成器，哪一个家长、哪一个老师会不着急？你们看这样行不行，蛋糕还是你们吃，就算是老师送给你们吃的。可是，这个蛋糕必须放学后带到家里再吃，行吗？老师相信你们会懂事，会长大的！"

孩子们领着蛋糕离开了办公室。我坐着任思绪飞扬：所谓"爱生如子"就是像爱自己的孩子一样爱学生。把学生当自己的孩子，我们的工作便不再是"饭碗"，不再是"事业"，而是良心工程。基于这一认识，我们需要秉持教育就是"培养"的理念。因此，教师承载父辈的功能，"培养"的教育是父母对孩子的细心呵护、辛勤养育、全身心的投入；作为父辈的教师，他的爱既有慈祥也有严厉，有娇宠更有期待，应该严慈相济。师爱的内涵如此丰富，唯有用智慧将这份爱编码，通过畅通的渠道，才能让学生正确解读。没有智慧的爱会演化成一种苍白的爱，没有智慧的爱，在传递的过程中会被曲解，导致溺爱甚至错爱，智慧的爱是博爱、大爱，教师唯有用智慧去撬动爱的杠杆，才能真正促进学生健康成长。

（查慧玉）

课间的快乐

下课了，教室里，走廊上，人来人往，一片喧嚣。我坐在讲台旁的凳子上休息，静静地看着孩子们玩耍。

离讲台最近处挤着一堆男孩儿，正在全神贯注地玩飞行棋，他们的小手里紧握着小小的色子。他们很细心地掷着手中的色子，慎重又慎重之后，"啪"的一声砸在课桌上，其余几个瞪大眼睛数色子上的点数。随即，听到笑声，歇斯底里的叫声，面红耳赤的争论声，震得耳朵嗡嗡的。赢了的双手撑着桌面，小脸涨得红红的，又叫又跳又笑；输了的，不言声，傻傻地苦笑。看着这些孩子，我不禁感慨，或许若干年之后，再来看他们，他们会成熟了许多，生活已经教会了他们如何面对成长历程中的输赢胜败所带来的酸甜苦辣，他们会将张扬和苦笑默默地埋在心底，把坚毅藏在胸中，而脸上波澜不惊……这便是成熟？就像现在的我们，笑对前面的路。

周围还站着一圈旁观者，或调侃几句，或为之叹息，个个入情入境。较远一点儿的课桌旁，围坐着几个女孩儿，不知在聊些什么，声音小小的，在窃窃私语，红润的脸上带着静静的、微微的笑意。角落处，还有几个好静的男孩和女孩，各自坐在位子上，或看书，或呆坐，或许，这也是一种很好的放松和休息。

一个小男孩走到我面前，微笑着，小脸红扑扑的，右手握拳，平伸到我面前，"老师，给你！"我的目光从玩飞行棋的孩子们那儿收回来，望着眼前的他，笑问："什么?"说着，也向他伸出手。他展开拳头，从手心跳出一颗东西，落到我的掌心。我看了他一眼，他歪着脑袋正看着我笑呢。我看着手心的还留有他的余温的礼物——一颗扁圆、绿色的五角星，"这是一颗幸运星。老师，愿幸运一直陪着你。"他说完，就一溜烟地跑开了。我笑了，眼睛在教室里搜寻着他。他已经坐回了自己的座位上，仍然笑着看着我，很专注很甜蜜的样子。此时，我感到了温暖、友好、真挚，我有一种想拥抱孩子的冲动……

（陆　晗）

开学第一天，团支部在校门口派发
成长红包

快乐的春游

与作家面对面

石梅小学成长林

"我能拍 200 下了"

"我能拍 200 下了。"突然之间接到这样一个没头没脑的电话，我愣住了。

"你是谁呀？"

"我是飞飞，丁老师，我能拍 200 下皮球了。"声音很兴奋，还带着喘息声，显然是刚运动完。接下来我说了很多祝贺、表扬的话，而电话那头的小男孩反复说着"我能拍 200 下皮球了"。我们之间的通话就这样结束了，但我的心情却始终无法平静。为什么他会在周末晚上九点多迫不及待地告诉我这样一件事呢？

思绪飞到了不久前的一天，一群男孩子晨间运动时围在一起拍皮球，这样的场面是很少出现的。因为他们平时的爱好无非就是跑跑、跳跳，打羽毛球都属于很文静的活动了。带着随机教育的心态，我关注了他们的活动。"真棒！""可以拍这么多了。""比一比谁拍得最多。"……"才二十几个，以后我们开运动会，要拍到一百多个才可以参加。""一百多个啊！"孩子们有些惊讶，而飞飞只说了一句："噢。"男孩子们继续拍着皮球，而晨间活动也很快结束了。会不会是飞飞一直把我的那句话记在心上，难怪他总是说自己能拍 200 下了。他一定是每天都在练习，不然才几天的时间怎么可能有如此大的进步。在猜测到电话的来由后，我被这个才上中班的小男孩感动了。孩子虽然年龄小，但是多么有毅力啊。那种执著的精神是我们成人有时都自叹不如的，我为有这样的学生而感到骄傲。我的心底有这样一个声音：飞飞，丁老师要向你学习。

当将幼儿教育置于终身教育的大环境中时，我们时刻都在反省并领悟着幼教的真谛：什么才是伴随孩子一生并需在幼儿时期就要打好基础的素质呢？人的一生中拥有很多重要的东西，而我觉得一个人的执著精神一定会伴随他一生，并最终伴随他走向成功。拥有这种坚持不懈品质的孩子，他一定能坚守承诺，能勇敢面对困难，能积极克服困难，成为一个不断发展的人。虽说孩子还小，自控力差，兴趣极易转变，但当孩子真正专注于某一事情时，他们爆发出的能量是惊人的。教师和家长要善于保护、培养这种精神，让每个孩子都成为健康、勇敢的人。

突然之间我有很多话想对飞飞说。此时夜色已晚，明天，丁老师会告诉他：你做得真棒，一定能够参加运动会了。

（丁　悦）

我为学生喊"加油"

久违的学校秋季运动会又要召开了，这不能不让我头疼。因为前几年的运动会上我们班的总分是在年级里"垫底"的。今年非打个翻身仗不可。

古人云："知己知彼，百战不殆。"赛场获胜的关键一是技术，二是气势。我们班孩子在体育运动方面表现较一般，这就首先在技术上输了。经过一番思考，我与孩子们推心置腹地谈了一次。

"同学们，秋季运动会马上要开始了！"一听这消息，孩子们个个眉飞色舞，摩拳擦掌，他们已经盼望很久了。"大家想不想获胜？"

"想！"回答是干脆响亮的。

"你们说说看，怎样才能获胜？"

"只要运动员多跑出几个好名次，我们就能获胜。"这个道理自然大家都知晓。

"运动员怎么才能跑出好名次呢？"我仍抓住问题穷追不舍。

"他们平时要训练。""他们比赛前要休息好。""鞋子要穿轻便的运动鞋。"……他们畅所欲言。

"同学们，你们说得都对，现在王老师请大家想一想，如果你是运动员，在赛场上什么最能鼓舞你？"孩子们开始进行"角色互换"，从另一个角度来思考，最终一致认为：加油声。

有认识只是第一步，至关重要的是要转化为行动。

"你们想过没有，全校那么多班级，运动员怎么知道我们在为他助威？"

"我们可以举小旗子，像电视里的拉拉队一样，边喊加油边挥旗子，这样运动员一眼就能看到。"

好学校，从关注每个学生开始　石梅小学优质教育多元感悟

"我们可以做广告牌。"

虽然仅是三年级的孩子，可是当他们的主动性被调动起来时，所表现的聪明才智还真令人赞叹。

"同学们，老师和你们一起努力，共同奋斗！我们永远在一起！"

我们做教师的，从孩子小学一年级起就教育他们要"关心集体""互相团结"，那么我们自己是不是所教班级中的一员呢？该不该关心它？要不要与它的成员——自己的学生团结友爱？我们的职业特点是永远与孩子们在一起，那么，我们就应该也必须融入集体中，与他们同呼吸、共命运。只有这样才可能急学生之所急，想学生之所想，成为他们的朋友，我们的教育才能深入浅出，事半功倍。

这次秋季运动会，我们班的成绩虽然还不是那么出色，但是我已经看到了全体学生的激情和团结向上的精神，我感到无比欣慰！

（王根元）

第四篇

缤纷课堂：
科学与人文并举

　　课堂，是师生展示缤纷智慧之所；教学，是知识散发独特魅力之时。在静态的教材中，处处蕴藏着人类伟大的智慧；在动态的课堂上，时时生成师生无法预料的精彩。

　　有人认为"课堂是一个值得我们好好经营的地方，是我们人生修炼的道场"；有人认为"教学应该发扬知识这一伟大事物内在的魅力，达到知识、社会生活与师生生命的深刻共鸣"；教育专家指出，教学没有终点，更没有完美，要"用一生的时间去备一节课"！我们认为，课堂是学生个性成长的原野，只有关注生命、充满人性的课堂才是灵动的课堂，才是有效的课堂，才有可能成为智慧的课堂。

　　由此，我们以"故事化"的教学开发教学内容，在游戏化的课堂中引领学生进行系统学习；我们让劳技课堂"回归生活本色"，关注学生基本生活技能的训练；我们迎难而上，思考有效复习的途径，尝试构建"趣味化、结构化、策略化"的数学复习方式；我们让"科学课堂充满人文光辉"，让孩子"快乐学唱幸福歌"；我们自主开发主题班会"传承孝礼、感恩亲情"……这些课堂，从学生成长的角度来说，是潜能的开发、精神的唤醒与个性的彰显；从师生共同活动的角度来说，是经验的共享、智慧的生成与视野的融合。

　　思考与实践同行，知识与智慧共存，和谐与发展并举，是我们永恒的课堂追求。

生命课堂

唤醒，语文教学的生命化追寻

教育面对的是鲜活的生命个体，它需要教育者"掌握一种神奇的力量，他们唤醒自己，也唤醒他们接触的人。"（克莱德·E·柯伦）德国著名文化教育学家斯普朗格说："教育绝非单纯的文化传递，教育之为教育，正在于它是一种人格心灵的'唤醒'，这是教育的核心所在。""教育的最终目的不是传授已有的东西，而是要把人的创造力量诱导出来，将生命感、价值感'唤醒'……一直到精神生活之根。"唤醒是人与人的对话，是生命与生命的交流，是一个高明的教育者教育智慧的体现。

语文是一门最有灵性、最具活力、最富趣味、最具生命力的学科。语文学习的过程，是语言和精神的同构共生，是语文能力形成和发展的过程，是丰富人文精神、完善个体生命的过程，也是个体的认知能力、情感态度和价值观整体和谐发展的过程。语文教学，不仅要着眼于知识的授受，能力的培养，更需以文化的熏陶、精神的引领去启迪智慧，润泽灵魂，唤醒生命，使学生真正成为追求生命灿烂绽放的生长者。

【经典案例1】在《雨后》一文中的入境体验

以下是我执教《雨后》一课时，引领学生入境体验的教学片段：

（委婉处还它个委婉）

师：孩子们，今天老师想和大家用一种特别的方法来学习这首小诗。请大家边读诗句，边在脑海里画画，把课本上黑白的文字变成一幅幅彩色的画面，让我们比比，谁在脑海里画画的本领最强。

教师播放抒情的音乐，学生自读第一小节后闭目想象。

师：孩子们，继续闭着你们的小眼睛，竖起小耳朵用心倾听老师的朗读，把你脑海里的那幅画想象得再清晰一点、生动一点。（师范读，生继续闭目想象）

师：来，说说你刚才想象到的画上有什么？

生：我的画上有一棵棵绿树，大雨过后，嫩绿的树梢上挂着一颗颗水珠，这些水珠金光闪闪的，好像是一颗颗晶莹的珍珠。

（发言结束，教室里自发地响起了掌声）

师（奖励可爱的"笑脸"贴纸）：这是一幅多美的画呀！是什么让你想到了这么美的画面？

生：因为我读到课文中的一句话，"嫩绿的树梢闪着金光"。

师：来，美美地读一读这句话，让全班同学都能在你的朗读中看到美丽的画面。

该生动情地朗读，师再次奖励漂亮的"鲜花"贴纸。

师：孩子们，想想嫩绿的树梢为什么会闪着金光？

生（不约而同地）：因为太阳光照着啊！

师：是啊！雨后初晴，阳光灿烂，留在树梢上的雨水熠熠生辉，仿佛给绿树戴上了珠链，多美的画面呀！来，我们一起阅读着优美的文字，想象动人的画面。

学生有感情地齐读课文。

……

（激昂处还它个激昂）

师：孩子们，请读读诗歌的第二小节，边读边在脑海里放小电影，把课本上黑白的、静止的文字变成一幅幅彩色的、活动的画面，最好能给画面配上声音，我们比比谁的本领最大。

学生自读第二小节，闭上眼睛想象。

师：来，说说你看到了什么，听到了什么。

生：老师，我看到的画真是会动的，我看到小哥哥在水坑里拼命地踩着水，水花儿溅得很高很高，溅得他自己满脸都是。

师：多有趣的画面啊！诗歌中哪几句向我们展示了这样的情景呀？

生："小哥哥使劲地踩着水，把水花儿溅起多高。"

师：带着感情为大家朗读这两行诗，让我们也来感受小哥哥踩水的快乐，好吗？

该生有感情地朗读，教师奖励"笑脸"贴纸。

师：还有谁不仅看到了画面，还听了声音？

生：我也看到一个小男孩站在一个大水坑边，用他的脚用力地踩水，水花儿溅得他浑身都是，裤管全湿了，他还在那儿喊："真好玩！真好玩！"

师：你的想象力可真丰富！课文中哪个词语说明小哥哥踩水很用力啊？

生：使劲。

师（招手）：来，到老师身边来，让我们把讲台旁的空地想象成一个大水坑，现在你就是诗歌中的小哥哥，你是怎样踩水的？

该生表演，边演边叫："真好玩！太好玩了！"

讲台下一阵骚动，不少孩子都激动得蠢蠢欲动了！

师：来，大家都来踩水吧！尽情地踩，尽情地喊出你的快乐！

学生纷纷起立，在座位旁边踩边喊，有的甚至跳了起来。教室里顿时成了欢乐的海洋。

【经典案例2】在《第一次抱母亲》一文里的入情体验

在学完《第一次抱母亲》一文后，我给孩子们留了这样一份作业：想一想，这么多年来，有哪件事是妈妈曾无数次为你做过，你却很少甚至从来没有为她做过的？想到了，就用心去为妈妈做一次吧！注意观察妈妈当时的反应，铭记自己当时的感受，并用手中的笔记录下这段真实的经历。我还与每个孩子的妈妈取得联系，叮嘱她们细细读读孩子写的作文，然后悄悄在本子上留下自己最真实的心声。

经历了"反哺"实践的孩子，体悟了母爱的厚重，有的孩子在作文中这样写道："帮妈妈剪指甲时，我发现妈妈的手黑瘦黑瘦的，可她其他部位的皮肤却是白白嫩嫩的，这是怎么回事呢？妈妈像看出了我的心思，疼爱地说：'这都是为了生活，这些吃的、穿的、住的，不都是用双手创造出来的吗？'听了妈妈意味深长的话，我隐隐心痛。我想：我要好好学习，让妈妈过上好日子！我们边剪边闲聊，我觉得时间永远停留在那一刻了……"

再看看妈妈们的留言："孩子，谢谢你的爱，你已经长大了，懂事了！因为你上课认真听讲，所以你才深刻地理解了这篇课文。但是，这也与你语文老师的精彩讲评是分不开的。感恩，应对所有爱你、帮助你的人，特别是你的老师。俗话说，一日为师，终身为父（母）。请为我，也为你自己，拥抱一下你的老师！"——徐逸舟的妈妈

"孩子，你牙牙学语、蹒跚学步的情景仿佛就在昨天。今天，你却用行动告诉妈妈，你已经长大了，已经懂得为我分担家务了。妈妈真的很高兴，不只是因为你会洗碗了，更因为我看到了一颗爱妈妈的心。谢谢你，我亲爱的女儿！"——戴晴晔的妈妈

读着纸上仍有母爱余温的文字，孩子们一个个热泪盈眶、激动不已。没有哪篇教材堪比这些真情留言，这是最生动、最具生命力和感召力的活教材！以爱"换"爱，唤醒赤子情怀——孩子的生命在爱的实践中拔节开花。

怀着对生命化教育的责任，我们语文组全体教师自觉地将关注对象由"知识""教材"转变为"学生""生命"，遵循学生身心发展的内在规律，尊重儿童的个体独特性，运用体验式教学策略开展个性化阅读的研究与实践，努力使课堂焕发生命活力，让教学充满智慧和艺术，令教育充满灵性和创造性。

1. 画面重构，唤醒生命体验。阅读是追溯、探究和重构作者写作意图的过程，是揣摩作者所表达的情意的过程。文本具有模糊性及不确定性，它使作品呈开放的未完成状态，它赋予读者以生命的体悟去参与建构作品意义的权利。生命化教育的主要倡导人之一张文质先生提出："任何成功的课堂教学，都离不开恰当、巧妙的教学技巧，好教师应该是拥有某些让学生感到惊喜与兴奋的'技术'的人。""将黑白的文字变做一幅幅彩色的画"，"将静止的文字想成一幅幅活动的画"，正是唤醒学生主体意识与生命体验，使其主动参与建构作品意义的有效"技术"，引领着学生披文入情，潜心吟味，切己体察，读出丰富的画面，感受诗歌语言的魅力，感悟诗歌意境的纯美，使学生不再是一个简单的阅读者、解释者，而是作品的一个作者，是文本的一个角色。有人说："教育不在于给予什么，而在于打开，就像诗，给我们第三只眼。"这话说得好，我们的语文教学就是要打开学生情感的闸门，触发学生思维的灵感，张扬学生阅读的个性，让学生的心与文本交融，进而迸发出思维的火花，产生新的体验，"委婉处还它个委婉，激昂处还它个激昂"。

毕加索说，每一个儿童都是艺术家。是的，儿童本身就是一首诗，我们应该以智慧灵动的语文教学去叩启学生的心扉，让他们尽情释放天赋的诗性、诗意和创造的渴望、激情，让语文课堂真正成为流淌诗意、澎湃激情、张扬个性、感受快乐的所在。

好学校，从关注每个学生开始
石梅小学优质教育多元感悟

2. 知行合一，唤醒真情挚爱。教育不是知者带动无知者，而是用一个智慧的生命照亮许多智慧的生命，用一颗美好的心灵唤醒许多美好的心灵。"知识若没有智慧烛照其中，即使再多，也只是外在的牵累；智慧若没有精神隐帅其间，那或可动人的智慧却也不过是飘忽不定的鬼火萤照。""爱"，是人类语言中使用频率极高的一个词汇，哪怕是牙牙学语的稚童，也许也会含糊不清地说上一句：妈妈爱宝宝，宝宝爱妈妈。然而，爱所凝聚的款款深情，包含的深远意蕴，折射的丰富内涵，我们身边这些孩子真懂吗？我看未必！万千宠爱集于一身，恰恰使这些少不更事的孩子对爱越发缺少了应有的感受力和感恩心，爱在他们眼里是予取予求的，成了"本该如此""理所应当"。幼小的心灵在溺爱的包围之下，在学业的忙碌之中，越发显出了与年龄不相称的麻木，这不能不说是现代教育的痛。窦桂梅曾说过："面对真实的学生，我们必须用真切的行动在每天生活的课堂里演出一幕幕话剧，用真诚的话语在每天的课堂里播撒一颗颗爱心的种子，用真挚的感情在课堂的每一分钟创造爱的永恒，用真实的心灵在课堂四十分钟里体验生命的增值和律动。"一个人的阅读史，也便是他的精神成长史。语文教师只有跳出和超越传统的知识传递者的角色，努力去唤醒学生生命深处沉睡的自我意识、生命意识，促进其价值观、创造力的觉醒，实现自我生命意义的自由自觉的建构，才能成为学生"精神生命的缔造者"，才能真正成为孩子生命成长中的"重要他人"。

唤醒，语文教学生命化的深情追寻！愿我们的学生都能长得像大树一样郁郁葱葱、根深枝壮，成为顶天立地的大写的人！

（毛李华）

活力，使美术教学充满人性美

活力，是"生命化"课堂的关键词之一。活力让我们联想到健康、愉悦、生机、爽朗、朝气等。孩子在入学前，活力上升到一个最高的阶段，但在入学后，会逐渐减弱。学校使孩子逐渐"成熟"（更像成人）的过程也是孩子的活力丧失的过程。因此，在基础教育实践中应该把"活力"作为评价课堂与校园生活的重要标准。良好的教育环境要使学生"精神放松、形体自如、个性突出"，充分展现人性之美。而美术教育的特征使它成为学生产生活力、保持活力的基石。

在美术教学过程中，学生通过动手将头脑中的形象变为可视形象，他们在美术活动中体会到劳动的价值和自己的价值，感受到创造的喜悦。另外，艺术创造不是一加一等于二，它没有固定统一的标准。因此，任何一个学生的艺术创造都有价值。评价的多元化，美感的多样化，会不断增强学生的自信心。在自信心的驱使下，学生的创造才能充分发挥，并且身心获得愉悦。

【经典案例1】课堂教学

教学环境：虞山脚下，林木葱郁，山岚氤氲之间的美术教室，偶尔会有几只小猫蹲在教室的走廊上听课。

教学课例："漂亮的彩蛋"。

首先让学生了解习俗，尝试立蛋：

师：岸柳青青，莺飞草长，小麦拔节，油菜花香，桃红李白迎春黄。春分到了，我们来了解一个有趣的习俗——春分立蛋。

师：在每年的春分这一天，世界各地都会有很多人在做"竖蛋"实验。这一被称为"中国习俗"的活动，成了"世界游戏"。其玩法却简单且富有趣味：选择一个光滑匀称、刚生下四五天的新鲜鸡蛋，在桌子上把它竖起来。虽然失败者颇多，但成功者也不少。春分成了玩竖蛋游戏的最佳时节，故有"春分到，蛋儿俏"的说法。立起蛋的人真风光。

学生根据教师的讲解试着立蛋，虽然能真正竖起来的概率极低，但这是一个让学生兴致很高的教学环节，能激发学生探求自然奥秘的欲望和对美术学习的浓厚兴趣。

指导学生欣赏彩蛋，绘制彩蛋：

1. 课件欣赏：彩蛋是一种传统的民间工艺。它采用手绘、雕刻、腐蚀等手艺制作，有着千年的传统，是表达美好祝愿的馈赠礼品。

2. 学习绘制：在欣赏名家绘制的彩蛋后，学生学习用水彩笔绘制简单并充满童趣的图画。学生一般喜欢绘制小动物和卡通形象，在蛋壳上作画有一定难度，需要控制力度与角度，但学生们兴致很高，喜欢这种有趣的活动。

3. 欣赏评述、交流探讨。

通过活动交流，学生懂得了吸收他人的长处，并运用到自己以后的创作中去，并能理解美的不同表现形态、风格特征，进一步加强自己的审美修养。

　　这是一节关于"民间美术在美术教学中渗透的研究"校级课题的补充课程。在教师安排的"立蛋游戏"中，学生通过眼、手、脑去发现物像特征，进行实验，体验游戏带来的愉悦感。良好的课堂氛围，使学生在彩蛋绘制过程中大胆探究，产生许多不同的想法，如鸡蛋、鸭蛋的蛋壳颜色适合用什么颜色去画、小的鹌鹑蛋适合画什么题材、可否用剪贴的方法来制作等。学生之间团结友爱，偶尔有蛋壳破碎的情况也能很好处理。充满活力的课堂，使学生了解传统文化习俗，产生对传统文化的热爱之情。

　　【经典案例2】户外教学

　　石梅小学艺术楼旁林木葱郁、曲廊亭台，借虞山美景，颇得苏州园林之雅韵。学校老师都喜欢这块宝地，将其戏称为"世外桃源""教学楼的一块肥地"。无论什么样的天气，山脚下总弥漫着湿润的气息，即便烈日当头，许多角落依然清凉无比，甚至非常潮湿，特别是雨天，山岚氤氲，云雾缥缈，颇有"世外桃源"的意味。

　　我带着二年级的孩子们来到室外，上第一课"我和昆虫"。可能是很少有机会亲密接触虫子的缘故，许多孩子叫嚷着，兴致很高。40多个学生分成了3组：大树灌木组、草地花丛组和墙壁道路组。每个学生带上必备工具开始活动。一段时间后，每个小组都有了收获。以下是教师对各小组活动的简要记录：

　　大树灌木组：

　　在大树下的枯叶堆里是很容易找到虫子的，当落叶腐烂后形成易碎的堆肥时，枯叶堆就成为许多昆虫的家。这一组孩子最先发现的是蚂蚁和西瓜虫。西瓜虫的学名是"潮虫"，顾名思义，潮虫喜欢阴暗潮湿的环境，事实也确实这样。叫它"西瓜虫"，是因为这虫子蜷缩起来呈西瓜状。"西瓜虫"的称呼形象生动，孩子们很乐意接受，他们常把西瓜虫放在手心里，当成宝贝。瓶子里，是被几个调皮的孩子装进去的山蚁，这种大大的蚂蚁不用放大镜就可以观察它身体的结构和爬行姿态，非常有趣。

　　昆虫生活在树木中是因为那里有充足的食物。毛虫喜欢吃树叶，蚜虫喜欢吸食树液。只要仔细寻找，是很容易发现虫子的。这一组的收获不小，毛

第四篇　缤纷课堂
科学与人文并举

虫、蚜虫、螳螂、瓢虫都被装进了瓶子。当我表扬他们的时候，我发现了树叶上的瓢虫。机会来了，我摘下草叶轻轻地碰它，它张开翅膀，停顿片刻飞走了。学生发现瓢虫是先展开带有斑点的前翅，然后打开折藏的后翅才能起飞，能看到瓢虫的起飞真是不错。

草地花丛组：

今天阳光普照，是蝴蝶、蜜蜂的秋游时光。这边的花丛飞舞着几只蝴蝶，偶尔有马蜂飞来，但也并不伤人，孩子们本能地躲避着。他们抓了些蚂蚁、甲虫在瓶子里，许多人都想抓最美丽的昆虫——蝴蝶。可没有一个逮着的，多少有点遗憾。

墙壁道路组：

墙壁和道路也是观察昆虫出没的好地方，蜘蛛和蚂蚁很多。孟艺萱小朋友嚷着要大家来分享她的新发现——蜗牛。蜗牛正背着重重的壳，一步一步往上爬……另外几个小朋友准备得非常充分，预先还带上饼干。他们引诱蚂蚁从洞里爬出，观察蚂蚁搬饼干的集体活动，看来这几个小孩很有心。

室外课放飞学生心灵，契合孩子的天性，是很受学生欢迎的上课方式。依赖着得天独厚的教学环境，孩子们在大自然中享受阳光，享受绿叶的芬芳，他们亲近小动物，也体会着人与动物的和谐相处……

在学校努力倡导实施生命化教育背景下，学校的美术教学也本着理解、尊重、关爱、平等的原则，在课堂中努力追求老师和学生的和谐互动，打造快乐健康、朝气蓬勃的活力课堂。周毅老师上"古埃及之旅"一课时，充分利用白板等现代媒体再现异国风情，让孩子们情不自禁地沉浸其中，获得新奇的体验。这一节课获得了苏州市小学美术课堂教学一等奖。沈维琼老师在"神秘的宫殿"的教学中，凭借各种有趣生动的道具吸引学生进行自由大胆的想象，使孩子们天真活泼的天性得到了淋漓尽致的表现。还有赵颖老师等在课堂教学中表现出的耐心、机智、严谨等，无不增强了学生的课堂活力。

石梅小学的美术教育是学校素质教育的一大亮点。美术作品展示在学校每年举办的艺术节中都是一项重要内容。学生在进行《家乡美景》《我爱妈妈》的长卷绘画的过程中，既锻炼了大幅绘画的技巧，学习了多种材料工具的表现方法，也向外界展示了自己的才华，获得了成就感、幸福感。丰富多彩的课外活动也为孩子们提供了展示才艺的舞台。学校的版画、国画、儿童画、素描等绘画兴趣小组人数不断增加，每年在各种级别的比赛中有数百人获奖，约五六十人在各类报纸杂志上发表作品。

人是环境的产物。石梅小学有着得天独厚的地理环境、深厚悠久的文化底蕴，培养出有健康体魄、健全心灵、敏捷思维的学生是石梅教师的目标。在这样的目标指引下，创设有活力的美术课堂，在浓浓的人文关怀中提升每一位学生的幸福感也便成了所有美术教师朴素的追求。因为，幸福感的提升能让人感受生命的美好、绚丽。正如胡适先生所说：生命的意义在于求取幸福。

（于　宙）

让科学课堂充满人文光辉

教育的目的是什么，印度诗人泰戈尔说过："教育的目的应当是向人传送生命的气息。"是的，人是最重要的，教育之"育"，应该从尊重生命开始，向学生传递生命意识，使他们人性向善、胸襟开阔、能唤起自己身上美好的"善根"。

人的生活离不开植物，美丽的环境需要植物来装扮，清新的空气需要植物来净化，所以我们要让学生懂得感谢植物，萌发关爱自然的情感。一位日本教育家也曾说过，我们要培养学生"面对一丛野菊花而怦然心动的情怀"，这种情怀包含着对各种生物体生命的尊重。

曾经有一种观点认为，人类是万物之灵，靠人类的智慧可以改造自然、征服自然。这种观念长期影响着人类对自然的态度。人类因为拥有超过其他动物的智慧和物质手段，就有权主宰其他生命形式的存在方式，甚至主宰它们的生死吗？无数残酷的事实告诉我们，这种想法是错误的。

科学课的活动是和大自然、和植物打交道的活动，因此，在科学活动中渗透人文关怀，定能唤起学生心中对自然的那份纯真而又美好的爱心，也定能达成科学课的情感目标，即培养学生热爱植物、热爱动物、热爱大自然、珍爱每一个弱小的生命的情感。

【经典案例1】关爱小生命

三年级的科学课第二单元的第一课是"寻访小动物"。学生在讨论了观察小动物的地点、怎样来观察和记录的问题后，教师提出了观察活动中需要注意的三个点：

1. 保护小动物，不伤害它们。

2. 保持动物栖息地的原貌，保护他们的生存环境。

3. 注意安全，不在有危险的地方活动。

不伤害、不惊扰小动物；亲近、关注小动物，这不仅仅是寻访小动物活动的要求，也是整个科学课活动的基本要求。保持动物栖息地的原貌，保护他们的生存环境，其实就是保护环境。在科学观察活动中，我们让学生明确在观察地点什么物体也不带走，在观察过程中什么物品也不留下，观察后什么也不改变。注意安全，是保护自己，爱护自己的生命，这要求不在危险的地点进行观察，观察过程中不做危险的事。

在这次学生在草丛里寻访小动物的活动中，学生4人一组，认真配合，有人拿昆虫盒，有人拿放大镜，大家细心寻找，仔细观察。之后，教师请每个小组汇报自己组寻访了几个小动物，简单说出这些小动物的特征以及有关它们的其他知识。最后，教师向学生提问："我们应该怎样对待这些小动物？"大家齐声说："放生。"教师在教学中特意安排了这一环节，组织大家把小动物放回大自然。每一个小组的材料员都轻轻地把昆虫盒里的小动物放回草丛，许多孩子目送这些小生命回到自己的"家园"。

引导学生展开讨论：我们对于小蚂蚁的爱护，是否可以通过采取每天定点定时给它们喂食来实现？

同样，在第一单元的第六课"植物的叶"进行教学前，教师提醒学生观察植物的叶子时应该选用植物的落叶，不要选用植物的新鲜叶子，并告诉学生如果采用新鲜的树叶来观察，等学完相关内容，校园里看到的将是光秃秃的小树。对小树而言，那是一种严重的伤害，违背了科学课的初衷。

【经典案例2】关爱自己、家人

"食物包装上的信息"是四年级科学课的内容。在学生了解了包装袋上的信息（名称、商标；保质期、生产日期、保存方法；配料、营养成分；生产厂家、地址；食用方法等）后，教师引导他们思考：为什么同样的牛奶，有的保存的时间长，有的保存的时间短？

生：保存的方法不一样，有的常温，有的低温。

生：生产的方式不一样，有的是高温杀菌，有的是低温杀菌。

生：有的在牛奶中添加了防腐剂，保存的时间长。

讨论：在购买时牛奶时，妈妈应挑选怎样的牛奶？

生：最近生产的。

生：最近生产的，保质期短的。

提问：为什么要购买最近生产的、保质期短的牛奶？

生：最近生产的新鲜。

生：保质期短，用的是低温杀菌、牛奶会更营养，同时牛奶中防腐剂含量少。

生：添加防腐剂，食物的保质期会延长，但人们食用过多的防腐剂会危害身体健康。

情境设置：红红 6 岁了，她特别喜欢喝牛奶。外出旅游前，爸妈要给她准备牛奶，有这样两种牛奶（教师出示保质期只有一天的瓶装牛奶和保质期有 48 天的袋装牛奶）。

讨论：红红该买哪种牛奶好呢？请同学们来帮她选择，看看到底选哪种好？为什么？

学生讨论后得出：马上喝→选瓶装，带回去慢慢喝→选袋装。

知识应用：回家后整理家中的食物，阅读食物袋上的信息。思考：家中哪些食物对健康不利，把它们清理出去。

让孩子们关注自己日常生活中的科学，学以致用，成了科学课程目标的重中之重。孩子们在日常生活中天天接触到食品的包装袋和包装盒，但他们不善于或不会有意识地观察，也不会深入思考这些信息。引导学生有意识地观察食品包装袋上的信息，并通过一系列的探究活动获取一些有价值的信息，使他们学会选择健康食品，提高饮食质量，用知识改善生活。

【经典案例 3】关心社会

"我们的身体从食物中获得什么"是四年级科学课的教学内容。教师在教学时结合社会上发生的焦点事件导入：

（出示安徽阜阳假奶粉事件的新闻图片）

师：你知道这是怎样一件事吗？

学生谈他们知道的阜阳假奶粉事件。

教师多媒体出示：

死于"重度营养不良综合征"的婴儿：

林乐，4个月；

李强，3个月；

马长远，2个月10天；

吴毛毛，4个月；

李城市，8个月13天；

刘欢，40天；

周龙翔，4个月；

刘阳，4个月24天；

……

至2004年4月阜阳共有171名婴儿出现病症，其中13名婴儿死亡。

通过一系列数字使学生的心灵受到震撼。

我们要让孩子不光做学习的主人，同时也要关心社会。当我们在为受伤害的婴儿哀悼时，应该对未受伤害者进行教育，使学生逐渐明确食品营养与安全的重要意义。使学生养成用手、眼去观察，用头脑去思考的习惯，学会如何在严峻的自然和社会环境中保护自己、爱护他人。

送人玫瑰，手有余香；人人为我，我为人人；爱人如爱己，助人如助己。教育孩子对人有爱心，对其他生命也要有爱心。一位地理学家曾经说过："地球并不属于人类，而人类却属于地球。"这句话时时警示我们应以什么样的态度去面对我们生活的地球。地球应该是人与生物圈共同拥有的和谐世界，人不应该无端地剥夺其他生物体的生命。只有当一个人充满了对小草、小动物生命的关怀，那么他对于高级的生命——人的生命才能真正尊重。生命是宝贵的，是神圣的，又是平等的，值得我们每一个人去珍视、善待。人与动植物的和谐关系到整个自然界的和谐，我们要呼吁人和动物和平相处，呼吁人们关爱小动物，因为有了它们，我们的地球才会更精彩！人与动物关系的理想境界是尊重对方的生存空间，真正做到不以强凌弱、不以大欺小，这是建立人与动物之间信赖关系的前提条件，而有了信赖无疑会使世界多一抹温暖的色彩。

新课程改革强调科学素养与人文素养并重，提倡培养科学素养与人文素养兼备的人。我校在进行课题研究的过程中，探索出了整合人文教育与科学

好学校，从关注每个学生开始 石梅小学优质教育多元感悟

教育的基本规律：学生在学习、活动过程中获得人文素养与科学素养的同步发展。人文素养和科学素养的培养目标符合小学生的年龄特征和认知水平，小学生容易理解、掌握。科学学科中蕴藏着丰富、独特的人文资源和科学资源，在培养学生的人文素养与科学素养方面发挥着重要的作用。为此，我们在科学学科教学中根据教学内容，结合学校自身的优势及周边的有利资源，利用全年的特定日期，开展有针对性的主题教育。在植树节前后，全校学生利用春游开展植树活动，并为校园的植物挂资料卡。世界清洁地球日到了，我们对学生发出爱护地球母亲的倡议，要求学生在学校和外出游玩的途中，不随意扔垃圾和制造白色污染，也发动高年级的少先队学生干部利用休息时间，在老师的带领下对虞山上的白色污染进行清理。在全国爱耳日、全国爱眼日、全国爱牙日中，我们宣传保护耳、眼、牙等重要器官，提醒学生关心、关爱自己的身体。在世界水日、世界气象日、世界地球日、世界环境日、世界粮食日中，我们以板报的形式介绍人类活动对环境的影响。每年的科普宣传周，我们重点向学生介绍最新的科学技术怎样转化为生产力。在科技创新大赛中，我们鼓励、发动学生对已有的仪器、机器和日常生活用品进行改造。

漫步在我们的校园，环境清洁、曲径通幽、参天古木、假山流水，这是动、植物的温馨家园，这也是所有石梅人共同的心灵家园。

（杨　军）

风格课堂

"游戏化"课堂中的"系统化"学习

在传统观念中，人们总把玩电脑游戏看做不良习惯，对玩游戏的学生也颇有微词。可是，当我们亲历孩子玩游戏的过程，我们会发现游戏还有更多的积极因素：学习兴趣、任务驱动策略、知识建构能力，这些对信息技术教学都很有价值。因此，信息技术课堂应充分利用游戏的积极因素，恰当融入"游戏"

策略，才能有效激活信息技术课堂，真正做到寓教于乐。让学生在游戏中进行系统的学习，以完成知识、能力和态度与价值观的三维目标任务。

【教学实录】

"调整图形"是小学信息技术苏教版 2007 版三年级新教材第十五课的内容，它属于画图单元的教学内容之一。

本课教学前，学生已掌握了"画图"单元中有关画圆、画矩形等图形的方法，并能够修改、复制与粘贴图形。前一课时学习的"复制与粘贴"命令，为本课题内容的学习提供了知识铺垫。本课题的学习又为以后学生利用计算机创作个性化的精彩图画奠定了良好的基础。教学步骤如下：

一、创"拔毛变猴"情境，复习巩固"复制/粘贴"操作

师：小朋友，我们都听过《西游记》的故事，大家都喜欢孙悟空。你们知道孙悟空都有哪些本事吗？（拔毛变猴、翻筋斗云）孙悟空可真是神通广大啊，今天我们要向孙大圣学艺，看看哪位同学最神通广大，也能降服恶魔。

师：（出示孙悟空图片）孙悟空有一个特殊的本领，就是拔毛变猴。你现在看到了一个孙悟空，要把它变成许许多多的孙悟空，你有什么办法吗？

交流总结：用学过的"复制与粘贴"命令就可实现"拔毛变猴"。

学生用"复制与粘贴"命令实现"拔毛变猴"。

二、设置"悟空翻云"任务，让学生自主探究"翻转/旋转"方法

师：同学们，孙悟空除了可以拔毛变猴外，还能翻筋斗云，要知道一个筋斗云就能翻出十万八千里，可厉害了。

教师打开图片展示翻筋斗云过程。（原图分别转 90°、180°、270°）

师：图中的这些孙悟空，他们有什么相同和不同之处吗？（形状相同，角度不同）

师：现在老师给你第一个孙悟空，你有办法翻出另外三个孙悟空吗？大家讨论一下，也可以看书，从书上找找答案。

学生观察例图，动手探索。

教师引导学生归纳方法：先复制，再点击"翻转/旋转"中的"旋转"命令。板书：旋转图形。

学生打开图片，自主学习，教师巡视指导，发现不同方法。

学生交流自己实际操作中发现的方法，教师给予鼓励。

好学校，从关注每个学生开始

石梅小学优质教育多元感悟

三、学生通过闯"龙宫降妖"关口，合作掌握"拉伸/扭曲"技法

师：刚才我们跟孙大圣学习了两大本领，现在我们就要去"龙宫降妖"了。同桌合作，选择自己拿手的一关来闯，别忘了把闯关秘诀告诉你的同桌。（教师提示可参考书本第 70 到 71 页上的操作要点和知识屋）

同桌合作闯关，并互相交流经验。

（一）第一关——智取金箍棒

师：我们进入龙宫，找到了竖在后花园里的巨大的金箍棒，可是太大了，我们应该想个办法把它变小，才好放进耳朵里。

学生合作探索，其中一人闯关。

交流秘诀：用上"拉伸"命令。

让另一位同学闯关，进行竞赛。

（二）第二关——智斗小妖

师：我们已经顺利取得了金箍棒，现在我们就去对付龙宫的一大群虾兵蟹将们。

教师引导学生思考用什么方法复制出多个孙悟空。

教师：这次可是作战，"变"出的孙悟空可得形状不一，大小不同，才能骗过小妖，取得胜利呀！

学生合作探索，其中一人闯关。

交流秘诀：用上"拉伸/扭曲"命令。

让另一位同学闯关，进行竞赛。

四、通过"悟空展成果"，系统归纳新学习的知识点

师：通过这一课的学习，看看你是否也成了神勇无比的孙大圣呢？请你来演示比拼，比比你都学会了哪些本事。

学生尝试比拼"旋转图形""翻转图形""拉伸图形""扭曲图形"的命令操作。（学生之间互相评价）

教师相机根据书上要点进行点评，并进行激励。

【授课者自述】

我曾在一项调查中发现，大多数学生是热衷于电脑游戏的。因而，怎样通过有趣的游戏来激活我们的信息技术课堂，是我一直思考的问题。在这堂课中，我通过课堂游戏化，力求调动所有学生的积极性，让每个孩子都有成

功的体验，感受学习的快乐。

在第一个环节中，我欲将学生引入喜欢的故事情境之中，使学生对学习充满期待，并灵活地复习了之前学习的"复制/粘贴"操作，为这节课的学习打下了坚实的基础。实践表明，这样的设计是合理的，学生一下子被"孙悟空"的形象所吸引，快速进入了教学情境，并将"拔毛变猴"的本领与"复制/粘贴"的命令作了联系。

第二个环节的设计充分尊重学生的主体地位，把欲教的知识先让学生自己尝试学习，教师再根据学生学完后反馈的解决不了的问题定教的内容，可以使学生通过自己的努力快速理解这两种方法，同时，也培养了学生带着问题学习的良好自学习惯。教学中，"先学后教"的任务驱动形式，使绝大部分学生都乐于接受并参与。"悟空翻云"的游戏任务，激发了学生的探索欲望，他们或静静地看书，或窃窃私语，尝试着，交流着，感受着，这样的任务将"翻转/旋转"教学重难点化解，还留给了学生思考的空间，通过扶放结合的手段，让学生自学书本，自己尝试，起到"跳一跳，摘果子"的效果。不过，个别学生对旋转的角度还是领悟不够，需要教师手把手的指导。

第三个环节是根据学生个体的差异性，分别提出不同层次的练习要求（第一关：目的只在于让学生掌握"拉伸"命令；第二关：目的在于让学生学会综合运用"拉伸/扭曲"命令）。这样，学生就能选择适合自己水平的问题加以解决，不同层次的学生都能在课堂上体验成功的乐趣。这一环节是学生参与最积极的一个环节，几乎所有的孩子都选择完成"智取金箍棒""智斗小妖"两项任务，他们在任务完成中顺利掌握了"拉伸/扭曲"技法。

最后一个环节欲通过"悟空比拼"的故事把教学中涉及的知识、概念加以归纳，使之系统化。教师通过这样的小结，避免了"任务驱动"式教学方法不容易从整体上把握知识结构，学生在实践过后不知所学的问题。三年级孩子天真可爱，非常愿意化身成孙悟空，比一比谁的本领大。问题一抛出，孩子们就迫不及待将小手举起，想上台一比高下。看着孩子们一个个较真的样子，我心里感到无比欣慰，这样的本领比拼，为本节课的任务划上圆满的句号，让学生体验到了成就感。

【他人点评】

信息技术课虽然在形式上是一门以学习信息技术为主的课程，但并不是让学生对工具软件的机械操作和简单模仿，它应以学生的体验、理解、决策、评价等认知活动为基础，在信息活动过程中培养学生的交流与合作的能力、解决问题的能力和应用技术的意识。但受到教材的局限、学科性质的制约，很多教师缺乏深入发掘教材、精心设计教学内容的意识，只是以教师演示软件操作、学生简单模仿练习为主，因而学生的积极性不高，难有切身的体验。而这堂课以"故事化"教学方法来开发教学内容，为学生创设接近生活实际的情境，让学生在这样的情境中体验、理解、评价，有效实现信息技术教学的课程目标，具体说来，有以下三个方面：

用生动的游戏情境演绎教材。信息技术教材比起其他学科的教材往往略显枯燥，学生通常和枯燥的命令打交道。但我们知道"兴趣是最好的老师"，怎样激起学生的学习热情是摆在每位信息技术教师面前的一个艰巨任务。因此，在这堂课中，曹老师并没有按照课本上原有的几个孤立的片段来开展教学，而是将其设计成一段"跟孙悟空学艺降魔"的连贯的情境故事，使学生仿佛置身于情境之中。从"悟空学艺"到"龙宫闯关"一步步推进，学生学得很投入，仿佛自己就是其中的人物，努力通过学习让游戏情境更完美，通过命令操作让"孙悟空"技高一筹。看似热闹的游戏，实则是层层推进的学习。这种"寓教于乐"的教学方式效果一定会比较理想。

用恰当的游戏任务驱动学生学习。这堂课的核心方法还是"先学后教"的任务驱动法，但要驱动的"动力"哪里来呢？它是决定学生自学热情与成效的关键因素。因此，曹老师充分考虑学生的年龄特点，将一些任务设计成游戏，通过游戏激起学生热情，驱动任务完成，通过逐个完成任务，化解课堂的教学难点。因此，曹老师在这堂课中设计了多个这样的任务：通过"拔毛变猴"任务，引导学生复习巩固了"复制/粘贴"命令；设置"悟空翻云"任务，引领学生自主探究"翻转/旋转"的方法；设计"龙宫降魔"闯关，促进学生合作掌握"拉伸/扭曲"技法；通过"悟空展成果"任务，促进学生系统归纳学习知识点。实践证明，这样的设计提升了学生"先学"的无限热情，使"后教"环节更有针对性。

用灵活的游戏规则建构知识。大多数教师在设置游戏情境和游戏的任务时，更多地考虑了学生参与的热情与积极性，实际上，用灵活的游戏规则来建构知识更为关键，它决定了学生建构的知识的系统性与扎实性。教师应该从两方面做起：首先教师在引导学生完成每个游戏任务的时候，通过游戏规则渗透知识点；其次在整体学完之后，教师应利用游戏规则系统整理一下知识点。比如"智取金箍棒"的规则是"将金箍棒变小、变大"，这就很好地渗透了"拉伸"命令的操作要点；"智斗小妖"闯关规则是"变出形状、大小不同的孙悟空"，这就融入了"拉伸/扭曲"命令的操作方法。通过游戏规则渗透知识点，让学生真正做到"玩中学"，而且学得扎实。同样，教师还通过"悟空展成果"的环节系统归纳了知识，做到了利用游戏规则系统整理知识。注意了这两方面，就能避免课堂热闹但不扎实的现象，让学生能学得主动、学得扎实。（常熟市教育局教研室　刘鸣家）

【听课者随访】

"调整图形"一课的教学，充分体现了以下的理念：将教材、教学策略游戏化，让学生在"学中玩"，在"玩中学"，并在这个过程中系统掌握计算机操作的知识与技能。（常熟市实验小学　秦建）

"兴趣是最好的老师"，信息技术课堂要吸引学生，就应当贴近学生的生活，充分利用学生生活中的资源、题材和范例来开展活动。这堂课就是成功的范例。（常熟市义庄小学　吴艳）

对于小学阶段的信息技术教学，应该采用主题活动的方式组织学生进行系统化学习。主题可以来源于学生的日常生活，也可以来源于其他学科，但主题的选择应围绕信息技术课程内容，达成信息技术课程目标。"故事化"教学就是一种有益尝试，它以学生为本，有效地实现了信息技术课程的目标。（常熟市沙家浜小学　褚学萍）

（曹　深）

 回归生活本色的劳技课堂

　　——关于"钉纽扣"的训练

【课堂实录】

一、猜谜引入

师：请同学们猜个谜语：兄弟四五人，各有一道门，如果走错了，出来笑死人。

生：纽扣。

师：纽扣是我们在生活中经常接触到的，我们的衣服上、裤子上、口袋上等很多地方都能找到纽扣，那你有没有想过，这些纽扣是怎么跑到衣服、裤子和口袋上的呢？

生：钉上去的。

师（出示课题）：今天这节课，我们就来学习钉纽扣。

二、说说看看

师：课前，老师请同学们收集了纽扣，现在请拿出你的纽扣，在小组里展示，并进行观察和讨论，把有共同特点的纽扣归为一类，看看能有几种分法。

学生小组活动。

学生交流（边说边出示相应纽扣），教师归纳并板书：

从扣眼分：单眼、双眼、四眼……

从形状分：圆形、方形、椭圆形、菱形、不规则形……

从材料分：塑料、金属、玻璃、木质、骨质……

三、做做学学

学生自学课本第 5 页的内容，并在小组内讨论如何钉好一颗双眼扣。

师生交流讨论，归纳：

步骤：穿针打结——来回缝制——打结收尾。

师：你觉得还要注意些什么吗？（学生回答，教师板画注明）

师：想不想自己动手试试呢？请你拿起工具和材料，试着把一颗双眼扣缝到布料上去，比一比，谁的手最巧。

注意：小心针线，别伤了自己或同学。

师：任务完成了，那质量如何呢？请你来进行闯关，检验一下自己的成果。

评价标准：

（1）牢固：用力拉一下，看看纽扣有没有被拉下来。请被拉下的同学举手，分析一下原因，也可以请其他同学帮助分析一下，然后集思广益，找出解决办法，归纳：

①结没打牢：请同学示范起结和尾结应该怎样打，最后全班和教师一起操作。

②缝的圈数太少：多缝几遍，一般双重线缝 3 遍左右。

③起结或止结直接打在纽扣上，正确的顺序：

穿针——打结——从布的反面穿过——穿入纽扣的眼——缝几圈——在布上打结收尾（学生讲步骤，教师在实物投影仪下操作演示）。

（2）美观：请同学观察所钉的纽扣的线迹，进行交流。（教师先出示图，学生代表填上去）

①线迹整齐，没有多余的线头。

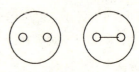

②起结和尾结都打在布的反面。

③松紧适度。

师：同时满足"牢固"和"美观"这两个条件后，你钉双眼扣的技术就过关了。

四、深入学习

师：下面，我们来挑战更高难度的技术，学钉四眼扣。请大家思考，四眼扣和双眼扣相比，有什么不同？它的四个眼有几种钉法？

学生上黑板交流四眼扣图案。

练习：请学生从以上图案中选一种，在布上花纹的中心位置钉一颗纽扣。

同桌互相交换作品，按照检查双眼扣的方法互查四眼扣钉的情况。

五、实际运用

师：我们钉纽扣的技术过关了，在实际生活中，如果你衣服上的纽扣掉了，你会怎么做呢？

师：老师这里有件衬衣，很不巧，今天掉了2颗纽扣，谁来帮帮老师？

师：请你思考，在衣服上钉纽扣的时候和我们刚才的练习相比，有什么需要注意的？

学生交流：注意纽扣的位置。纽扣要与扣洞正确配对，这样才会整齐美观。

师：那如何来确定纽扣的位置？

学生交流：

（1）掉纽扣的位置有本来的针眼，找到针眼在原地方缝制；

（2）把所有的纽扣扣起来，放平衣服，在掉了纽扣的地方做好记号，就是应该钉的位置；

（3）横向与扣洞对齐，纵向与前面的纽扣对齐，画出线，十字交叉点就是钉纽扣的位置。

（学生回答时教师在实物投影仪下操作示范）

六、总结延伸

师：今天，我们通过自学、讨论、交流、实践等多种方法，学会了钉双眼扣和四眼扣，相信以后在生活中碰到类似问题，大家都知道该怎么解决了。

评价：请同学们互相对小组里成员的学习情况作一个评价，在评价记录里打上"☆"号。

【授课者自述】

马卡连柯说过："劳动永远是人类生活的基础，是创造人类文化幸福的基础。"我认为，劳技教育，就是回归生命基础的教育。然而，当下孩子的现状并不乐观，饭来张口、衣来伸手的小皇帝比比皆是。在我们重视孩子们智力、体力发展的同时，也应该关注孩子的动手能力。吃、穿、住、行作为生活的四项基本要素，缺一不可。在我们的课堂上，若能带给孩子一点经验，一点体验，一点尝试，我想，对孩子的生活和成长都是很有帮助的。这堂课，就是要实实在在地教会孩子如何来钉好一颗纽扣。

我首先安排的是小组活动，让学生把有共同特点的纽扣归为一类，看看有几种分法。我认为平时应该多注重对学生观察能力的培养。这种通过小组动手分类的活动，比较直观形象，比起教师直接讲解纽扣要生动有趣，体现出了学生学习的自主性。

接着，请学生试着钉双眼扣。在钉之前，我向学生提问，有哪些需要注意的事项。学生积极发言，但并不全面。作为教师的我，除了提醒安全问题外，并不想额外提醒注意点，一方面，就算我说了学生也只是被动接受，另一方面教师说了很多注意点，就会给学生造成心理上的暗示，钉纽扣很难很烦。所以我请学生先自己尝试，在尝试完后亲自从"牢固"和"美观"两个方面来验证。如果学生达到要求了，那所谓的注意点也不必多说了，他们肯定是做到了；如果出了问题，他们肯定会很着急地想知道为什么，这时候帮助他们分析原因，学生们就会理解得更深刻。在接下来的钉四眼扣的操作中，孩子们都注意到并改进了。

在钉完双眼扣并进行评价的基础上，我要求学生再一次实践，钉四眼扣。其实钉四眼扣和双眼扣的步骤是一样的，只不过多了几种线迹的变化，所以，这次练习可以看成是对先前所学技术的巩固和提升。这一次我又提了一个小要求，要求学生将纽扣钉在花朵的中心处，增加了一点小难度，这一点要求对这时的学生来说，是跳一跳就能摘到的果子，完全在他们能力范围之内。

经过两次练习，学生钉纽扣的技术过关了。接下来的一个环节我设置了一个情境，请学生帮一件衬衫钉一颗掉的纽扣。这里的关键在于确定纽扣的位置。倘若在生活中碰到了需要钉纽扣的情况，相信学生一定能独立解决，今天这节课学习目的就达到了。能学以致用，为生活服务，这才是我们劳技课所应该追求的课堂效果。

我个人认为，这节课很朴实，没有高潮迭起的精彩，只是一环扣一环，紧紧围绕"钉纽扣"这个主题展开教学，引导学生一步一步掌握这项生活基本技能。若每一个孩子都能掌握，于我而言，已经很满足了。

【他人点评】

今天，我来到了石梅，见了如此美丽的校园，又聆听了如此生动的一堂劳技课，真是受益匪浅。这节课，给我留下了三个深刻印象：

1. 层层深入，条理清楚。顾老师的这节"钉纽扣"的课，所选内容看似很平常，但在一节课内完成这么多的活动和操作训练，达到一定的技术要求，实属不易。而顾老师给我们带来的，却是一个有层次的教学过程：让学生从对纽扣的认识入手，进行分类活动；从试钉双眼扣入手，领悟钉纽扣所要达到的"牢固"和"美观"的要求；通过钉四眼扣的操作活动来强化训练，提高要求；最后的课堂拓展环节，指导学生如何在衣服上寻找钉纽扣的正确位置。通过这四个环节的学习，学生不仅对纽扣加深了认识，还把钉纽扣这项技术一点一点掌握到手，最后成了自己的本领。整节课，我看到了一个清晰的环节设计和一个具有坡度的教学过程，条理非常清楚。

2. 训练有素，扎实有效。《九年义务教育劳动与技术课程大纲》指出，

"劳动与技术课程必须面向全体学生，必须为每个学生获得积极的劳动体验，形成良好的技术素养，从而为实现全面发展提供基础和条件。"学生的劳技素养，并不是一朝一夕能形成的。今天，我看到了石梅孩子的良好素养。穿针、引线的熟练，操作过程的合作有序，整理工作的快速有效，这些，靠的都是平时教师扎扎实实的训练，这些，将促进学生的生活自理能力不断地提高。

3. 注重细节，关注学生。这节课在很多细微之处体现出教师对学生的人文关怀。在引导学生给纽扣分类时，请学生自己动手探索，发现问题；在教学生学习钉双眼扣时，让学生通过自学，尝试操作；评价作品时，教师没有挑选几件有代表性的作品来评，而是让每个同学自己检验或同桌互换评价，关注到每一个学生的作品；在请学生注意安全时，教师不仅提到自己要当心，还提醒要当心旁边的同学等。每一个生命个体在这里都被关注和尊重。

4. 源于生活，服务生活。"钉纽扣"这一内容从生活中来，最后学生熟练掌握后，终将服务于生活。这是一个良性的循环，从这堂课上，我看到了孩子们对生活的热爱。我们劳技课，就应该教孩子们一些最基本、最有用的生活技能，让孩子能够学到实实在在的东西。

总之，这节课，让我学习的地方有很多。我看到了老师对学生的关怀、耐心和尊重，看到了学生获得积极的劳动体验，形成良好技术素养，从中发现美，感受美，创造美，体验和感悟生命的真谛！（昆山城北小学 谈琴芳）

【听课者随访】

1. 重技术。劳动与技术教育是以学生获得积极的劳动体验，形成良好的技术素养为基本目标，以操作性学习为基本内容的教育。劳动与技术课程是实施劳动技术教育，实现劳动与技术教育目标的主要途径。本节课以钉纽扣为载体，训练学生掌握了打结、缝制、找位置等技术，学生分成三次进行探究和操作活动，层层深入，进而扎实掌握了技术要领。

2. 重评价。劳动与技术的学习评价是课程实施的重要环节，其目的是促进学生的发展。在这节课上，我们看到了对知识的学习与应用的评价，对劳动与技术的实践能力的评价，对学习的成果质量的评价，还看到了对劳动态度与劳动习惯的评价；评价的主体包括学生本人、小组同学、他组同学和教师；评价的环节，并不仅仅局限于课堂的结尾，而是贯穿整堂课的始终。这一切，遵循了评价的对象、方式、过程、手段都要以有利于学生的发展的原则，成为学生主动学习的过程和再一次受教育的过程。

3. 重体验。劳动与技术课程的学习是以操作为基础的学习，它基于"做中学"和"学中做"，具有很强的实践性。一节课上，如何让学生学会制作，教师有很多方法。本节课，关于钉纽扣的注意点，顾老师没有通过一一赘述加苦口婆心的教诲，来告诉学生该如何做，而是通过一次实践——尝试钉一颗双眼扣和随后的自我检验，让学生明确钉纽扣的技术要领，做到动手与动脑相结合，从而达成教学目标。每个学生通过这次现实的亲身操作过程，习得基本技能，获取直接经验和情感体验，为后续的学习打好基础。认识纽扣的小组活动和钉四眼扣的操作也充分体现了这一理念，构建出了一个和谐的课堂。（常熟市教育局教研室　金寰）

（顾　倩）

好学校，从关注每个学生开始

石梅小学优质教育多元感悟

武术兴趣小组活动

1986年的刺绣兴趣小组活动

校园艺术节现场书法表演

阳光体育，健步如飞

——关于有效复习的思考

【课堂实录】

一、引入课题，激发学生的认知需要

师：看到过这个图案吗？说说它是由哪种平面图形构成的？

生：这个图案是由三角形构成的，但我没见过。

师：这是尼泊尔的国旗，它是世界上唯一的三角形的国旗。它由上小下大、上下相叠的两个三角形组成，旗面为红色，是尼泊尔国花红杜鹃的颜色；旗边为蓝色，代表和平。尼泊尔之所以选用三角形作为国旗的图形，主要是要想用这两个旗角表示喜马拉雅山脉的两个山峰。

师：三角形在我们的日常生活中无处不在，关于三角形的知识，更是丰富。第三单元我们曾经系统地学习了"三角形"的有关知识。今天这节课我们一起来复习和整理。

教师出示课题：三角形复习。

二、引导回忆，罗列知识点

师：说起三角形，你脑海中最先反映出来的是关于它的哪方面的知识？

学生交流，教师随机出示相关知识点：

3个角3个顶点3条边；两条边长度的和大于第三边；稳定性；内角和是180°。

三角形有3条高；锐角三角形、直角三角形、钝角三角形、等腰三角形、等边三角形。

引导归类整理：

师：这些都是我们已经了解并掌握的知识，但是这样罗列出来，显得很杂乱。如果高老师请你把这些知识整理一下，你打算怎么办？

小组合作，归类整理。6分钟后，各组交流各种整理的情况。

教师分析评价后，初步整理知识（图略）。

三、解决问题，温故知新

1. 出示练习规则。

（1）根据出示的图片，说说图中涉及三角形哪方面的知识？

（2）比一比，看谁能够最好地解决老师提出的问题。

2. 复习"三角形的稳定性"。

师：小兔和小猴分别给一块菜地围篱笆，这是它们围出的篱笆形状。白菜老师评价说，小猴围的篱笆比较牢固。你能解释一下吗？（学生交流）

3. 复习"三角形的分类"。

师：下图中涉及的知识是"三角形的分类"——如果把所有的三角形看做一个整体，那么锐角三角形、直角三角形、钝角三角形都是这个整体的一部分。

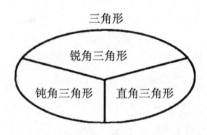

想一想：如果将图中的三角形换成任意三角形、等腰三角形、等边三角形（如下左图），你认为可以吗？为什么？那怎样才能正确地表达这3种三角形之间的关系？学生尝试后交流，教师带领学生理解，并出示下右图。

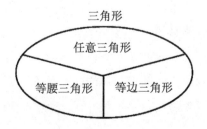

4. 复习"三角形的内角和"知识。

(1) 两幅图中研究的是三角形哪方面的知识?

(2) 它采用的是怎样的方法?(折的方法)

(3) 这种方法比起"先测量再计算"的方法,有什么优势?

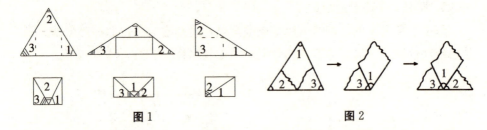

图1   图2

(4) 以下是同学们自己出的关于"三角形内角和"方面的问题,你能够解决吗?

我三边相等。   我是等腰三角形,顶角是96°。   我有一个锐角是40°。

(1)   (2)   (3)

5. 复习"三角形两条边的长度的和大于第三边"。

师(出示三根吸管):看到吸管你想到了什么? 你能完成下面的判断练习吗?

(1) 用6厘米、3厘米和10厘米三段吸管可以围成一个三角形。(   )

(2) 芳芳想把一根14厘米长的吸管剪成三段,然后围成一个等边三角形。至少要剪去2厘米长的吸管。(   )

(3) 一根吸管长15厘米,用它围一个等腰三角形,如果底长7厘米,那么腰长5厘米。(   )

四、课外游戏:用三角形拼出美丽的图案

师:同学们,我们还可以用三角形拼出美丽的图案,先来看看大家的作品。大公鸡,小马,小帆船,还有漂亮的房子。课后,你能剪一些大小、形状都不同的三角形,设计一幅你喜欢的图案吗?

【授课者自述】

随着课改理念学习的持续深入和教学反思意识的不断提高，我们越来越深刻地认识到：课堂中需要的是充满创造力的鲜活个体；通过教学，应该使孩子的大脑充满疑问，懂得怎样去思考问题以及面对问题如何解决……为此，我在教学中着力构建"适应学生"的课堂教学，为他们数学能力的发展搭建平台。本课的教学主要体现以下理念：

1. 适应学生的年龄特征，关注实践。为了适应学生的年龄特征，我首先精心设计富有趣味性、新颖性、艺术性的学习情境，使知识的理解成为一个积极能动的过程；然后不断创设积极的认知环境，通过大量的实践活动，如数学探究、课外游戏等，让学生的思维、情趣、爱好、特点有张扬的空间；课堂上还同时寻找适合学生的最近发展区，创设快乐的探究环境，引导学生尝试探索、实践体验，实现知识的"再发现"。

2. 适应学生的学习能力，关注差异。由于学习者自身条件和学习兴趣的不同，在对知识的接受上也是截然不同的。所以，课堂教学还要适应学生不同的学习能力，要根据学生已有的知识能力基础和学习偏好等来有效组织教学。

（1）开展合作学习。通过合作学习和交流互动，引导学生相互质疑答疑，反思借鉴，实现多向交流与教学互动。在小组合作、全班交流的过程中，不仅注重学习结果的汇报，更要评价合作的过程，鼓励学生不轻易放弃自己的观点，追寻学习的真实意义。

（2）捕捉生成资源。在教学中不仅关注预设目标的达成，更安排好充分的弹性空间和留白空间，及时捕捉动态生成的各种资源（如知识的整理、三角形分类的示意图等），以适应不同孩子的学习需求和学习进程。

3. 适应学生的思维特点，关注成功。教学中不难发现，有的学生善于应用逻辑推理解决问题，有的学生善于从不同角度思考问题，有的学生善于通过对信息做出主动加工来进行理解，还有的学生善于通过直接经验来理解信息。因此，我根据学生的思维特点，采用不同的教学方式，提供与所学内容联系的实际经验，帮助学生对知识进行整理、组织和加工，从而给予学生创造的空间，让他们更自由地翱翔于知识的海洋，去发现、去探索、去领悟，使课堂回归生命的本位。

【他人点评】

复习课历来是教师平常工作中比较容易引起忽视的课型，也是较难上好的课型。看到通知说，高丽校长将亲自上课，因此我对今天的学习充满了期待。一堂课听下来，我受到的启发很大。我的收获是：

1. 重知识梳理的方法。很多复习课，我们会和学生一起回顾知识，教师讲得多，归纳得多，板书设计虽然合理，但总觉得学生没有真正参与。高校长给学生提示，让学生有序地梳理知识点，形成知识结构图或网络图。这样，学生真正投入到课堂，在思维的共鸣和碰撞中完善认知。

2. 重逻辑思维的提升。复习课要立足基础知识，又要有所拓展提高，我们往往会在练习的安排上加深难度或提高综合性，但本课的设计让我有了更深刻的认识。集合图的安排让学生在深刻辨析中加深对三角形分类标准的理解。学生的表现也是非常自然的，有的不合理，有的接近合理，有的非常好，真实地反映出不同水平学生的思维能力，特别是让中上等学生有了进一步提高的机会。

3. 配套训练技巧性强：单一的重复性训练让学生感到复习课很枯燥，高校长设计的一系列生活问题通过让学生说出它和哪个知识点相关，很好地培养了学生检索信息的能力，使学生有的放矢，更好地去解决问题。而且，题型设计新颖开放，拓展了课本知识。学生喜欢这样的学习方式。

今天听的这堂课，让我对复习课的设计有了清晰的认识，专家型教师为我们引领了方向，真的有一种"拨开云雾见月明"的感受！（常熟市梅李小学周艳萍）

【听课者随访】

"复习课难教"是广大数学教师的共同感叹，因为它既不像新授课那样有新鲜感，也不像练习课那样有成功感。然而，为了实现有效教学，复习课教学又是每一位教师必须理解与掌握的一种课型。高老师执教的这堂"复习课"，让旧知识以新的形式呈现，教给学生获取新信息的方法；同时引导学

好学校，从关注每个学生开始

石梅小学优质教育多元感悟

生从新的角度去探索学习，分析思考解决问题，值得学习。

　　具体来说，这堂课有以下几个特点：

　　1. 抓住知识要点。按照《数学课程标准》，数学知识内容分为四大领域，而每个领域的内容又可分为许多知识模块。由于小学数学是系统性很强的学科，各个单元都有其相应的知识点，随着时间推移学生很容易遗忘，所以必须对旧知进行回顾和再现。高老师在复习时通过创设情境激发学生复习的兴趣，抓住各知识点优化复习内容，让学生产生新鲜感，从而以一种积极的心态主动参与复习，避免以往复习课那种沉闷的气氛及面面俱到的"炒冷饭"般的复习方式。

　　2. 注意梳理沟通。课堂上高老师引导学生对过去所学的分散零碎的知识要点进行系统地梳理与总结，使之竖成线、横成片，要点条理清晰，结构脉络分明，有效地促进学生将已学过的知识条理化、系统化，进而构建知识网络。

　　3. 突出有效练习。这堂课最巧妙的设计也在于此，练习不纯粹是练习，而是先要求学生对问题涉及的知识进行检索，找到"落脚点"，再通过练习反馈，帮助学生进一步理解和掌握相关知识。习题的设计有针对性、典型性、启发性和系统性，突出了抓基础练、抓重点练、抓综合练、抓发展练的目标，使学生在练习中不断受到启发，并进一步完善自我的认知结构。

　　4. 积极关注评价。《数学课程标准》指出："对数学学习的评价要关注学生的学习结果，更要关注他们学习的过程；要关注学生学习的水平，更要关注他们在数学活动中所表现出来的情感与态度，帮助学生认识自我，建立信心。"在整堂课中，我们随时可以看到，老师对学生多样化的思维方式、成功的合作经验、良好的学习习惯等，都给予了充分的评价，从而促使学生感受成功，体验快乐，为学生提供了一个得以自由发挥的空间。（常熟市教育局教研室　徐建文）

　　　　　　　　　　　　　　　　　　　　　　　　　　　　　（高　丽）

快乐学唱"幸福"歌

【课堂实录】

一、律动入情，感悟幸福

1. 律动。教师放《幸福拍手歌》。

2. 师生交流。

师：小朋友，拍着手，迈着欢快的步伐走进音乐教室，你的心情怎么样？

这首歌的名字叫《幸福拍手歌》。

提问：你幸福的时候会用什么方式来表现呢？

过渡：有一个能歌善舞的少数民族，他们那儿的小朋友又是怎样来表现自己的幸福呢？

二、倾心聆听，寻找幸福

1. 欣赏歌曲《侗家娃娃幸福多》（MTV）。

2. 提问。猜猜，这是哪个少数民族？（侗族）是谁给他们带来幸福呢？（党）

三、走进侗寨，感受风情

过渡：如今的侗族人过着怎样的生活呢？听，他们在唱什么？歌声中你仿佛看到了什么？

（一）舒展的乐句练习

1. 播放歌曲：2/4 1̲ 6   5̲ 3   2̲ 3   1̲ 6

　　　　　　　　　　啦 啰　啦 啰　啦 啰　啦 啰

2. 小结。是啊，侗族山清水秀，风景优美，被人们称为诗的家乡、歌的海洋。让我们在歌声中领略侗族的美丽，也在如画的美景中去聆听，等会儿老师还要请你来唱一唱呢！

3. 学生模唱。

方法：（1）学生齐唱，把音唱准；（2）进行强弱对比的处理；（3）教师范唱。

（二）变化的乐句练习

师：可以这样唱，它还可以换一种方式，听，下面的乐句和你们唱的又有什么区别呢？

1. 情绪选择。前者：抒情、优美；后者：活泼、欢快，有点俏皮。

2. 模唱：2/4 <u>1</u> 6 ｜<u>653</u> 0｜<u>2</u> 3 ｜ <u>321</u> 0｜

　　　　　　　吡 啰　　　　　吡 啰

（2）分析。切分音6，加上连音线后，6的时间就要延长到第二小节。

（3）"吡啰"是侗族歌曲里一种特有的衬词，没有具体的意思，是表达情感的需要。

（三）活泼的乐句练习

过渡：听着你们的歌声，老师也想用"吡啰"来表达一下我现在的心情。听！

1. 教师唱：2/4 <u>6 6</u> 1 　<u>5 6</u> 1 　<u>6 5</u> 6 　3 　<u>1 6</u> 　<u>3 5</u> 　3

　　　　　　吡 啰　 吡 啰　 吡 啰　 吡 吡　 啰　 吡

师：你们觉得老师现在的心情怎么样？（高兴、快乐）

师：快乐需要传递，谁来分享老师的快乐呢？

（1）邀请一位小朋友，和他手拉手，边唱边跳。

（2）被邀请的学生将快乐传递下去，教师继续邀请另外的学生，并引导全班学生边唱边跳。

（注：在演唱中适时地引出四二拍的强弱，尤其是在填唱衬词时要表现出来）

四、快乐吟唱，体味侗情

过渡：这些衬词表达了我们的快乐，也唱出了侗家娃娃的幸福，他们的幸福还有很多，让我们到歌曲中找一找。

1. 揭示课题：侗家娃娃幸福多（师生齐读课题）。

2. 欣赏歌曲，找出学过的乐句。

3. 学唱歌谱。

区别第一、二小节和第八、九小节（谱子换了位置）。

4. 填唱歌词。

（1）以问答的方式了解歌词。例：小朋友，侗乡金竹——坡连坡，坡连坡。

（2）填唱歌词。例：金竹做箫——好吹歌，好吹歌。

方式：师生对唱，第二段交换。

5. 分析处理歌曲。

（1）气息的练习。

师：歌曲中告诉我们，侗乡什么东西多呀？

生：侗乡的金竹很多，坡连坡。

师：我们仿佛看到了连绵起伏的山坡上到处是美丽的金竹林，所以这个"连"字要气息连贯（连上有跟圆滑线，唱的时候气息要连贯；"连"和"坡"要练习一字多音的唱法）。

（2）情绪的激发。

师（唱）：问我歌中吹什么？

生：党送关怀到侗寨。

小结：动听的箫声、欢乐的歌声表达了侗家娃娃的幸福。我们再一起唱一遍幸福的歌儿吧！

6. 齐唱全曲。

师：小朋友，我们把四个乐句作为我们的引子，让歌曲更多一点意境。

7. 学跳"踩歌堂"。

师：小朋友，侗家的幸福事可真多啊，对了，现在是几月？（三月）不久，侗族就要迎来他们盛大的节日，农历的三月三，瞧，幸福的侗族人已经提前庆祝了，见过这样的活动吗？

介绍：这是侗族的一个群体性娱乐活动，名叫踩歌堂，只要愿意，谁都可以参加，让我们也加入他们的行列，好吗？

建议：今天的客人老师也是侗家尊贵的客人，让我们的小组长邀请他们一起来吧！来，我们手拉手，围成圈，一起唱起来，跳起来吧！

（2）播放《侗家娃娃幸福多》的歌唱录音。

五、侗族情韵，梦圆侗乡

听《想往侗乡》，重温侗族的艺术文化知识。

1. 激发学生去欣赏侗乡美的欲望。

启发：侗乡的美看不够，侗乡娃娃的幸福唱不完，如果有一天，我们能亲自去看看，那该多好啊！小朋友们想去吗？（想）

师：哦，看来这是我们共同的梦想，今天，就让我们随着歌曲《想往侗乡》去再次感受侗乡的美好吧！

2. 师生欣赏歌曲《想往侗乡》（MTV），学生边听边了解侗乡的艺术文化。

随着歌声以流动字幕的形式出现侗族及侗族艺术文化的简单介绍。

3. 学生在歌声中走出教室。

【授课者自述】

《侗家娃娃幸福多》是一首欢快的抒情儿童歌曲，带有浓浓的侗族民歌音调。歌曲用侗家娃娃欢乐的歌声、箫声展现了共产党为他们带来的幸福生活。歌曲为二四拍，五声羽调式，单乐句结构，有四个乐句构成。歌词生动形象，节奏欢快而富于变化，最后六小节补充插入欢呼声"吔啰"，情绪更为强烈，既凸显侗歌的特色，又增添歌曲的童趣，使歌曲富有浓厚的生活气息。通过指导学生用活泼、欢快的声音演唱歌曲，使学生在聆听与模仿中提高音准和节奏，正确把握后十六分音符和切分节奏；通过演唱侗歌、学跳侗舞，让学生感受侗乡民族音乐的特色，感受侗族儿童在民族大家庭中的幸福和快乐。同时，通过本课的学习，也使学生对祖国灿烂的民族文化产生浓厚兴趣，弘扬民族文化，增强对民族音乐的喜爱之情，提高综合素质。本着这一思想，围绕歌曲的主旨——"快乐学唱'幸福'歌"，我设计了"律动入情，感悟幸福；倾心聆听，寻找幸福；走进侗寨，感受风情；快乐吟唱，体味侗情；侗族情韵，梦圆侗乡"这样一条主线。在教学中，我注重突出以下三个方面：

1. 律动导入，激情引趣。爱因斯坦曾经说过，兴趣是最好的老师。美国教育学家布鲁纳也曾说过，学习的最好动机是对学习材料的兴趣。所以上课伊始，我就尝试着用新的教学理念，让学生走进音乐，让音乐走进学生的生活。当师生一起随着《幸福拍手歌》的律动拍起手来，欢快的氛围就已经在课堂上弥漫。接着，老师通过歌曲的速度、拍子的节奏的特点、看谱唱等细节，让学生进一步感受到了歌曲的情感，然后带着这种感受，再次体验二拍子的动感。以上部分所有环节的主旨是在创设一种和谐的课堂情境。通过创设与教学相关的情境进行导入，激发了学生浓厚的学习兴趣，使他们感受音乐，了解音乐，进而达到预期的教学目的。

2. 民族音乐，拓宽视野。我国少数民族众多，民族音乐更是丰富多彩，让学生了解侗族音乐，拓宽视野也是我本节课的目的所在。我通过"这群快乐的小朋友的家乡在哪里呢"一句和歌词内容紧密相关的过渡语把学生的视线转移到了所学的歌曲中，使他们随着侗族富有特色的音乐声，来到了侗家山寨。学生们倾心聆听"吔啰"歌，并在学唱的过程中也体会了用不同速度演唱产生的不同效果，从中感受到侗族的风情，丰富了知识，拓宽了视野。

3. 层层深入，快乐学唱。歌曲为四二拍，节奏欢快而富于变化，音高上也多处出现了六度及八度的大跳音程，所以这也为学生的学习带来了困难。在教学中，我根据三年级学生的年龄特点，通过比较、讨论，挖掘乐曲的内涵，对相似、相同的旋律，采用声势训练，先解决曲谱演唱时的难点。为了使学生能正确掌握前十六分音符、后十六分音符的节奏，我进行了归纳，将乐句归纳为三类，这样，通过层层深入、循序渐进的教学，让学生在理解的基础上正确演唱，在演唱的过程中牢牢把握节奏，化难为简，取得了较好的教学效果。

4. 遗憾与反思

整节课，内容丰富，形式多样。但比较遗憾的是实际上课操作中，几个环节处理得不够得当。

（1）音准纠正不够及时。由于是借班上课，我缺乏对学生的了解，对学生的演唱水平也没有充分把握，因此，在歌曲较难的情况下，在实际教学中碰到了一些问题。如在引导学生学唱歌曲的过程中，我对学生的音准纠正有些处理得不及时，因此，演唱得还不够到位。

（2）拓展部分流于形式。由于学唱歌曲多花了一点时间，所以影响了后面的环节，到拓展部分已只剩几分钟，因此最后一环节"侗族情韵，梦圆侗乡"草草收场，流于形式。这提醒我在以后的教学中，要注意提高随堂应变能力，从学生的实际出发，注重课堂的实效性。多钻研，多上课，多总结，多反思，才能提高自己的综合能力。

【他人点评】

有幸听了石梅小学黄老师执教的"快乐学唱幸福歌"一课，受益颇多。黄老师以自己精心的设计、巧妙的构思，拉近了音乐与学生的距离，让学生的思维在老师的启发下得以发展。

1. 师生律动，拉开序幕。师生聆听着《侗家娃娃幸福多》的MTV，欣赏着侗族的风土人情，这种音画结合的形式，把学生一下子带入了侗家这个美丽的大家庭，为引导学生用活泼、欢快的声音演唱歌曲，感受侗族儿童在民族大家庭中的幸福和快乐作好了铺垫。

2. 师生互动，有效解决重难点。师生之间建立相互信任、尊重、彼此接纳、理解的关系，教学活动就容易使孩子产生兴趣。黄老师在解决难点的环节中，以问答、对话、接唱等方式，努力营造民主的课堂氛围，拉近师生的关系，让学生通过亲自辨别、选择，学会了演唱这首歌。

3. 师生共舞，升华情感。在课的拓展部分，黄老师引入"踩歌堂"鼓励学生参与，并让学生和教师一起表演。在学生学会歌曲后，教师适时地运用与本课题紧密联系的人文主题——侗族文化，使学生既巩固了歌曲的演唱方法，又升华了情感。（常熟市报慈小学　陈文英）

【听课者随访】

一线教师都知道，歌曲课难度较大，对老师把握教材及课堂应变等能力提出了极大的考验。课堂上，黄老师很善于处理好教学中知识传授与能力培养的关系，巧妙地创设能引导学生主动参与的活动及情境，让学生在实践中学习，既培养了学生的学习兴趣，又培养了学生的思维能力、想象力和创新精神，使每个学生的身心都能得到充分的发展。

仔细品味黄老师的这节课，给我印象最深的有三点：1. 通过聆听激发学生的积极性；2. 演唱中教师的指导比较到位；3. 通过活动，学生的综合能力得到有效提高。在今天的课堂上，我们真的听到了快乐，感受到了幸福。这份快乐和幸福来自于教师的用心，因为有心，所以才会有充满新意的教学设计，充满激情的教学状态，所以才会达成师生间的那份默契。同样的歌，同样的课堂，同样的学生，因为有了教师不一样的设计，所以也就产生了不一样的效果。这样的课能给我们带来思考，使我们从中受到启发。（苏州市教育局教研室　王欢）

1. 情景设计恰到好处。整堂课始终围绕认识侗族、了解侗族的目的来进行艺术感受。2. 多媒体设计恰到好处。在教学中应用 CAI 课件创设情境激趣，让学生在流动画面的吸引下走进音乐，让音乐走入学生生活。3. 悬念设计恰到好处，让学生在聆听侗族山歌的过程中急切地想去侗族山寨看一看，为学习侗族歌曲和舞蹈作了铺垫。（徐敏）

在本节课中，我们不难发现黄老师别具匠心的教学设计，教学设计注重情感体验，注重教学创新，注重表演展现，以情感教育为主线，让学生多听、多想、多说、多做，激发学生的创造意识，培养学生的创造能力，在这里，"平等、和谐、融洽、创新"的教学理念得到了很好的诠释。（顾惠芳）

（黄丽娟）

主题课堂

 ## 在朗读中体验、欣赏与感恩

【课堂实录】

片段一

师：谁愿意来读读小草第一次说的话呢？

生（甜美地朗读）：你的水真清啊，一眼能看到底！

师：请问你现在是谁呀？

生：小草。

师：你为什么说小河"真清"啊？

生：因为小河的水很蓝。

师：你这是看图知道的吧？老师再请一位小朋友读。

生：因为小河"一眼能看到底"。

师：那你能从水里看到些什么呢？

生：我看到了小鱼。

师（追问）：小鱼在干什么呀？

生（眼睛一亮）：小鱼在水里捉迷藏！

师：你连小鱼在干什么都看得见了，水真清啊！

生（欣喜地）：我能看见水底的小石头！

师：小石头是在水底的，你也能看见。这就叫——（出示卡片"一眼能看到底"，师生齐读）

片段二

师：课前，陈老师和大家去试着抱过大树。为了不让自己掉下来，小朋友们都用手"紧紧抱住"树干，谁来说说你当时的感受？

生：我的手很酸，抱了一会儿就坚持不住了，很累。

师：小朋友们抱了一会儿，就累了，就坚持不住了。而小草呢？它每一天，每一月，每一年，都在用细小的根须紧紧地抱住泥土，为了不让泥土掉进小河里，它花了多大的力气啊！难怪小河要感谢小草！谁来读出小河的感谢？

生：这要感谢你呀！是你把河岸的泥土紧紧抱住，要不，我早就变成浑浊的泥水了。

师：你的感谢多真诚啊！

师：要是没有小草，小河又会变成什么样呢？我们先来看看这幅图。（指导看图）瞧，这就是那条清清的小河。泥土在哪？（河岸）当雨下得很大很大时，河边的泥土就会又松又软，要是这些松松软软的泥块掉进河水里，会是怎样的情景呢？

师（演示）：我们把这盆水当做小河……（师将泥土倒入水缸中）河水怎么样？能看见河底吗？

生：很脏。

生：看不见底，很臭。

师：这就叫做——（出示词语：浑浊的泥水）

生（齐读）：浑浊的泥水。

师：小河水没有变成浑浊的泥水，小河是那样的清澈，这都是谁的功劳？难怪小河要感谢小草！哪条小河来把你的感谢和小草的功劳一起告诉大家？

片段三

师：小河与青草这对好朋友每天生活在一起，他们都发现并夸奖了对方的优点，我们40个小朋友每天都生活在一起，你也发现了谁的优点吗？来，两个小朋友面对面，像小河夸奖小草或小草夸奖小河那样，互相夸夸好吗？

生：我要夸奖陆家豪，他上课时坐得端正多了。

生：我要感谢缪坷言，上次，我美术课没有带水彩笔，缪坷言借给了我。

生：我要夸奖邢樱娜，那天我摔痛了，是她陪我去医务室，她真是位乐于助人的好同学。

生：我要感谢钦雅男，我忘记带"补充读本"时，他就与我一起看。（生笑）

师：其实这样的故事还有很多，小鸟用美妙的歌声，感谢蓝天给它的广阔天地；种子用美丽的花朵，回报泥土给它的丰富营养。如果我们能学会互相欣赏、互相感谢、谦虚友爱，那我们与人相处会更加愉快！

【授课者自述】

《小河与青草》是一年级上册的最后一篇课文。这是一则寓言，在小河与青草的对话中，我们知道它们相互欣赏，又相互感谢，从中明白自然界万物相互依存的道理，同时领悟到做人要谦虚谨慎，要多看别人的长处。简单的话语传递着和谐、美好的情感，让孩子们受到熏陶。

世间万物彼此依存。我想通过这一课的教学让孩子们学会相互的欣赏与感谢，使他们的生命之树在这种源源不断的精神营养滋润中更加葱绿、更加茂盛。基于这样的想法，我设计了课堂教学流程，带领学生走进小河与青草的世界，通过创设情境，唤起学生的经验、体验，而种种体验又转化为学生的情感，在一遍遍朗读中不断升华、内化。

【他人点评】

"体验式教学"最美妙的地方就是能让越来越多的孩子在学习过程中说出自己的体会，读出自己的个性，体会出不同故事背后意味深远的内涵。陈老师在课末的总结提升中，能结合学生的生活经验，让孩子们学着小河与小草互相说夸奖与感谢的话，找身边伙伴身上的优点或值得感谢的地方。孩子们稚嫩纯洁的回答里充满着真挚与童真，也把课堂点缀得色彩斑斓。（晴时）

在孩子们纯真的言语中，我们知道，他们已经学会了互相欣赏、互相感谢、谦虚友爱。体验是用全部的心智去感受、关注、欣赏、评价某一事件、人物、事实、思想的过程，只有经过体验，我们才能把一个陌生的、外在的、与己无关的对象变为熟悉的、可以交流的甚至是融于心智的存在。（丁丁）

教师创设的情境自然，让学生初步领悟了课文蕴涵的哲理，由此泛起的涟漪将使学生感受到生活的多姿，视界的敞亮，美的愉悦，这不能不说是情境教学"理寓其中"的生动体现。课堂上，我们应欣赏到学生的"真"。因

为真，是生命固有的本色；真，是生命美的极致；真，是值得每一位教师永远欣赏的生命图画。（apple）

【听课者随访】

学生之间存在差异，对事物的理解不尽相同，所以其体验也各不相同。教师在教学时，要充分考虑学生的个性差异，允许学生有不同的体验，不能强求划一；要进行科学的引导，使学生形成丰富的体验。在教学评价中，要尊重学生的独特感受和个性。（卢燕）

如果站在旁观者的立场进行吹毛求疵的话，这节课在有些细节的处理上似乎还可以更"精致"一些。比如前一个引导学生想象的环节，教师一开始完全可以直接这样问："小草说小河的水真清，那你能从水里看到些什么呢?"从而引导孩子直奔关键，丰富对"真清"的具体认识。这样，学生回答的偏离或许可以得到避免。而关于"浑浊"的演示环节，教师在倒入泥土后，如能在请孩子说说水的变化前先轻轻地搅拌那么几下，或者晃动杯子甚至另拿水瓶往里注水，有的孩子就不会在下面嘀咕"还能看见卵石"了，而他们对于"浑浊"的理解也会更加深刻。（青山碧水）

（陈　睿）

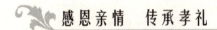 感恩亲情　传承孝礼

【课堂实录】

主题班会："小羊跪哺孝亲恩"。

源起：百善孝为先。

课始，柯朱雨琳同学上台介绍"孝"字的由来，朱天怿同学展示书法"百孝图"，陆亦尘同学展示绘画《卧冰求鲤》并讲述故事和体会。

感怀：亲恩记心间。

师：感谢同学们。"孝，善事父母者。"这是《说文解字》对"孝"字的解释，说的是对父母要尽心奉养并顺从。梁琪晨同学将和我们一起见证玉树地震后的废墟上的伟大母爱，给大家讲述《最后的哺乳》。

师：母爱是世界上最无私、最伟大的爱。母亲对我们做的每件小事都蕴涵着浓浓亲情，可有时，任性的我们却没能细细体会。这不，在王亦鲁同学

的日记中就记录着这样一件事，今天她把它改成剧本，排成了小品。

学生表演小品《妈妈的爱》，其间王亦鲁、费祎演唱《妈妈宝贝》。

师：今天，我们很荣幸地请到了王亦鲁的妈妈，掌声欢迎她上台。王亦鲁有什么对妈妈说的吗？

王：妈妈，对不起让您伤心失望了，请您相信我，我会改正的。（给妈妈献花）

师：孝亲不教亲生气，爱亲敬亲孝乃全。从我们呱呱坠地到长大成人，为养育我们，父母花去了多少心血与汗水。我们是否还记得，那年那时，那些温馨的、感人的故事？

分享何蕙兰同学的成长故事《冻疮膏》，配乐诗朗诵《感恩父母的爱》《于是》。

行动：孝礼须传承。

师：亲所好，力为具；亲所恶，谨为去，这是《弟子规》对孝的诠释。最温馨的是父母之爱，最无私的是父母之爱，珍惜我们身边这份爱，回报我们身边这份爱。让我们来看看咱们是如何迈出第一步的。

出示照片：帮家长梳头、洗脚等。

"小羊跪哺孝亲恩"主题班会

"梳头照片"的主角陈菲阳同学谈感受："我从 6 岁起就留长头发了，妈妈不知道为我梳了多少次头发，而我却从未给她梳过。那次，我说要给她梳头时，她显得有些紧张而不自然。当我轻轻梳着的时候，我看见妈妈在偷偷地抹眼泪。我觉得我为父母做的实在是太少了。"

师：是啊，有时候，我们的一个小举动、一句话都能轻易打动父母的心，他们似乎成了世界上最容易满足的人。

刘天睦的妈妈邵阿姨读信《心灵的感念》。

师：还有不少叔叔阿姨因为工作的关系没能来到现场，但是，他们把想说的话拍成了录像，写成了文字。

学生们拿出事先藏在桌子里的信，配着音乐轻轻读了起来。教师上前采访，请愿意交流的同学选取其中片段与大家分享。

叶婧涵家长：今天妈妈加了一天班，拖着疲惫的身子刚回家，你就看出妈妈很累，一声不吭地端出一盆水，对我说："妈妈，快坐下，我给你泡泡脚吧，可以缓解疲劳。"我听后，猛地一怔，呆呆地坐了下来，任由你为我脱鞋袜、把脚放到水里，看着你认真地为我来回地搓洗双脚，还时不时地问我水温合不合适，洗得是否舒服，那一刻妈妈真的很感动，很欣慰。原来那个调皮、不听话又倔强的小丫头真的长大了，懂得感恩，知道体贴妈妈了。妈妈就是再苦、再累，为你付出再多也值得！

俞闻韬家长：妈妈是爱你的，尽管有时候，我爱你的方式不被你接受，你会觉得好烦，觉得我小题大做，但是，你长大了就会知道妈妈的良苦用心。前几天，你不是刚刚学了一首歌叫《跪羊图》吗，听着你低低的吟唱，妈妈也很感动，老师教你唱这首歌，就是为了让你懂得爱。爱，虽说首先要爱自己，但也绝不是只爱自己，不是自己想干什么就干什么这样简单。你要懂得去理解别人，懂得去爱别人，去爱值得你爱的所有东西。

压轴表演：《跪羊图》，播放学生们利用课余时间拍摄的 MTV。

争星："孝星"我当先。

教师总结，学生读小诗：百善孝为先，亲恩记心间。孝礼须传承，"孝星"我当先。

德育处查老师为学生发放争星卡。

【授课者自述】

孝悌是中国文化的基础，古人云："百善孝为先。"一个人能够孝顺，他就有一颗善良仁慈的心，有了这份仁心，就可以做有利于世界和他人的事。那么，孝到底意味着什么？说得宏观点，孝的作用在于保持社会的稳定和传承；说得微观点，就是学会感恩，学会感受父母、亲人深切的关爱，学会感谢他们无私的付出。今天，对于新一代的独生子女来说，父母的付出往往是理所当然的，对孝道的理解和诠释正面临着前所未有的挑战。因此，本次活动的目的在于引导学生通过诗歌朗诵、小品、歌曲演唱等多种形式，知道在自己成长的过程中有许多人付出了努力和关爱，从而学会感恩，进而用实际行动表达自己的感恩之情，提高素质，做生活的强者。同时，从去年开始，我们学校就展开了学习《弟子规》的传统文化教育。其中"父母呼，应勿缓；父母命，行勿懒；父母教，须敬听；父母责，须顺承"成为今年的"弟子规争星卡"的学习内容。本次活动就以此为主线，按照"百善孝为先""亲恩记心间""孝礼须传承""孝星我当先"四个环节，层层深入，一步步地告诉学生要尊重父母，感恩父母。这些规矩，看似平常，但是，如果我们认真去实行，那将带给父母无尽的欢欣快乐，将会有意想不到的收获。

【他人点评】

"古圣先贤孝为宗，万善之门孝为基。"一曲《跪羊图》拉开了活动的序幕。直到结束，这首歌的优美旋律和孩子们深情的演绎依然印在我的脑海里。那一双双真切的眼睛，一个个认真的手语，都让我们听课的老师真实地看到了孩子们的内心。

真情在空中漫溢，感动在心头涌动。精选的歌曲和图片将孩子们的爱心唤醒，老师、学生讲述的真实故事让孩子们感动于父母的奉献，体验父母的辛劳，送上儿女真心的祝福。教师通过让学生吟诵一首歌颂高尚母爱的诗，告诉每一个人，必须铭记父母恩情；展示一组体现悉心关怀的图，撼动每一颗心，必须懂得真心付出。

亲情不朽，孝心无价。《弟子规》告诉了我们恒久不变的道理，而今天的班会又透过大家喜闻乐见的方式传扬着传统道德文化，感化温软了大家的心，不仅仅是孩子们被感动了，我们听课的老师也禁不住热泪盈眶。

（朱丽丹）

【听课者随访】

这次班会，我们准备了丰富多彩的节目，这些节目里包含着深刻的道理。我被一个个"小羊儿"所感动了。让我记忆犹新的是刘天睦妈妈——邵阿姨的信。它让我几度落泪。其实我们成长过程中的点点滴滴，父母都记得。我很感动，暗暗下定决心，一定要让父母也感受到我们的爱，才不至于像《跪羊图》中唱的那样："莫到忏悔时，还未报答父母恩。"（学生陈阳）

我们在生活中每时每刻都可以看到父母的爱，父母对子女的爱都融入一个个细节中了，有时候是一句叮咛，有时候会是一顿美餐，有时候甚至会是一顿呵斥。每个人的生命都来自于父母，每个人的成长都离不开父母的关怀和无私的奉献，小羊都懂得感恩，跪着接受哺乳，那么我们还有什么理由不去孝顺自己的父母呢？让我们在心里为父母送上一句话吧："爸爸妈妈，我爱你们！"（学生唐宇一）

一次班会让我收获了人间浓浓的真情。当我听见周老师那情真意切的感恩父母的话语时，听见同学们向家长的真情告白时，我的心被深深地震撼了。感恩的情怀犹如和煦的春风、灿烂的阳光温暖着六（1）班每一位学生、家长、老师的心。乌鸦有反哺之义，羊有跪乳之恩。相信只要我们怀着一颗感恩的心，无论走到哪里，那里就会春暖花开。（学生叶靖涵）

"孝敬父母，感恩父母"是中华传统美德的重要内容之一，周丽娜老师的主题班会课就紧扣了这个教育内容，从学生身边的事着手，围绕学生容易忽视的、做得不够好的，以及正在努力实践的生活细节，通过诗歌朗诵、歌曲表演、情景再现、故事分享、亲子互动等形式，轻轻叩击少年心灵，娓娓拨动少年心弦，课堂气氛真实、自然、令人动容！"父母呼，应勿缓，父母命，行勿懒……"当师生共同吟诵起"石梅争星卡"中的《弟子规》片段时，我们相信，石梅的"感恩教育"已经在学生的心中生根，会静静吐芽，绽放出美丽的花，结出饱满的果！（顾惠芳）

（周丽娜）

争鸣研究：让另一种声音执勤

肖川先生说："有思想的教师，会对学生的心灵丰满和精神充实有一种自觉而又自然的引领。"对于石梅的教师而言，有思想，还体现着勇于向陈旧的教育观念挑战，乐于向有意义的教育理想迈进，并渐渐让思考成为教育职业生涯的一种行走态度和方式。教育思想，于一所学校而言，则体现为学校管理和办学理念。

在"随笔故事"中，教师们记录着日常教育生活中关于"爱"的细节，享受着于无声处的幸福，同时，也明白了爱是一份沉甸甸的责任，爱是一种耐心等待的承诺。因为，教育的主旋律离不开"爱"这个永恒的主题。

在"沙龙争鸣"中，教师根据沙龙活动提供的内容选择一个或若干个关键词进行交流，当然，也可对他人所持教育观点或表现的教育行为进行分析、点评，在"头脑风暴"活动中碰撞思想，产生智慧的火花，引起心灵的共鸣。

在"论坛小语"中，教师就某一个主题进行个性化的解读，提出自己的观点，举出自己的例证，谈论自己内心真实的体悟。"生命化"教育、学科第一课时教学等，都为老师们打开了一扇扇交流的窗口，开阔了教师的教育视野，提高了教师的教育素养，丰厚了教师的教育积淀。

在此基础上，石梅教师独立承担的"微型"课题也逐渐成为学校课题研究的主要方式，由几人扩大到几十人，由几个学科研究中心组扩大为所有学科研究中心组。在"草根"科研思想的指导之下，教师的研究能力越来越强，"微型"课题研究逐渐深入人心。

这一系列校本教育研究行动，滋养着教师自身的精、气、神，润泽着教师教育生命的宽度、高度与厚度。做一个有思想的教师，是石梅人的美好理想，亦是石梅人的永恒追求。

从课堂开始润泽生命

"点化和润泽生命乃教育之核心。""教育不是知者带动无知者，教师不是学生知识的最大供应者，而是用一个智慧的生命照亮许多智慧的生命，用一个心灵唤醒许多心灵。"

喜欢生命化教育理念表述时的生动通俗，寓深刻的哲理与淡淡的诗意于一句句散发智慧馨香的话语中。

作为教师，该如何去"点化和润泽生命"呢？这是自前天听冯教授讲座以来，我思考得最多的问题。特意查了词典，"点化"在词典中的解释是："道教传说，神仙运用法术使物变化。借指僧道用言语启发人悟道。也泛指启发指导。""润泽"在词典中的含义是"使滋润"。于是便暗自思忖，这"点化和润泽生命"的言下之意应该是用巧妙智慧的方式，去启发和指导孩子自己领悟道理和习得知识，教师的教育行为应该如润物细无声的春雨甘露般，给孩子的心灵以滋润，使他们感受精神生命成长的快乐。带着这样的认识，我走进了今天的课堂。

今天我们学习的是《徐悲鸿励志学画》。我通过欣赏徐悲鸿的代表画作《骏马图》导入，引导学生了解徐悲鸿其人；再抓住"为什么励志学画""怎样励志学画""结果如何"三个主导性问题，鼓励学生自读课文，读通读顺，理清层次；最后指导学生运用课后练习中的词语，试述课文的主要内容。整个课的教学结构，是极传统的，并无新颖独特之处，而学生对文本的阅读尚处于整体感知的层面，所以课堂教学中也并未有足以让我惊喜的精彩生成。唯一让我有所感触的，还是我的一点尝试。我有意识地在每一个教学环节中去践行和体验生命化教育的理念，于细微处，感受到了那微妙动人的变化。

梦蝶，一个因为种种原因在学习上总是落后于人的孩子，今天在朗读课文环节中主动举手了。虽然几乎所有的孩子都举着手争着要朗读，但我还是特意把朗读的机会给了她，并请她读最短的第 4 自然段。三十个字的一小节，她读错了两处，表现不是特别好，但我猜想，课前预习时，她一定曾用心练读过，不然，她不会那么坚定地举手，也一定不止读错两处。没有在纠正错误后马上请她坐下，我想，应该再给她一次机会，让她有机会将最完美的表现展示给班上所有的孩子。这一次，她"不辱使命"，她完整而流利地朗读了那三十字构成的段落，在我的发动下，全班同学给她送上了掌声，梦蝶高兴地笑了。"同学们，暂时的失误和落后并不可怕，只要我们像梦蝶那样，鼓起勇气再来一次，我们一定能做得更完美，千万别用'我不行'或'她不行'的'有色的眼镜'看自己或看身边的同学。"孩子们一个个睁大纯真的眸子，微笑着会意地点点头……

小兆，一个自称本学期最大的努力目标是脱离"四大天王"队伍的孩子（注："四大天王"的称呼是他自创的，不是别人命名的），今天课上也举手要求读书，读得特快特溜，但有一处读错了。我摸着他可爱的大脑袋说："小兆今天读书的声音比以前响了，真不错!"小家伙美滋滋地带着笑坐了下去，坐得直直的……

通常在引导学生理解词语时，我会请他们联系自己的生活体验来交流，但今天在引导他们理解"嫉妒"这个贬义词时，我忽然想起了那句"点化和润泽生命"的话，便临时决定换种方式。我现身说法，以自己为例："假设毛老师和某某是同学，他考试成绩总比我高，表现总比我好，老师总是喜欢他比喜欢我多，于是我开始讨厌他，甚至怨恨他，开始想着怎么攻击他，大家说，我这样的心理，可以用课文哪个词语来形容?"学生在笑过之后齐答："嫉妒!"我随即补充了一句："嫉妒是一种很不健康的心理，它总是像一把双刃剑，在伤了别人的同时，也在伤害自己，所以，同学们在生活中，应该更多地发现别人的优点，真诚地去欣赏，虚心地去学习。"孩子们又微笑着会意地点点头……

忽然顿悟，生命化教育的外延与语文教学的人文性其实有着很大的交集。也许在以往的课堂教学中，我也还算是个善于赏识、会说"甜言蜜语"的老师，孩子们对我所给予的点化和润泽应该还是有所感受的，但"点化和润泽生命"的理念还没有完全融入我的每一个教学行为中，很多时候，还有一定的随意性及偶然性。如果在我全部的教育生涯中，只有这么一天或者以后屈指可数的若干天在有意识地努力践行"点化和润泽生命"的神圣使命，那么于孩子而言，这点滋润又如何能满足他精神成长的需要? 生命化教育，任重而道远!

（毛李华）

好学校，从关注每个学生开始

石梅小学优质教育多元感悟

幸福人生从"生命教育"开始

初次咀嚼"生命教育"这四个字，心头感觉沉甸甸的。生命，于我们每一个人来说是何其宝贵，而"生命教育"在学校教育中却又如此缺失，这不得不说是一种遗憾。前不久，在肖川教授的《教育的理想与信念》一书中读到这样一句话："生命教育就是为了生命主体的自由和幸福所进行的生命化的教育。"肖教授认为它是教育的一种价值追求，也是教育的一种存在形态。我想，幸福人生应该从"生命教育"开始，让"生命教育"点燃每个人心灵深处向往美好生活的那份激情，让"生命教育"引领每个人到达幸福生活的彼岸。

幸福，是每个人所追求的理想。没有人可以拒绝幸福，就如没有人可以拒绝空气和水分。幸福是一种感受，甚至是一种感觉，它没有衡量的标准，也没有考核的指标，它是无形的一股力量，却时刻深深刻入人的心田，让生活充满着阳光，让快乐滋润着心田。幸福的校园生活应该是个"生命化"的校园，每个角落都会不时传来笑声、歌声与读书声。

"生命化"的校园必定弥漫着笑声。笑，是人内心快乐的一种外在体现，它是一种情绪展示，而在这笑声中，包含着许许多多教育的哲理。学生感受校园生活的快乐依赖于学校、教师所提供的快乐资源。据调查，影响学生校园生活幸福质量的主要因素为：师生关系、同伴关系、学习情况、课外活动、学校环境。针对这份报告，我们思考及行动的方向应该有着明确的定位。作为教育工作者，我们要引导学生进行正确的人际交往；我们要确保自己的教学为学生的成长而服务；我们要为学生提供优质的教育资源和环境；我们要教会学生懂得选择与放弃、懂得感恩与付出、懂得真诚与守信……，让学生在快乐的心态中保持良好的学习状态和健康的生活态度。

"生命化"的校园必定充盈着歌声。艺术能够陶冶一个人的性情，使人心中流淌着美妙的旋律。我们要在学生的心中从小播下艺术的种子，让它慢慢生根发芽，开花结果。当然，我们不必去刻意将学生雕琢为艺术家，去为祖国的艺术事业添砖添瓦，但是我们要注意培养学生的艺术修养与艺术情操以及审美能力与辨别能力。所以，我指的"歌声"并非只是说从嘴里唱出的"歌"，而是泛指艺术。要知道，我们习惯说的"副课"，对孩子智力的开发、气质的修炼、性格的塑造、人格的健全有着重要的意义。我们非但不能忽视它们的存在，相反，我们更应该提高这方面的意识，加强这方面的管理。我们要引导学生学会欣赏、学会创造、学会尊重、学会关爱……让学生在艺术的熏陶中造就优雅的气质和高尚的品质。

"生命化"的校园必定萦绕着读书声。书籍是人类进步的阶梯，读书是最好的保健品。打造"学习型"团队，营造书香校园，为教师的教学增加底气，为孩子们的学习增添灵气。书声琅琅，其乐融融，"生命化"的校园必定有一群爱读书的孩子、好品书的老师，读书，成为师生共同的爱好。"师生共读""经典诗文""石梅夜话"这一个个活动都为师生提供了思想碰撞的机会，让彼此在交流中与文本作者对话、与教师对话、与学生对话。作为教师，我们除了做好学生的榜样之外，我们还有责任去引导学生阅读、思考、分析、判断、总结……，让学生在书籍的滋养中吸取日月之灵秀，天地之精气，知书达理且学问渊博。

教育的最终目标就是成就人最大的生命价值，让"生命教育"为学生的幸福人生奠基。

（贾　怡）

反思，让另一种声音执勤

教师的自我成长，除了以古典的心情去安静阅读，还需要用一颗忠诚、明敏的心去面对那些司空见惯、熟视无睹甚至是历来如此的事或者物，并进行批判性的审视、咀嚼，形成心灵的对话，从而探索教育更为深层的本质，获得更深层次的智慧体悟。

肖川先生在《教育的理想与信念》一文中有过这样的阐述："许多的教育探索也并不需要高精尖的仪器与设备，……只要我们不断咀嚼、反复琢磨、再三玩味那些理所当然、天经地义的常规和说辞，只需要我们试图去改变那些貌似合理的历来如此、大都如此的想法和做法，哪怕是一点点。"

好学校，从关注每个学生开始

石梅小学优质教育多元感悟

这个"不断咀嚼、反复琢磨、再三玩味"的过程，就是反思。

一个教师，只要你拥有一种质疑的精神，拥有一颗智慧的心和一双发现的眼睛，那你就能在自己从事的一线工作中，第一时间发现身边的教育现象，也就能以此为契机，整合、筛选、提炼出更多教育的信息甚至是教育的关键因子，发现潜藏着的许多有价值的点，找到你可持续研究的某个起点。

美国教育家杜威将"反思"定义为人们"对于任何信念或假设性的知识，按其依据所进行的主动的、持久的、周密的思考"。这也告诉我们，反思的主要步骤分为：形成一种产生思维活动的怀疑、犹豫、困惑的状态；为了发现和解决这种怀疑，消除这种困惑而进行的探索、搜集、探究行为。

站在生命化教育的立场上，我们清楚地认识到，眼前的时代，是一个提倡"反向思维"的时代，鼓励教师以"另一种声音执勤"，更呼唤肯定教育者的"个人价值"。教师的反思在个人成长历程中起着重要的作用。

个人反思，凸显教育者的"个人价值"。

"教师作为研究者"，成为反思型教师，是时代提出的要求，因此，着力提高教师个人的反思实践能力，是教师教育所要达到的目标。教师个人反思的方式很多，可以是教育教学理念的反思，教学技能和策略的反思、教学科研的反思、德育教学方式的反思、师生关系处理方式以及教育行为的反思等。在看似平淡的、无问题的地方发现问题，揭示出行为背后所隐含的观念和意识，这样的反思，能极大地促进教师教育智慧的生成和教育实践能力的提升。

群体反思，提升教育者的"个人价值"。

以相似年龄、相同学科、相应知识层次或发展水平为标准组合在一起的教师群体，具有团体的共性，有相对集中的反思指向。构建适合不同教师群体反思能力的训练方式，也是提升教师个人反思能力的一条捷径。例如入门型教师群体、提高型教师群体、骨干人才，都能以不同的群体智慧促成个人智慧的提升，使个体在群体中不断地进行积极、主动的计划、检查、评价、反馈、控制和调节，成为一个具有"双向"思维的研究者。

"这是一个'重估一切价值'的时代"，"我们要关注的是怎样保证任何东西不妨碍思维本身"。教师的反思，应该使教育成为寻找真理、发现真理、分享真理的重要领域。我们要勇于发出自己内心的声音、敢于和不同的声音相对，始终让自己的质疑和反思意识处于"活"的状态，这是作为教育人生命原初的理想状态。

在生命化教育理念的指导下，近几年，我校就"如何加快教师专业成长"这个课题进行了研究，反思作为教师成长的途径，成为学校"构建适合师生发展的校园生活"这个主课题下的一个重要子课题。

"青年教师培训班"是我校青年教师开展科研的一条探航的船。它由著名特级教师王美卿领航，由全市德高望重的教育前辈和学校领导掌舵，他们引领着年轻的石梅人反思那些日常的、细微的、不容易被察觉的教育因子，用质疑而坚定的眼神去透视那些司空见惯、习以为常的教育现象，他们以小见大、见微知著、以孔窥豹，让许多年轻的心在教育的航船上沐浴温润的阳光，让那些略带迷茫的眼睛去邂逅沿途最为美丽的教育风景。

反思需要以科学的教育理念为基础，以新课程为参照，需要有一个基本的框架标准，这样才能实施对教育教学活动的评判和思考。"石梅讲坛"是一个思想和理念的源，是集多元智慧于一体的巨大的场。自 2008 年以来，我校的"石梅讲坛"相继邀请了著名学者张文质，北京师范大学博士生导师肖川，全国著名特级教师李镇西、王崧舟、高万祥等教育专家来校做讲座，呈现他们的教育理念，引领全体教师理性地思考，培养教师对历史、社会、文化与人性的洞察能力，鼓励教师用思想武装自己、用思想重塑自己的教育行为，用思想去提升当下与未来教育的品质。

作为石梅的教育人，我们要有足够的勇气承认我们自身的局限，我们也要有足够的勇气去进行充分的交流和理性的批判。勤于反思，我们会在思想的天空中自由飞翔。

（钱静霞）

如何上好第一课时

听课是学习，但也成了第三只眼睛，因为旁观者清嘛。因经常听课，我有了一个困惑，公开课怎么大多是第二课时？由于好奇就与青年教师谈心，想探究竟。原来很多教师认为，第一课时就学学生字、读读课文，为第二课

好学校，从关注每个学生开始

石梅小学优质教育多元感悟

时扫清障碍，没什么好上的。第一课时无形中成了单纯的识字教学，没彩头。那么第一课时真的没有精彩可展示吗？否。笔者根据多年的教学实践，结合对"课标"的理解，就如何上好第一课时略谈一二。

一、课题的揭示

课题是文章的眼睛，开门的钥匙。所以每教新课，首先要构思设计一个较为新颖的揭题方法。比如，一年级上册的《秋姑娘的信》一课，笔者是这样揭题的：

教师映示课件：动画《枫树》。

师：小朋友，这是一棵什么树，为什么它的树叶是与众不同的红色呢？（生答）对，这是一棵枫树。到了秋季，它的叶子就变成红色了。

师：现在请闭上眼睛，用你们的小耳朵听听，秋天到了，大自然中有谁的脚步声？（放风声的录音，同步点击多媒体，画面上枫叶落下，仅剩一株光秃秃的枫树）

师：小朋友，你们听到了什么？

对，秋风阵阵，那是秋姑娘的脚步声。秋姑娘来了，你们再看看枫树有什么变化？

师：树上的枫叶怎么没了，都到哪里去了？小朋友读读第七课，从课文中找到答案。

（1）拼读生字，读拼音，认清生字。

（2）把生字放到课文中去，把课文读通读顺。

（3）再读课文，想想枫树叶子怎么都没有了。

师：（指图）树上的枫叶都到哪儿去了？

生：（齐答）全被秋姑娘写了信！

师：对，全被秋姑娘写了信！今天我们就来上新课，（教师板书，师生齐读课题）《秋姑娘的信》。

笔者利用课文最后的内容，就以"篇末点题法"揭题。当然，不同课文要用不同的方法，但不管何种方法，揭题时必须做到：揭题的过程就是学生初步整体感知课文内容的过程，如《秋姑娘的信》；就是介绍作者、时间、地点与解题的过程，如《登鹳雀楼》；就是突出课文重点难点的过程，如《乌鸦喝水》；就是初步揭示课文中心的过程，如《早发白帝城》等。

新课伊始，如果能精心设计一个良好的揭题方法，是否能为第一课时的一个亮点而出彩呢？

二、字词与阅读

字词与阅读教学是落实"双基"的重要途径之一，而生字词要在读中被感知（读准字音），在读中被理解（理解词义），进而在读中被感悟（知道含义，从而有感情地朗读表达）。所以，字词教学必须与阅读同步进行，有机结合，才能有效地落实"双基"，取得最佳效果。举例如下：

1. 二年级上册《登鹳雀楼》第一行诗句中的生字词教学。

师：小朋友们，在第一行诗句"白日依山尽"中，请你们图文对照，看看诗句中哪几个字是图上画了的，是什么意思？

学生读后讨论交流：诗句中的"日"图上有，就是太阳。"依山尽"中的"山"图上有，就是连绵起伏的群山。

师：那么，"依山尽"是什么意思呢？我们请电脑博士帮帮忙。小朋友要仔细观察，太阳怎么样？

教师动画演示：太阳慢慢落下直至看不见。

师：小朋友，你们看到了什么？

生：太阳下山了。

师：太阳是靠着什么慢慢落下去的？（靠着山）"靠着山慢慢落下"就是"依山"。太阳靠着山落下去了还看得见吗？（看不见了）看不见就是"尽"。所以"依山尽"就是太阳靠着山慢慢落下去，看不见了。

师：太阳靠着山慢慢落下去，看不见了，面对这样的美景，想想我们该怎么读，读快一些还是慢一些？

师：对，应该读得稍慢一些，跟老师读：白日依山尽。

这样的设计流程，使字词教学在阅读中进行，使学生在阅读中读准字音，在阅读中理解字义，更在阅读中感悟怎样有感情地朗读表达。

2. 三年级上册《世界上第一个听诊器》的教学片段。

课后有一道练习，要求以"果然"造句。"果然"是个副词，表示事实与所说或所料相符。教学时，若就以此解释，学生能理解并造句吗？难！那如何突破这个难点呢？笔者用"分析归纳"的方法引导学生在阅读中理解，在阅读中掌握规律。流程设计如下：

师：小朋友，"雷奈克试了试，声音果然沿着木板传了过来"这句中，作者为什么要用"果然"这个词语？雷奈克试了试，他试什么呢？（出示第二自然段）原来，他在试之前看见了一个有趣的现象：分别在跷跷板一端的两个男孩，一个把耳朵紧贴跷跷板，一个用一枚铁钉在地上画着，"声音果然沿着木板传了过来"。

教师引导学生分析归纳。用"果然"造句必须注意三个要点：

（1）前面一定要交代一个情况，可以是所听、所想、所说等。第二自然段1～3句即交代了他的所见。

（2）后面要有一个事实。第4句即是一个事实。

（3）后面的事实一定要与前面交代的情况相符合。第4句的事实一定要与1～3句所见的情况相符合。

三个要点缺一不可，若少了某个要点，用"果然"造出的句子就不合要求。

教师通过前后的分析归纳，既使学生理解了"果然"的词义，更授之以渔，使学生掌握了用这个词造句的规律。学生造句时轻松自如，且千姿百态，各不相同。

生：昨晚听天气预报说半夜要下大雪。今早我开门一看，果然大雪纷飞，一片银白。（后面的事实与前面的所听相符）

生：我听见老母鸡咯咯地叫个不停，心想一定是生了个大鸡蛋。打开鸡窝门一看，果然是个大鸡蛋！（事实与所想相符）

生：我洗碗时，油腻洗不干净，妈妈说，滴几滴洗洁精就可以了。我滴了几滴，果然，碗上的油腻一下子就洗干净了。（事实与所说相符）

字词教学在语言环境中进行，与阅读有机结合，字不离词，词不离句，句不离文，有效地落实"双基"，这不失为精读理解中的一个亮点。

有的教师可能会有这样的想法：第二课时可集中精力完成一篇课文的讲读，课会上得很完美。而第一课时课文只上一半，有一种缺憾之感，不完美。其实这种想法步入了一个误区。公开课是平时教学的展示，平时上课能一课时上完吗？当然，第一课时如何安排，课文上到哪里颇有讲究。下面就继续以课文《秋姑娘的信》为例说明。

教师揭题后继续引导学生思考。

师：小朋友，秋姑娘给谁写信呢？再读读课文，找一找她给哪些好朋友写了信？

学生边讨论边交流，教师板书或贴示图片：大雁、青蛙、松鼠、山村孩子。

师：秋姑娘给四个好朋友写了信，写了些什么呢？今天这堂课我们就学习第2～5自然段。

第一课时就教课文重点段落。在这一课时中，教师完成第2～5自然段中的生字词教学，引导学生通过精读理解四个自然段的课文内容，熟读背诵，教学内容容量适中，效果很好。

有的课文，如二年级上册的《狼和小羊》一文中，狼三次找碴儿，教师在第一课时就讲2～5自然段狼的两次找碴儿和7个生字词，巩固复习时，重点按板书训练语言：狼两次是怎么找碴儿的？他找碴儿的目的是什么？（想吃小羊）最后以悬念结尾：那么小羊的命运到底如何呢？狼吃人的本性会不会改变呢？我们下节课再来探究。

所以，要上好第一课时，你还真得多动点脑筋呢！

（王美卿）

注：王美卿老师现年75岁，是江苏省首批特级教师之一。虽然早已退休，但她一直都没有退出过石梅小学，她帮助青年教师修改教案，还教青年教师怎样做班主任，而且为青年教师专门成立了一个"王美卿基金会"，以及一个方便青年教师切磋交流的"王美卿工作室"。这是新老石梅人精神传承的最直观的呈现。

好学校，从关注每个学生开始
石梅小学优质教育多元感悟

1990年的小小未来家合影

《石梅苑》编辑团队部分成员

创意展示：环保时装

王美卿（右起第三个）正在同石
梅青年教师交流

小草与大树

　　苏教版语文六年级十一册第八课《小草和大树》一文讲述了英国作家夏洛蒂三姐妹历经生活和文学创作的重重磨难最终成才的故事，宣扬了人在逆境中勇往直前、百折不挠的奋斗精神。文章以"小草"和"大树"隐喻，目的也在于此。

　　教完这一课，我的头脑里始终积郁着一个疑问：作者自然要通过夏洛蒂三姐妹成才的故事引领学生感悟主人翁的吃苦耐劳、坚韧不拔、不甘命运驱使等精神，并让读者领悟在逆境中只有具备坚强的意志和聪明智慧的人才可能拥有精彩的人生。这一点来说，故事命名为《小草和大树》无疑是积极的、正确的。

　　然而，从另一个角度想，小学高年级，是学生价值观和人生观初步确立的阶段，这一时期，任何"左或右"的思想都会直接影响他们某些价值取向。

　　文章标榜的"人不能做'小草'应该要做'大树'，做'小草'就是渺小的，甚至遭到歧视，而做'大树'就是伟大的，受人景仰"的价值观又会给年轻的心灵怎样的"启示"呢？我们知道人在社会中生存，只有职位高低之别，无身份贵贱之分。小草有它的坚韧，体现在它"春风吹又生"的强大生命力，它为大地带来的勃勃生机，滋养着万方水土，你能说它是"柔弱"的吗？

　　小草有它的包容，体现在它从不挑剔大地所赐予的生存环境，山坡上、深谷里、石缝中、悬崖边，只要有一缝一孔，它就能够顽强地钻出地面、呼吸空气、繁衍生息，这难道不是它的无畏、它的百折不挠吗？

　　小草更有它的奉献，一年四季，它总是默默地做着陪衬。春天，为了迎接大地百花的缤纷，它早早地铺设了一条绿毯，让那些所谓的"大腕明星粉墨登场"；秋天，瑟瑟的秋风吹过，它似乎接到了加急密令，赶着趟儿把自己弄得萎黄憔悴，在阵阵秋雨的催促声里，匆匆忙忙地隐退。冬天，我们踩着柔软的草叶在天地间目睹雪的纯洁。一颗鲜活的雪珠跳进了草堆，转瞬间就消失了，我们调皮地扯起那松松垮垮的萎叶，将他们抛到山林村野……来年，它又是一片绿油油。

你看，草有草的用处，树有树的价值。社会需要"大树"，当然也需要"小草"，一味地放大"草"的柔弱、漠视其生命中许多本真的东西，这不是科学的思维方法，更不是科学的世界观。

我将这篇小文放在博客上，有些老师或其他职业的朋友都发表了自己的看法，采撷几个放这里，与您共勉。

网友一：说得好！

人们总是习惯按照强者的意志来为这个世界排序，对生命本真的漠视，是一种思想的荒芜，甚至是一种悲哀。在孩提时代培养正确的人生观、价值观尤其重要。为人师者能有这种态度以及思考是孩子之福，国家之幸。

网友二：自然中，小草不以大树而惭愧，大树不因小草而高傲。小草都成了大树，那还了得？人因为思想的存在而妄自尊大，分别高低贵贱，以人自我的妄心，剖判自然之道，强插人意，差矣。

"和谐社会"，"和谐"二字讲得好。我们习惯于"高大全"，其实，小草就是小草，大树就是大树，这才和谐。

网友三：许多时候，人，总是功利的。于是，才有了这样的现象：所有的人，都被教育成应该成为一棵顶天立地的大树，而忽视了这个世界同样需要小草的清新的润泽，天地才有了芳香，世界才因此丰富。

（钱静霞）

爱，于无声处

连续几年担任高年级的班主任，我觉得自己对为人师者的认识发生了很大的变化。如果说，在低年级和中年级，教师充当的是良师的角色，那么，高年级的班主任更多时候是以益友的身份出现的。

高年级学生自主意识逐渐增强，喜欢用批判的眼光看待其他事物，有时甚至还对师长的正当干涉反抗抵制，因此，压制不是一种行之有效的办法。很多时候，我喜欢推心置腹地和学生谈心。所谓推心置腹，就是我弯下腰，俯下身，以朋友的身份，和孩子们谈心、交流。

最初的一年里，孩子们会不断地在同一个地方摔倒，我则爱怜地扶起他们，一遍又一遍地告诉孩子，什么是该做的，什么是不该做的，并严厉地指出他们的错误，给他们提供一些改正错误的方法作参考。给学生机会，让他在错误中吸取教训，坚持以耐心和爱心感化学生。我常常会在品德课上，和学生讲述发生在他们身上的故事，与他们一起评论对错，明辨是非。正是一个个小故事，让学生逐渐学会关心、学会珍惜、学会感恩。

片断1：

上学期期末，因为声带的原因，我的声音沙哑，以致教学过程中经常要暂停几次。看着台下学生担心的眼神，我真的不忍心因为自己的原因而影响孩子们的学习。我努力调整着自己温柔的声线，尽量让教室里的每一个孩子都能听清楚。教室里很安静，孩子们都在专注地听讲，偶尔有几个开小差的，遇到我狠狠地一瞪眼，心神便在顷刻间飞回教室。不过，还有几个学生，依旧在教室里我行我素。见此情景，我放下书本，对同学们说："老师的嗓子不是特别好，所以声音很柔和，但是看到大家那么体谅我，我很高兴。大家听得真仔细，老师真感动。"那几个孩子抬头看看我，马上便融入了集体活动中。

本以为，这样的小插曲在我的巧妙引导下已结束，然而，事实并非这样。第二天早上，当我踏进办公室，我的桌子上赫然放着一盒"银黄含化片"，盒子的包装纸上，是小姑娘清晰的字迹——祝姜老师早日恢复健康！一种感动骤然在心底蔓延。怀揣孩子们的爱走进教室，几乎同时，我又发现了讲台上那盒"西瓜霜喷剂"。四下里张望，看见了教室末排那个脾气最偏的男生的羞涩而躲闪的目光，我心里顿时全明白了。

多可爱的孩子啊！原来，在他们小小的心里也是懂得爱的，只是他们都不善于表达。一个小小的细节，让我明白了他们对老师的爱。

片断2：

迎新年的活动正在如火如荼地开展，队员们兴奋地表演了丰富多彩的文艺节目。活动接近尾声，我们的主持人——文静的棵儿此时已一扫往日的腼腆，突然，她爆出一句："下面，我们欢迎姜老师来表演个节目。大家说，好不好？"

我的脑子里顿时"咯噔"一下出现一片空白,太意外了。孩子们事先都没和我商量,让我即兴表演?我表演什么呢?我正愣神的工夫,底下的孩子就闹开了。"老师,来一个!"欢呼声此起彼伏。正踌躇间,棵儿说话了:"老师的嗓子不太好,我们也不要难为她了。"一句"不要难为她了",让我的心猛地颤了一下。谁说孩子们不懂得感恩?在集体的耳濡目染下,孩子们都懂得了感恩,懂得了爱他人。

片断3:

这学期,我不再担任班主任。但是孩子们的爱消除了我心底小小的失落。校运会前夕,和学生在教室里谈心,我刚开口:"孩子们,虽然我不再是你们的班主任,但是班级的事情……"孩子们接口就说:"老师一直在管。"我不禁莞尔,孩子们的脸上也洋溢着笑容。我继续说:"我和你们的班主任张老师是好搭档,我有遗忘的事情,他会提醒我;他忘记了什么事,我也会关照他。老师希望同学们也互相帮助,互相关心,争创优秀班集体。"孩子们乐呵呵地鼓起了掌。那一刻,我感到了大家的心贴得很近。

片断4:

校运会上,我负责带班。偏偏我又是个闲不住的人,一会儿抽调拉拉队员去助阵,一会鼓动学生喊"加油",忙里偷闲,我还要亲自去"督阵"。

跳高比赛现场,气氛异常热烈。我大声地对小宇说:"别慌!速度要快,靠近竿子跳!"这样的指导似乎让人摸不着头脑,但是小宇明白,他使劲地冲我点点头。目光交汇的瞬间,我分明看到了孩子的信任与依恋。跳过一个高度,我会拼命为他鼓掌;暂时失利,我会冷静地指出问题,让他把握下一个机会。

小吴同学是男子扔垒球的头号选手。别看他平时沉默寡言,一扔起垒球却神采飞扬。比赛前,我还是仔细叮嘱了几句,还开玩笑地和他说了一句:"小吴,加油啊!争取得第一!"孩子目光炯炯地盯着我说:"好的,老师!"小伙子掷地有声的回答似乎还在耳边回荡,转眼,他就捧回了第二名的奖状。

一路走来,这样的故事举不胜举。以前总有"不识庐山真面目,只缘身在此山中"的感慨,当我全身而退时,却发现了这些别样的精彩!感谢我的学生,愿他们在以后的生活中续写爱的传奇。

(姜　僖)

有一种爱需要等待

阿杜是我从教十多年来接触的第一个台湾孩子，他上学期转学到我的班上。他是一个很普通的小男孩，举手投足间总带着点腼腆，嗓音略带沙哑。那时我从未想过他会在我的教育篇章里留下些什么，可是今天，我却觉得遇见他是一种庆幸，因为他让我第一次体会到等待也是一种幸福。

上学期，阿杜在开学的第二天就让我对他刮目相看了：老师布置的所有需要回家做的作业他只字未写。得知这一消息时我足足愣了1分钟才回过神来，我问他："你为什么回家不做作业呢？"他竟然也足足愣了1分钟才微笑着反问了我一句："要做什么作业啊？"我好不容易稳定情绪，深吸一口气对他说："你知道老师布置的回家作业都是要回家完成的吗？"他继续浅浅地笑着，低低地回答我："我不知道啊！我以前回家不用做作业啊！"他的眼睛纯净透明，丝毫看不出故意犯错的痕迹。我于是只能叹口气，感叹台湾孩子学业轻松的同时，也不忘告诫他在这里学习的种种规矩。他的脸上始终保持着笑容，不断点着头。我以为点头一定是明白了的意思，但过了一天后才发现，原来他的点头不具有任何意义——他依然我行我素，不做作业。

这样的情形持续了有大半个学期。这期间我们几个老师只要一不留意，他就会整天不交一本作业，或者第二天来上学什么作业也没做。更气人的是，每天早上当你已经在班级里跟孩子们完成了不少习题，或者已经讲评了不少重要作业的时候，他背着书包不紧不慢地站在教室门口，笑眯眯地、一脸无辜地望着你那张乌云密布的脸，不厌其烦地听完你的"劝学篇"，然后以一副悠然自得的模样开始一天的学校生活。

我为此跟阿杜的妈妈交流过好几次，每次跟她谈话，就觉得自己置身于台剧的情节中，听着杜妈妈一口纯正的台湾普通话，心里想着这声音好像某某台剧中的某人，郑重其事的家校联系总会因此而削弱了气势。再加上我知道阿杜还有两个弟弟，三个孩子都在这所学校读书，想想杜妈妈哪有那么多时间和精力跟他们一一斗智斗勇啊！所以，阿杜在近四个月的学习生涯中，反复上演着他的迟到和拖拉作业的故事。

那时候我对他的印象可以说是极差，以至于面对他每天早上遇见我时九十度鞠躬并问好而无动于衷；每次分饭时把汤递给他，对他真诚的一句"谢谢老师"也充耳不闻；偶尔在校门口看到他对两个弟弟嘘寒问暖却视而不见……

有一天，我终于对阿杜第 N 次的不做作业忍无可忍，在电话里对他的妈妈大发脾气，电话那头的杜妈妈却用她台湾女人特有的温柔和忍让的语气，让我好好地正视了一回自己急躁的毛病，也开始静下心来试着等待，等待阿杜学习态度的转变。

学期快结束时，阿杜的学习有了明显的进步，我抓住契机多次在班级中和私下里表扬他。他还是那副悠闲的表情，但是我能感觉到，他已经慢慢地融入了我们石梅、我们班级这个大家庭，我知道，我的等待不会遥遥无期，它应该就在眼前了。

新的一个学期到来了，我又见到了阿杜——还是见到我会九十度鞠躬并问好的他，还是从我手里接过汤时要道"谢谢"的他，还是对两个弟弟爱护有加的他。但是，他变了。课堂上的他眼里闪着智慧的光芒，总能看到他的小手在课堂上第一个高高举起，回答问题时虽然有点害羞但总能得到大家的承认和赞许，作业总能和其他孩子一起早早地交上来，黑板上拖拉作业的名单里再也没见过他的大名，早上他踏着晨曦走进教室，那时候教室里只来了一半的孩子。阿杜变了，他的改变让我惊喜。我这才醒悟过来，其实他从来不曾故意违背过老师的要求，只是学习环境变了、生活环境换了，年幼的他，因一时无法适应而用逃避学习来保护自己吧！

那么，是什么改变了他？也许，是时间，也许，是我们老师的等待，一种叫做"爱"的等待。

阿杜让我在从教的第十三个年头学会了等待。课堂上，我不再为了因一个问题的冷场而批评责备学生，不再为了某个孩子的屡教不改而恨铁不成钢。我享受着等待的乐趣，感受着等待的美丽。我相信，春的播种总会有秋的收获；我相信，经历风霜雨雪后，每一朵花蕾都会绽放出最美的花朵！

（钱继芳）

新教材，想说"爱你不容易"

　　新课程实施了那么多年，我一直在学习着，实践着，虽然也磨合了多年，可还是有"不识庐山真面目"之感。新学期第一单元的"方程"就给了我一头雾水的感觉。

　　在过去的小学数学教材里，学生是应用四则计算的各部分关系解方程。回忆自己以前"解方程"的教法，一般也是要求学生抓住算式各部分之间的关系来想，先看 x 作为什么出现，根据哪个关系来做，学生通过一定量的练习往往掌握得比较好。但现在教材的编排意图是怎样的呢？和以前的教学要求又有怎样的区别呢？带着种种疑问，我仔细阅读了教材分析。

　　和以往的教材相比，新教材中解方程的方法改变了过去"应用四则计算的各部分关系解方程"的教法，因为这样的思路只适宜解比较简单的方程，而且和中学教材不一致。课程标准从学生的长远发展和中小学教学的衔接出发，要求小学阶段的学生也要利用等式的性质解方程。

　　诚然，从知识的体系来看，利用等式的性质来解方程，确实对学生的后续学习有帮助，这样的方法一定要教，而且一定要让学生学好。那如果出现"□$-x=15$""□$\div x=5$"此类题目怎么办？用等式的性质来解确实难讲，如何处理？我仔细学习了教材，在第一单元的解方程的题目中没有出现类似题目，那是不是这样的题目就不必再教？如果练习中或考试中出现这样的题目就以教材没有要求而开天窗，行吗？带着这样的困惑，研究教研室发下的配套练习册《天天练》，在第一页上就出现了"$6.2-x=3.5$""$10-x=9.8$"这两道题目，不做吧，好像不可以；做吧，是否加重学生的负担？

　　和同轨老师共同探讨后，我们一致决定要补充，但要考虑在不加重学生负担的基础上适当补充。在教学时，我分成了几步：第一课时重点研究"利用等式性质解方程"，让学生思考怎么做可以使方程左边只剩下 x，使学生掌握应用等式性质解方程的方法，但所有的练习中不出现"□$-x=15$"这样的题型。第二课时在第一课时的基础上教学，出示"□$-x=15$"这样的题目，学生发现用等式性质解答有困难，这时教师再介绍"应用四则计算的各部分关系解方程"的方法，并告诉学生如果碰到这样的题目，当用等式性质解答有困难时，可以用这样的方法解答。从学生后来的练习反馈的情况来看，学生能够基本掌握这种方法。

其实，在新教材中，很多知识该教到什么程度合适，确实让人有点模棱两可，教师讲解时有困惑，过之唯恐增加学生负担，不及又怕影响学生后续发展，只好边教边想，且行且思，只好在不加重孩子负担的前提下，努力让他们得到更好的发展吧！

面对新教材，在素质教育与应试教育的夹缝中生存的老师们，真想说一句"爱你不容易"啊。

（秦黎桢）

答案的天平需要"情味"

镜头：课堂上，你努力引导学生思考，在你认为是提问的最好时机时，却发现被提问的学生完全是答非所问。也许你会很生气，认为之前讲得那么清楚了，居然还回答得那么不着边际，一定是上课没有认真听。他的答案在你心中便会牢牢地定格在两个字上：错误。在粗暴地打断他后，或许你会让那个学生马上坐下，换其他学生回答，一直到说出你心中的"标准答案"为止。于是，"教师执著地问，学生胡乱地蒙"便成了课堂中一道独特的"风景线"。

其实，细想一下，教师们大可不必如此在意学生答案的"对"与"错"，答案的天平也许本身就没有那么精准。

理由之一：学生不是相同的树叶，而是生命的个体。

莱布尼兹说过，世界上找不到两片完全相同的树叶。孩子也一样，他们都是一个个完全不同的生命个体，都拥有属于自己的思维逻辑。因此，他们会用各种不同的方式来解读课文，也会用各种不同的语言来诠释发现。这就免不了会时常出现与教师心中的"标准答案"背道而驰、答非所问的现象。其实，这种现象是正常的，如果没有，在一定程度上反而是不正常的。因为只有这样，才会有教师的点拨、引导，才会有教育机智，才会有对学生真正

167

的宽容、爱护、期待和珍视。

试想，如果我们的课堂上只能听到一种声音，看到一种答案，那么，智慧的幼芽不就会在这种"精品标准化教育"中被扼杀了吗？换个角度来看，也许我们会发现学生的想法是个很不错的奇思妙想。即使是幼稚的，即使是真的错了，也不可以轻易扼杀，否则学生们就会总结"经验"，向圆滑靠拢，失去他们率真的天性。

所以，作为教师的我们要学会不以习惯的思维方式去理解我们的孩子，更不以太多的条条框框去约束我们的孩子。而应"该松手时就松手"，要努力学会为他们创设个性化的学习空间，允许个性，鼓励个性，珍视个性。"只有拥有了生动活泼的个性化的学生，才会拥有生动活泼个性化的课堂。"

理由之二：答案不是对错的天平，而是思考的见证。

语文，承载着人类文明的精华。美妙的故事、精湛的语言、丰富的内涵、广阔的视野构成了它独特的人文气息与强烈的吸引力。可在传统的语文教学中，教师却过多地充当了"由一批躲在书斋里的专家学者编撰出来的教学参考资料的传声筒，而学生则沦为了教师嘴巴里的标准答案的静电复印机"——静静地不假思索地把答案抄到自己的练习本上去。孩子是都能答对了，可思维的火花也因此暗淡了，个性的羽翼也因此被系上了冷漠的绳索。

谁都知道，最奇特的想象、最纯真的愿望、最瑰丽的梦想、最细腻的心事都在孩子们的心里。而太多一锤定音的答案，恐怕只会把孩子们的脑袋锤得铁跎般坚硬。所谓"仁者见仁，智者见智"，追求纯而顺的结果，不是教学的使命，思考的过程才是最应珍视的。即使错误又何妨，并不是每个问题都一定需要所谓的标准"答案"，过于执著，不但禁锢了学生的思维，也麻木了教师的热情，更封锁了教学的情趣，败坏了语文的滋味。神奇的视野、美丽的幻想、探究的欲望才应是人类生命中最美丽的花朵。

（刘秋霞）

生命的 "内不化"

读过这样一句话：山坡上开满了鲜花，但在牛羊的眼中，那只是饲料。很精辟！生活中的美好，从来缺少的都是发现的眼睛、享受的心灵。于牛羊而言，饲料是有用的，是可充饥的，带着功利目光来衡量，鲜花就被"物质化"了。这本无可厚非，但当越来越多的功利需求冲击我们的心灵，越来越多的家长教师将此需求转嫁于孩子们身上时，我们的孩子便开始去接受很多本该是"鲜花"的"饲料"。无味、无趣、无奈。

同事叶老师讲起的一件辛酸往事也触痛了我的心：又一次考试结束了，拿着那张仅为"1"分的考卷，叶老师有哭笑不得的感觉。无奈之下，他和家长、学校沟通，商量是否需要做一下 IQ 测试。家长同意了，却又在测试的前一刻犹豫了。那是怎样的犹豫、怎样的心痛啊。想着自己的孩子有可能从此被贴上另类的标签，想着自己的孩子有可能从此遭受异样的目光，想着必须面对承认自己孩子的"与众不同"，家长怎能不犹豫、不心痛？而做教师的又何尝不是如此啊？想着即使在尽力保密却又难免会有疏漏，想着孩子的心田从此会受到创伤，想着不这么做又能怎么办的无奈，不犹豫不心痛是假的！可是，再想想那个孩子，那个孩子将要面对的是什么呢？本该是自在的童年时光，本该是快乐的学习生活，本该是满心的天真烂漫啊！

另一个孩子与之相似，却有着截然不同的遭遇，这个故事来自于一篇名为《我所依赖的公立教育》的文章。作者记录的是自己的亲身经历——丈夫在美国深造，因为工作极其出色，受到了国内中科院回国工作的邀请，但这位妻子权衡再三，还是选择了放弃回国的优厚条件，原因是他们有一个智力发展迟缓的女儿，而这个智力发展迟缓的孩子在美国学习得非常快乐，这种快乐除了来自父母的关爱，更来自社会、学校给予的呵护与肯定。这位母亲感慨着，每次去学校，老师总是对她说，你的孩子很好，能成才的。这位母亲感动着，每天，她的孩子都是那么快乐，相信、憧憬着自己的未来！

情况相似，结果却如此不同啊！

同样的生活，同样的学习，同样的鲜花，我们的孩子每天是带着怎样的心情在欣赏，在享受啊？

就让我们无情地把目光从这类"特殊学生"身上移开吧，那么，其他的孩子呢？

一年级办公室，老师们拿着刚刚结束的期中测试卷在感慨，"秋天的稻穗（　　）"，让孩子们填上的词语是"金黄金黄"这样的叠词。词语很美，意境很美，但，唯独没有关注的是孩子们对于"秋天的稻穗"的理解。可怜的孩子眼巴巴地问监考的老师，什么是稻穗？而我们的老师是不能违背考试制度告诉他们的。就这样，秋天的稻穗有的成了"雪白雪白"的，有的成了"火红火红"的！一点也不好笑，真的，一点也笑不出来！当一年级的孩子刚进校不久便考着单韵母、复韵母时；当二年级的孩子在苦苦地分析着短文，做着阅读理解时；当三年级的孩子洋洋洒洒地写着长篇大作时，我真的无法为这些孩子的能力、学识欢欣喝彩！因为，为此，他们每天在咀嚼着"饲料"！

很多人，很长时间以来，都如我这般有着很多的无奈甚至埋怨，然后，便是矛盾着痛苦着继续前行，因为，我们总以为我们的很多做法的出发点是好的，最终显现的结果也是好的。

但是，真的是好的吗？

一直记得惠特曼的那首小诗：

有一个孩子

向最初的地方走去

那最初的

便成了孩子生命的一部分

……

孩子成长的每一天从来都不是孤立存在的，都将是他完整生命的一个部分；而这每一天成长的方式，也必将关乎他一生的生活方式。只有每天的快乐，才能造就一生的幸福；只有每天的自由，才能成就一生的丰满；只有每天拥有心灵原野的鲜花，才能培植馨香四溢的心灵花园。

不能想象，那群在低分面前苦苦挣扎的孩子会有多少快乐的学习记忆；不能想象，那群在奥数、作文、书法、钢琴等各类补习班间奔波的孩子会有多少快乐的学习记忆；不能想象被迫接受各类"饲料"的孩子会有多少关于

好学校，

从

关注每个学生开始

石梅小学优质教育多元感悟

鲜花的美丽记忆；更不能想象那个一旦真的进行了 IQ 测试的孩子会有如何不堪的学习记忆！

不能，我们真的不能让我们的孩子留有这样的学习记忆，哪怕打着为他们好的幌子！

不能，我们真的不能培植孩子们这样看待生活的心态，哪怕心头隐隐作痛！

生命，该有自己的"内不化"！生命，该有自己的坚持！教师的生命，更该有自己的原则！认为不该做的，就坚持着别做吧，哪怕这有可能会影响什么功利目标；认为该做的，就大胆地做吧，哪怕它在短时间内看不到什么有效的回馈。

因为，我们的生命坚持，是关乎孩子生命发展的。

因为，我们的生命坚持，是烛照着孩子美好明天的。

因为，我们的坚持，能让孩子眼里、心里盛满天真烂漫！

（曹丽秋）

打开课题研究的另一扇窗
——"微型"课题研究

当课程改革之风吹遍校园的每个角落时，教育的"专制"制度逐渐瓦解，教育的状态从封闭走向开放，教育的关注从专家走向教师，教育的课程从文本走向生活……在此春风吹拂之下，教育科研也改变了原来的模样和姿态，以一种拥有无比亲和力的方式走进了教师的日常教育教学工作中，甚至成为教师工作中不可缺少的一种行为，也因此，"草根研究"开始慢慢植根"石梅园"中。

关键词，引领课题研究的方向

我校"十一五"主课题为"构建适合师生发展的校园生活"，此课题研究内容宽泛，涉及学校方方面面的工作。为了使教师有更好的研究抓手，学校确定了每学年研究的不同的关键词，教师根据学校提供的研究菜单自主开发研究主题，拟定课题实施方案，学校将此方式定为教师"微型"课题研究。

第一学年，学校确定的关键词为：快乐、创新、课堂。

（1）快乐——让学生快乐学习，让教师快乐从业。人性中最本质的需求就是渴望得到快乐，快乐是我们生命中不可缺少的阳光、空气和水。快乐可以使我们的学习变得越来越轻松愉快。现在，许多学生上学后感到学习是一种苦难与折磨，应试的重压已经使人世间最美好的教育渐渐地远离了生活，远离了大自然，远离了快乐……因此，"微型"课题研究要让每位师生在每天早晨拥有最好的期待心理，具有最好的探求心态，教师快快乐乐地教，学生快快乐乐地学，拥有真正持久的快乐。

（2）创新——让师生展示个性，让创新弥漫校园。创新是具有现实意义的教育理念，创新学习要求师生双方在学习过程中，不拘泥书本，不迷信权威，不墨守成规，要结合学习实践和对未来的设想，独立思考，大胆探索，组织（参与）具有新思路、新问题、新设计、新途径、新方法的学习活动，从中寻找张扬个性的发展空间。

第二学年，学校确定的关键词为：体验式、生成式、探究式、课堂。我们还是立足课堂教学实际，从三个不同的角度进行实践。

（1）生成式、问题化教学设计。重点在数学学科中开展研究。问题化教学是指以问题为中心的教学，它是把教学内容化做问题，把学习置于复杂的、有意义的问题情境中，学生则充当积极的问题解决者的角色，直接去面对反映真实世界情境的问题，在问题求解过程中发展各方面的能力。

生成式课程是"动态生成"理念的一种诠释，它不是机械地按原先确定的一种思路教学，而是根据学生学习的情况，及时捕捉那些无法预见的教学因素、教学情境等动态信息，利用可生成的资源来不断创新课堂，以满足学生自主学习的要求。它强调课程计划要基于儿童和成人的日常生活，特别是儿童自己的兴趣，因此，"利用疑点""捕捉错误""关注差异""开放设计"是建构"生成式课堂"的可行之策。

（2）体验式教学策略。重点在语文、艺术、体育学科中开展研究。"体验，就是亲身经历，就是联系自身的体味"，它具有亲历性、内发性、独特性等特征。"体验式教学"非常重视学习主体的直觉经验，强调让学生亲历阅读实践活动，与文本"亲密接触"，发生"内在意义的交流"（即"对话"），从而满足其强烈的好奇心和探究欲望，使其产生具体真切的心理体验，进而使他们的语文素养得到多方位的培育。

（3）探究式学习方式。重点在科学学科中开展研究。探究性学习是一种积极的学习，主要指的是学生自己探索问题的学习方式。它强调要由学生自己去发现问题，去思考怎么做，而不是由教师教给他们已经思考好的现成结论。教师作为指导者和引导者，启发和诱导学生，并为学生创造良好的学习环境，让他们自己去发现问题、提出问题、分析问题和解决问题。学生在探究过程中有多层面的活动，包括通过观察、浏览书籍和其他信息资源、调查研究、实验来收集、分析、解释数据，得出结论或作出评价，以及交流结果。

第三学年，学校确定的关键词为：生命化、人文化、课堂。

生命化课堂就是能尊重学生的需要，完善其生命的发展，提升其生命的意义，引导学生全面而和谐、自由而充分、创造而富有个性地发展的课堂。生命化课堂不是某种教育模式，而是一种新的教育理念。

生命化课堂必然是有效的课堂。课堂中，教师不是按部就班地完成自己的教学任务，而是通过各种方式，激发学生思维的火花，在课堂中创生出新的教学目标。每一节课应是师生、生生共同启发、共同探讨、共同分享、共同创造的一个美妙的过程。当然，这种生成需要教师及时捕捉具有探究意义的转瞬即逝的教学资源，而不应让学生牵着鼻子走，迷失了方向。

生命化课堂必然是和谐的课堂。生命在宽松和谐的氛围中才能被激发出自身的潜能，获得快乐的成长。而师生关系的平等，师生、生生的有效互动是快乐成长的基础。生命化理念下的"平等、共享"要求师生彼此敞开心扉，开诚布公，平等互动，共同分享。在"平等、共享"的课堂里，学生是学习的主体，是知识的发现者、构建者，教师承担"人格引领"和"学业指导"的责任。

"微型"课题，揭开课题研究的神秘面纱

对于长期从事一线教学工作的教师来说，课题研究往往像是"高不可

越"的门槛。因此，课题研究如何真正走近一线教师也成了学校管理职能部门研究的课题。在近两年多的课题实践过程中，学校教科室积极组织教师开展"微型"课题研究。这也成为学校教师开展课题研究的主要方式。

梅香满园——《梅寒集》，记录最真童言童语

习作是学生的"老大难"问题。有的学生甚至仍停留在两耳只听"师说"，停留在仅读语文书的阶段。每次遇到写作文，他们手中的那支笔就会变得沉重起来。想写，无东西可写，于是编假话；想说，不敢吐真言，于是说假话。他们从一些"优秀""经典"的作文书上生硬地摘抄一些，或寥寥数语，或词不达意。

若能让作文生活化，让学生走出课堂，观察生活，积累生活，体味生活，丰富语言的积累，以童心、童真、童趣、童言来享受习作的快乐，他们的作文必将会有"柳暗花明又一村"的新境界。

于是，刘秋霞老师，一位普通的语文教师，把自己"微型"课题的研究视点根植于此，萌发了创办班刊的念头。那一年，孩子们三年级。班刊取名为《梅寒集》，刘老师希望能通过班刊建设，以文化来凝聚人心，以品味来涵养情操，提高班内学生的文化素养和审美情趣。

《梅寒集》的主办单位为整个班级，联合单位是学生家长团。为了《梅寒集》的组稿能保质保量，除了课本上的习作和征文以外，刘老师还在班级中开展了"轮流日记"的活动。每天请班里的8位同学在指定的轮流日记本上记下当天有意思的所见、所闻、所感。题材、体裁和字数都不限。老师、家长及时给予简短的评价和鼓励。优秀的作文就可以第一时间被《梅寒集》选用。事实证明，一份小小的刊物大大增强了学生的写作热情，使学生的作文有了长足的进步。

（供稿：刘秋霞老师）

情趣口算大练习——口算进行时

低年级数学教学中，口算占着很大的比重。为使学生能把口算这一基本技能练扎实，也为了提高他们在训练中的兴趣和积极性，陈芝娟老师开展了

一系列的活动与竞赛，并给这一活动提出了一个响亮的口号：口算进行时。

口算进行时之一：班级口算升级活动。

低年级学生是天真听话的，又是调皮淘气的；是争强好胜的，又是不太能受苦受累的。针对他们的这些矛盾特点，陈老师把教室变成一个"口算的战场"，把一道道口算题当做一个个"敌人"，而学生自然而然就成了一个个"士兵"。如果能在"战斗"中把"敌人"全部消灭，那这位"士兵"就能进行升级。升级次序从"士兵"开始，依次为班长、排长、连长、营长、团长……一直到司令、将军。孩子们个个劲头十足，在心中埋下了一个执著的想法：我一定要当上"将军"，而且要当个"常胜将军"！

口算进行时之二：口算练习小游戏。

现在的小孩子没有几个不会打游戏。游戏，是孩子们的一致爱好。陈老师精心设计了一个针对表内乘法口算练习的小软件。它可以自行选择练习的范围，比如前阶段学习了1～6的乘法口诀，那就可以输入"1"和"6"确定乘数范围，单击"刷新"按钮后，电脑就会随机出示30道乘法口算式。学生可自行答题，输入得数后，电脑会及时批改。如果出错，电脑会予以提醒，可重新答题，最后还可查看得分情况，而且这个练习可反复使用。

陈老师将这个小练习放在博客上，请家长下载后让学生在家练习。好多家长高兴地说："这个小练习挺好，孩子觉得能在电脑上做口算是件特别兴奋的事情，做得也格外认真和仔细。"

（供稿：陈芝娟老师）

开展"微型"课题研究，是学校教师踏上"草根研究"之路最为实际的举措。"微型"课题研究不仅使教师成为共同成长的伙伴，更成为走在同一条道路上的朋友。大家互相支持，互相鼓励，一路微笑相伴，收获的不仅仅是"问题"研究之后的精彩"答案"，还有"答案"背后的许多经验、进步等。

如今，在"微型"课题研究领域继续探索的石梅人将一如既往地立足实际，用心演绎自己的一个个"草根"神话，为石梅教育的品牌增添更多绚丽色彩。

（贾 怡）

"快乐与创新"讨论沙龙纪实

快乐是一种优雅的心态，是一种没有牵挂的专注，是一种闪着寂静、淡定光芒的从容与和蔼。快乐的教育凸显人文情怀。

创新是一个民族进步的灵魂，是一所学校永葆生机的源泉，是一个人开放思想、获取自由的独特路径。创新的教育渴求"生命在场"。

时间：2007年3月29日晚

主题：快乐与创新

参加人员：校长室、教导处、教科室、德育处、课题组其他成员及上海师范大学的研究生

记录：曹丽秋

高丽：为了积累身边鲜活的案例，共同探讨课程改革的方法和措施，提高教师的业务水平，我们特举办沙龙活动。今天的主题为"快乐与创新"。

举办沙龙活动，不是为了消磨时间，不是高谈虚空的理论，而是为有所得，出实效。我们的终极目标是充分利用这种形式，利用这个舞台，促进教师间的学术研讨和沟通，使教师焕发教学科研的热情，成名成家。

活动中希望教师做到：敢于表达，善于发言，谈一些身边的事；活动后要及时整理成文，可以几个老师合作就同一个话题进行整理。

秦黎桢：《读者》杂志上曾经介绍过这样一位老师，他叫桑尼，澳大利亚人，性格很开朗，言谈举止很像一个小孩子。他的课堂严格地讲，不能称之为课堂，因为在他的课堂上，孩子们自由自在，可以随意走动，互相探讨问题。他从不指责任何孩子，对孩子总是温和真诚地纠正和热情地鼓励，孩子们亲切地称他为"阳光老师"。有人问他，这样的教学会不会太放纵孩子？这样的课堂孩子能学到东西吗？他说，如果孩子们上课时连身心都不能放松，他们的思想怎么能够放飞？他们的智慧和灵感怎么能够被激发？

成为一个理想中的阳光老师，你该做些什么？

请看下面几组镜头：

镜头一：帆帆是班上很调皮的孩子，每天拖拉作业的名单中总有他的名

字，他喜欢上课玩橡皮，招惹同桌，有时甚至会超出河界，影响边上的同学。上学期刚接手新的班级时，我的目光一下子就被他吸引了。我开始有意无意地接近他，让他帮我到办公室拿东西，找他借学习用品，上课时挑简单的问题请他回答，他回答对了，我总是给予真诚的鼓励。过了一段时间，我发现，他上课坐的姿势端正了，眼神里充满了对学习的渴望。由于他妈妈工作的关系，放学后他总是在教室里等妈妈来接他，最让我欣慰的是，那天他急匆匆地冲到我办公室，和我说："老师，我的回家作业已经做好了。""是吗？那老师今天奖励你，帮你先批。"我边批改，边耐心地给他讲解。看着他入神的样子，我很高兴。现在，在数学课上，帆帆学得非常认真，虽然暂时还没有达到他给自己定的"数学测试每次都达到 95 分以上"的目标，但是，他的努力和要求进步的精神让同学们都非常佩服。

　　镜头二：小菊是一个很可爱的小女生，见到老师总是微笑着点点头，然后是一句甜甜的"老师，您好"。刚接手新班级时，她的活泼可爱，她的讨人喜欢，让我一下子认识了她。接着发生了一件小事。学完第一单元后，我进行了测验，小菊考得很不理想，当我吩咐学生把试卷发下去后，她偷偷地来找我了，她来到办公室，问："老师，您能不能出来一下，我想和您商量一件事。"看她吞吞吐吐、神神秘秘的样子，我猜测她可能因为考得不好，有点想法，想和我交流一下。接下来她的要求让我大跌眼镜。她的要求就是让我帮她保密，包括同学和家长。我想了一下，答应了她的要求，但是我也提出了我的想法，那就是正视自己的学习成绩，失败一次不要紧，关键是如何面对。后来，小菊的表现的确没有让我失望。

　　分析：现在，学生接触信息的渠道很多，来自各种媒体的信息让人应接不暇，有时候学生知道的教师却并不完全知道，这样的情况已经非常正常。另外，随着年级的增高，学生的自我意识不断增强，仅仅靠所谓的"师道尊严"已经不能让学生折服。因此，教师要想方设法，根据学生不同的特点，给学生以真诚的鼓励和帮助，使学生积累更多的学习信心。帆帆的进步，让我深刻地体会到教师要有母亲一样的情怀，给学生多一点阳光，他们就会多一份灿烂。小菊的要求，让我知道了要从孩子的视角出发，不妨蹲下身看看，想想，灿烂定会不期而至。

　　如果每个孩子都是一棵向日葵，那老师就做那一抹阳光吧，因为有了你

第五篇　争鸣研究

让另一种声音执勤

177

的照射，你的学生才会在快乐中学习，在快乐中创新，在快乐中超越。

听过这样两句话："假如是我的孩子"，"假如我是孩子"，细细品味，的确值得我们深思。只要有这样的情感体验，那我们对学生就会少一份苛求，多一份理解；少一份埋怨，多一份宽容；少一份指责，多一份尊重；少一份失落，多一份希望。

让阳光普照我们的心灵！

邵俐伽：儿童对美有一种天生的需求，当他们看到一朵小花，一只飞蝶，往往会驻足凝视，并想获取它，那是因为这小生灵的美吸引着他们。美对于儿童确实有无穷魅力，甚至有一种强烈的感召力，凡是美的，儿童就会被吸引，就会沉浸其中，身心感到无限的畅适、愉悦。因为孩子作为审美主体，在审美感受中需求得到满足，因此产生欢愉感，思维也在无限自在的心理世界中积极展开，潜在的创新的种子就易于在这宜人的审美场中萌动、发芽。寒假我阅读了一本法国作家圣·埃克苏佩里创作的童话故事《小王子》，小说的主人公是个飞行员，他在大人世界里找不到一个说话投机的人，因为大人都太讲实际了。六年前他因飞机故障迫降在撒哈拉沙漠遇见小王子，神秘的小王子来自另一个星球。飞行员讲了小王子和他的故事。可以说，这本书让我看到了一个孩童的最朴实的灵魂，孩子应该是纯真的、直观的、感性的，故事中的小王子一直无法理解为什么大人总喜欢数字，例如说起一幢房子，大人会问，值多少钱，有多少平方米，仿佛到达了一定的数值，他们就会感到它的美好，而小朋友更关心屋子是否有粉红色的墙壁，透明的玻璃大墙，种满鲜花的大院子。我想孩提时代就该是这样纯真美好，故事中的小王子可以表示他的喜好，而现实中，我们的教育对孩子强加得更多。我们常说，蹲下来看孩子，读了这篇童话，我觉得做到这样不容易。有时，我们会更喜欢想我们需要孩子是什么样的，教材任务如何完成，而不去考虑孩子的成长需要什么，我们能给他们什么帮助。

回过头来说语文，我觉得语文应该是一门能与儿童贴心的学科，其愉悦的审美感受，影响着儿童的想象、情感及行为。因此在一切教学活动中，美，无处不显示出一种积极的驱动，无处不产生对儿童智慧的启迪，对儿童心灵的润泽。那么在教学过程中，怎么使学生获得审美愉悦呢？我想老师就应该扮演美的传播者，选择美的教学手段，运用美的语言，去再现教学内容

好学校，从关注每个学生开始

石梅小学优质教育多元感悟

之美，把学生带入美的情境中。很多教师都为此努力着，如在理解"众人一条心，黄土变成金"时，教师组织小朋友来现场拔河，通过大家一起努力，最终获得胜利。活动上，小朋友们发自肺腑地欢笑，同时合作着，努力着，也理解着。在学习《狐假虎威》时，学习"狐狸借着老虎的威风，走进森林，吓跑百兽"这一片段时，老师请小朋友来表演，狐狸大摇大摆，神气活现；而老虎半信半疑，东张西望。教师在小朋友表演中不时提问，"老虎，你在望什么呀"，"小动物们，你们为什么跑呀，见到谁这么害怕呀"，通过创设情境，加强体验，使学生感悟"狐假虎威"的意思。在教学《小池塘》一课时，教师充分运用图文结合的手段，说到"池塘里的水波一闪一闪的，像一只明亮的大眼睛。池塘边的芦苇长起来了，像长长的睫毛"时，教师就板画池塘、水波，芦苇，看到小池塘真的像一只大眼睛时，小朋友不由地笑了。可以说，要学生创新，老师首先要创新，不断给学生新鲜感，贴近学生心灵，定然也会给学生带来快乐。

另外，教师还要对学生怀有一定的期待，这种期待源于爱和信任。美国心理学家西尔凡诺·阿瑞提就说过，"一个善良的母亲的爱，并伴随着认为孩子能成为一个有价值有创造性的人的那种信任"是孩子产生创造力的前提，并指出"这个孩子会心力向内投射，他懂得分享母亲的情感，接受她的预言，他一定要证明他的母亲是对的。充满信任的母亲的形象，永远支持着他"。这一段话，给我很大的启示，我们的学生不也常常向往着从老师那儿获得母亲般的爱吗？倘若教师也能像母亲一样，倾注期待，从心底里就确信："我的学生潜藏着智慧""你行""他也行""个个都行"，坚信他们都会成为富有创造性的人，那么学生每天在老师的身边领略到、感受到的正是他们所需要的支撑和催化。我们的身边不乏让人头痛的孩子，与分数标准或大人公认的好孩子标准有一定的距离。但是，怎样面对这些孩子呢？有时我想，不妨倒过来想，孩子需要怎样的发展？首先，我想这些孩子并不需要你去刻意地对待，不需要被看做是另类，需要你用一份平静的心态去看待他们的学习表现。其次，区分孩子身上所表现出来的特点，是品德问题还是能力问题，如果是品德问题，需要教师教育、训练、甚至批评；如果是能力问题，需要教师的耐心、帮助，或是期待。如果教师对孩子能力上的不足一味斥责，就很容易挫伤孩子的学习积极性，破坏他们的学习热情。

姚国春：拥有母亲一样的情怀，这就是"阳光老师"的一种外在表现吧。

查慧玉：《语文课程标准》要求"教学应在师生平等对话的过程中进行"，提出"学生是学习的主人"，"教师是学习活动的组织者和引领者"。这种新颖的师生关系首先取决于教师是否愿意以一颗真诚的心去了解学生，理解学生，尊重学生。居高临下，盛气凌人，就无所谓对话。

我曾在《班主任》杂志上看到这样一则消息："在上海市浦东新区梅园小学，经过全校师生的评选，产生了六名快乐教师。"看后，我深有感触：教师应该清醒地认识到，尽管"闻道有先后"，能力有高低，但教师和学生在人格上是完全平等的。只有树立了师生平等的意识，教学过程才能真正成为师生平等对话的过程。新课程背景下的课堂应该是充满人文关怀的课堂，教师应该懂得用"快乐"来教学，并且自己也应该是快乐的，教师对教学的"快乐"理解和实践，使学生产生了乐于接近教师、乐于接受教育的快乐情愫。教师不仅从学生那里获得评价，更重要的是要了解学生的需求。我深受启发，在班里通过调查，了解了学生眼里的"快乐教师"是这样的：

(1) 上课面带微笑，讲课生动幽默。

(2) 作业不要太多，不无辜占副课。

(3) 课间参与活动，充满活力童趣。

(4) 年轻活泼一点，但要经验多一点。

从此，在我的心中就有了一个明确的目标：做一个快乐教师，并时时提醒自己：我是快乐教师，在我的课堂上，要让学生体会到平等自由、民主尊重、理解宽容，同时受到激励鞭策、鼓舞感化。我在学生面前承诺：老师力争做一个快乐老师，老师做得好，你们也要及时鼓励老师。

记得有一次课上，我正讲得娓娓动听、引人入胜时，一把小尺子"蹦"到我身上。我怒形于色，朱子安诚惶诚恐，同学们面面相觑。那情形，就像箭在弦上，一触即发。我猜想一定是小朱捣的鬼。我本想训斥他，但又觉不妥，因为他的表情已经告诉我，他不是故意的，也明白错了。我想如果我简单地批评他，不但影响到我快乐教师的形象，起不到效果，反而会伤他的自尊心，也使本来紧张的气氛更加紧张，一节课的教学任务也无法完成。想到这，我面带微笑地说："孩子们，这里是读书的圣地，这种绝技，今后不能在教室里练。"我和同学们一笑而过，这样既缓和了紧张的气氛，完成了教学任务，也教育了小朱。每个孩子都像一株小苗，非常柔弱，娇嫩。孩子犯错误是天性，我用幽默的方法说出了严肃的真理，孩子们乐于接受。

要让学生抬起头来走路，鼓励便是良药。在鼓励中，保护和激励了学生的自信心；在鼓励中，有宽容，有理解，有民主，学生会更有效地运用资源，更好地发展自己。学生的发展，需要鼓励，鼓励，再鼓励，这种鼓励是一个人个性得到健康发展的源泉，但仅有鼓励是不全面的，从教育学的角度来看，没有惩罚，没有约束的教育是不完整的教育。所以鼓励还需要与约束同行，学生需要提醒，进而不断反思，丰富和完善自己。因此，我在积极争做快乐教师的同时，向学生提出了一个要求：做个快乐学生，并告诉学生，老师眼里的快乐学生是这样的：

（1）上课精神抖擞，发言积极响亮。

（2）作业按时完成，字迹工整清楚。

（3）课间守纪活动，充满快乐朝气。

（4）活跃开朗一点，但要守纪乖一点。

我告诉学生，谁要是做到其中的一点，就会得到老师的鼓励；做到几点，会赢得大家的掌声；做到以上四点，他就是咱们的快乐学生。学生欣然答应，"快乐学习"蔚然成风。

新课程标准一再强调要让学生做课堂的主人，要培养学生的创新能力，但有很多学生连上课举手发言也很难做到。如果处处循规蹈矩，我想课程改革也只能是一句空话。学生不主动发言，我觉得问题出在面子上。有些学生确实也想发言，但因为害怕自己讲错出洋相而打退堂鼓。于是，我和学生商定："凡是本周内表现突出者就奖励，奖励方法：下星期上课发言可站起来就说。发言次数到课代表处登记，一周统计一次，前三名可获得'快乐学生'的称号，到时老师发喜报给家长。"

课上，当我看到学生跃跃欲试的样子时，不由得一丝感慨袭上心头。新课程呼唤的新课堂应是充满生命力的课堂，快乐的孩子们在课堂上会小脸通红，小眼发光，小手直举，小嘴常开。快乐的老师如果以更活、更巧的方法去唤起学生的自信心，鼓励他们勇于表达和挑战，使他们在知识上、人格上、心理上健康成长，何愁教不好学生？

李玉华：好像在很多的公开课、展示课上特别能感受到快乐。这是否意味着，只有精心钻研教材、充分准备、勇于创新，才能给学生带来快乐？

高丽：用心设计每一个细节，把每一个细节都设计到极致，上的平常课也会有特级的效果，特级教师就是这么做的，他们值得我们学习的精神就在于此。现在很多公开课好像流行对答如流，实际上这是不可能的，很多时候，我们需要停一停、顿一顿、等一等。

曹丽秋：李老师的交流中有一个很有意思的前提——"好像在很多的公开课、展示课上特别能感受到快乐"，这不就是一个问题、一个很有研究价值的课题吗？为什么公开课上能那么快乐，而平常课上却有着很多无奈？这里是不是有教师在日常课堂上不求创新的问题？比如语文课堂第一课时的教学，总是中规中矩地读词、读文、理解、识字书写等，变成了一种程序化的模式。学生都能猜透每一个环节的教学了，还能得到几许快乐？创新又从何谈起？

平常的课到底怎么上才能是快乐的？

张鸣洁：事先预设好的并非真正能让学生感兴趣，而一些生发开去的话题反而能引起他们的兴趣。如课堂上用上一段动画，拓展课外知识，学生们的兴趣来了，便会自发自主地去阅读、去思考。

高丽：其实就是一个选材的问题，动画片是符合学生年龄特点与心理需求的，所以他们就感兴趣。

顾惠芳：艺术课堂要求在同轨班级上同样的内容，这样容易导致教师自身的疲劳、自身审美快乐的缺失。如果老师自身不能得到快乐，又怎么给学生快乐？

教学有法，但无定法。教师要针对学情，让自己处于不同的教学情境中，从而保持自己的快乐，保持激情，然后才能将快乐带给学生。

少先队中的一些理念应该渗透到我们的教学中、班级管理中，要让理念形成一种机制，化为一种行动。

朱军：听课时听到了这样一句话："平时你们上课很积极的，今天怎么没有人举手？"联想到自己的班级从四年级开始教起，一年不如一年！举手少，经常是那么几个。

急于完成任务或其他的教学现实问题，使得教师在课堂上包办得太多了，没有给学生提供表现自我的舞台，长此以往，学生也就失去了思考的动力。

我们应该让学生拥有更多的机会去体验成功。教师要经常有一些小小的创新，如一些风趣的语言等。

贾怡：秦老师的"阳光老师"，查老师的"快乐老师"，一语道出作为教师的我们在职场应持有的一种工作心态。给学生一个"阳光老师""快乐老师"，还老师一个"阳光学生""快乐学生"，何其美好之愿景。试想，在这样的氛围中学习，孩子的学习兴趣会浓一点，学校对孩子们的吸引力会强一点，我们不愁孩子的才智激发不起，更不担心会有厌学的孩子，我们的"快乐校园"不再是一句空话、瞎话。

邵老师奖励学生的方法也有其创新的做法。是啊，我们不该吝啬对学生的奖励。在赞扬中成长的孩子，学会的是欣赏；在批评中成长的孩子，学会的是苛责；在宽容中成长的孩子，学会的是耐心；在嘲笑中成长的孩子，学会的是害羞。给孩子怎样的教育，培养的就是该教育所产生的品质。

营造一种快乐的氛围，并不是一种预设，而是一种即兴。当然，方法也很重要，结合学生的年龄特点，有创新才能带来快乐。这种创新就是一种钻研。

研究生：1. 这次沙龙就很快乐。如何进行快乐的创造，首先是教师的一种心态。如果是千篇一律的，学生就没激情了。

2. 教师要学会给自己减压。

3. 具有反思精神的教师也是能给学生带来快乐的教师。

4. 反思实际上就是对自己专业发展的追求，这个过程肯定是很累的。怎么协调累和发展，那就是发展要源于内心希望自己成长的意愿。因为只有自己愿意去追求，去发展，才能最终获得快乐。

"如何提高德育的实效性"讨论沙龙散记

时间：2007 年 5 月 24 日

主题：如何提高德育和实效性

主持人：顾惠芳

顾惠芳：韩愈《师说》有语："师者，所以传道授业解惑也。"其中，放在第一位的"道"，通俗地讲是"道理"，我们更可以理解为"德育"。从古至今，教师就担负着这样的职责，从来就没有改变。新的历史时期，随着社会生活的不断进步，人类知识领域的不断拓宽，德育的内涵更加深刻。作为一名分管学校德育工作的中层领导，我在管理过程中常常会遭遇各种德育的难题；作为一名学科教师，在自己的艺术课堂教学中也会有各样的尴尬：学生之间行为习惯的差异、文明礼仪的缺失、价值观念的变化等。管理了、教育了、引导了，德育问题为什么依旧存在？这与德育实效大有关系。于是，我们组织一次主题为"如何提高德育的实效性"的沙龙活动，目的是通过民主、宽松的气氛进行交流、探讨，让思想碰撞出火花，服务于我们的教育，提高我们工作的实效。

钱静霞：现阶段我们德育的现状怎样？实效又是如何？

重智轻德。这是不可回避的事实，考试成绩依旧是衡量人才最主要的标准。

流于形式。德育无非就是搞一些活动，很难深入学生的心灵深处。春游、参观等活动，形式虽多，德育实效并不是很明显。学校组织活动的目的非常好，但孩子们的内心没有多大的触动。谈到熏陶、感化等深层次的效果，可能就不明显。

疏于实践。孩子们缺少亲身实践和体验，良好行为的形成不是一朝一夕的。

王根元：造成学校德育实效性差的原因，主要有以下五个：

1. 与实际联系不够。

2. 死记硬背。

3. 规范地宣讲，取代学生的行为养成。

4. 无条件地服从，缺少内省。

5. 学校的教育与家庭教育严重脱节。

曹建翔：德育实效性不是很好，原因很多，涉及不只是学校，还有家庭和社会的问题。其中之一，德育在人们的观念中的位置没有摆正。如果德育只为了提高学生的学习成绩，那就是本末倒置了。

高晓岗：我们的德育是否太高尚、太完美了？

我看到电视节目里一些放弃休息、工作在第一线的同志，教育儿子应该

好学校，从关注每个学生开始

石梅小学优质教育多元感悟

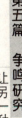

向他们学习。儿子指着电视机，对着解说员那句"很多同志放弃休息，不计报酬"的话，问我："加班都有加班工资的，他们为什么不要？"对呀，为什么不要？由此想到对学生进行思想品德教育，我们是不是太"高尚"了一些？这样的困惑，有时甚至让人感到无所适从，尤其是在传统文化和现代思想产生冲突的时候。譬如有一次看电视，新闻里讲到解放军战士为抢救当地群众的财产而光荣牺牲，孩子咕噜了一句：真傻，为了那些不值钱的东西连命都不要了！我当时立即批评了他，告诉他群众利益高于一切的道理。可过后，我也觉得这样的教育有问题，我们似乎还应该告诉孩子们，在确保群众利益不受侵害的同时，也要懂得自我保护。

查慧玉：德育的地位没有摆正，我们应从自身做起，把德育放在首位。目前，德育的方式、内容、目标有些问题。我们的新德育是一种唤醒与互动的德育。我们的德育不应该是一种单独的德育，而应是一种渗透的德育。德育是可以专门来建设的。单独的教育已经成为了套路，什么节日搞什么德育。德育就如一道道美味佳肴中的盐，必须溶解在佳肴中才能吃。这些感受在老师们的文章中我也体会到了，如卢老师的《德育无痕却有痕》。德育是一种尊重，是一种浸润和期待。营造自然而然的情境，让学生不知不觉地被感染。朱丽丹老师谈到的"两课"结合，钱老师的模拟道德情境等，都是提倡真教育真德育。

陶倩：德育要关注细节，从小事情做起。市教科室的程剑鸣主任认为在石梅印象最深刻的事情是人离开桌子的时候，把凳子靠进去。日本丰田公司规定把使用过的东西放回原处。这些都是细节。

社会在变化，但社会对教师的要求没有改变，教师就是完美的化身，是学生的榜样。

高丽：德育的途径：用故事来教育。

送给孩子：《嘴和耳朵》（教育孩子要学会倾听，别光顾着说）。

送给家长：《可怜的壁虎》（启迪家长：有一种爱也叫伤害）。

送给自己：《读者》（小故事，大智慧）。

袁伦：德育工作应该从我们教师抓起。不管外界环境如何，学校是块净土，教师的榜样示范作用不能忽视。

举例：对于课桌问题，有不少班级处理得很好，坏了跟总务处报修，但也有部分班级坏了放在办公室或走廊里，然后去隔壁空教室另搬一只。

钱静霞：我们成年人常有这样的体验：当看到铺满一地的藏羚羊皮，看到剥完皮后的累累白骨，我们无不为藏羚羊的命运悲愤，为可可西里的悲剧而震惊，于是我们懂得了，只有保持精神上的纯朴才能感受到自然的真实美。

当亲临侵华日军南京大屠杀遇难同胞纪念馆现场，目睹惜日惨无人道的血腥屠杀，我们无不为中国人民的屈辱而愤懑，为帝国主义的残暴而震颤，于是我们的内心会爆发一种声音：牢记屈辱史，中华民族必须自立自强，奋起抗争、抵御外敌侵略……

小学德育同样呼唤这种心灵深处的情感体验，一种因震撼而生出的深层次的灵魂撞击。

古人云："工欲善其事，必先利其器。"实现德育目标，完成德育任务，提高德育实效，要靠正确的德育方法。当前，在德育方法上，普遍重传递、轻思考，忽视道德选择和澄清能力的培养；重灌输、轻交流，习惯于"我说你听"缺乏平等对话的情感沟通；重说教、轻践行，忽视德育过程中由知到行的转化环节等。

如何提高德育的实效？今天就来谈几点有关德育的知行转化的问题。

一、模拟道德情境——聆听内心的声音

在课堂上模拟生活中常见的道德情境，通过音乐渲染、实物演示、角色扮演等方法激发学生的情感体验，实现审美与道德的相通和互补，让学生不知不觉地接纳规范，是道德教育的有效手段。所以我们力求在品德课堂教学中，根据一定的教育目的，努力创设可感受的对象，营造有移情效应的气氛，设置相关情境，甚至可以把社会上发生的道德事件、发生在学生身边的事件引进课堂，使学生的思想尽可能地活跃起来，运用想象、幻想、无意识记忆、直觉、灵感等方法来思考问题，体验这种道德情感，产生情感的震撼。

例如在"我们为祖先而骄傲"一课中，为了让学生了解敦煌雕塑、壁画等古老艺术品的辉煌成就，懂得珍视祖国的艺术遗产，进而激发学生的爱国热情，培养民族自豪感，树立保护祖国艺术遗产的决心和意识。教学时，我利用媒体、借助音像模拟了帝国主义侵略中国、掠夺文物的情境，列举大量数据传递我国文物流失海外的信息，呈现了现今在世界各大博物馆展览的中国书画名作、瓷器、雕塑……然后，让学生来谈体会。学生都被眼前的情景震撼了，义愤填膺，纷纷说出了积压于内心的愤恨。有的说："侵略者太嚣张了，这是不人道的行为。"有的说："政府软弱无能，才会被欺负。"还有的说："我要给联合国秘书长写一封信，告诉他，中国人是不可欺的。"更多的学生则谈到了作为青少年应该怎样做，有的还对其他同学的行为进行分析、评判……课堂气氛达到了顶点，道德情感化为滔滔的文字和语言在课堂上宣泄，这是来自内心的真实声音，每一个人都在屏息聆听……

二、交互道德情感——唤醒彼此真心

在一定的德育情境中，人的正当的安全需要、尊重的需要必须得到满足，它们是树立个体健康自我感知的重要前提。这种态度正是健全人格、良好品德形成的最重要的基础性情感。学生在一个有安全感、信任感的集体中，不会感到德育是外部强加的，可以在自然、轻松的气氛中，甚至是在无意识之中接受一定的品德教育，所谓的"无痕德育"，我想就是这个内涵吧。

曾经碰到过这样一个孩子：孤僻、自卑、扰乱秩序、打架、撒谎、偷盗……

一次，我在教室外的走廊里巡视。忽然，发现他从天桥上直奔过来，低着头，握着拳，迈着有力的步伐进了教室。几秒钟后，他从教室出来，手上提着本《现代汉语词典》，一转身便靠近走廊栏杆，把词典扔下楼去，看着词典"呼"的落到底楼，他"嘿嘿"笑了几声，然后双手击掌，扬长而去……之后，同学反映他经常会莫名其妙地扔别人的东西，以寻求刺激，获得满足。

后来，我采取以情感打动情感、以心灵唤醒心灵的方式去靠近他，去关爱他，鼓励他正视自身的不足，为他营造了一个温馨和谐的德育环境，悄悄地让所有的人来关注他，让同学之爱带他走出孤独，让师生之爱唤起他的自信，让家人之爱感化他曾经受伤的心灵……精诚所至，金石为开，坚冰也总有融化的时候。后来，在多方努力下，真情唤取了真心，他终于在大家的目光里实现了一次蜕变。

由此看出，一种好的情感实际上是建构了一种对人的信任感。它是自然的，真诚的，也是美丽动人的。它的美丽和动人体现在能让受教育者从中感受到爱，让道德情感体验深入其心。

三、实践道德行为——体验人间真情

曾经听别人说过这样一个故事：有一位教师，为了让学生学会感恩，懂得人生的意义不仅仅在于物质的拥有，更应该是精神的富足，她便要求自己的学生学会感恩父母、感恩家庭、感恩社会。

于是，这位教师成立了一个学生义工团，利用闲暇时间带领团员去福利院慰问身残儿童，上街宣传艾滋病危害，去敬老院慰问孤寡老人，上社区义务劳动……许多以前养尊处优的学生饱尝了劳动的艰辛，收获了奉献的快乐，目睹了世间的悲凉，也感受了社会的真情。更多的学生写下了实践活动过程中的所感所想，所见所闻，谈体会，谈意义，谈感受。无疑，社会是个大课堂，诸如此类的实践活动的确能增强实践者的道德意识、激发他们心灵深处的道德情感、促进其良好道德行为的自觉形成。

英国哲学家、教育家洛克早就指出：品德教育最重要的是要多做，反复地做，直到做好。说到底，一个人的品德也只有在其实践中、行动中才能体现出来。而且也只有在做中，学生才能更好地把握、理解规范，才能有更深、更丰富的情感体验，从而逐渐养成自觉的道德行为习惯。

我想，这位教师正是掌握了德育的有效方法与途径，才有意识地创造条件让学生体验人间真情。

情感总是具有很强的感染性。以情动情，使情感激励者和情感感受者的内心产生相同的情感体验，形成情感的共鸣，那么，生命才会在心灵深处爆发出最强的声音，才有可能产生心灵感应、产生动机。所以教师只有深入其中，才能以自己的真情实感让学生产生情感体验，从而有助于学生的良好品德的形成和发展。

书卷校园：
守住文字的神性

　　与石梅园一墙之隔的便是昔日昭明太子的读书台遗迹，花木扶疏间的亭台依旧，精气也犹在。琅琅书声穿越了千年岁月，也穿越了石梅园与读书台之间的樊篱，直抵每个石梅人的心头。书台倒影投射在石梅园内，也将阅读化为石梅人的生活常态。共读，交流，写作，办校刊，阅读石梅故人心迹，聆听石梅特约"大家"的声音……围绕阅读与写作的活动多姿多彩，石梅人在自主阅读与参与学校读书活动中不断汲取，不断前行。

　　温馨的读书会让石梅人分享了共读同一本书的不同心得，优雅的校刊是石梅人交流读书心得的绝佳平台，石梅故人对石梅的追忆与怀恋敦促石梅人更用心地反思"我们将留给孩子们怎样的印象"，应约给石梅校刊赐稿的大家们的文字激发了石梅人更深刻的思考……

　　这样的阅读、写作与思考中，石梅人不经意的举手投足之间无不流露浓郁的书卷气。馥郁的书卷气，日渐弥漫，从讲台向教室每个角落散发开去，从校园向各个石梅学子的家庭散发开去。越来越多的石梅学子爱上了阅读与写作，越来越多的石梅学子家庭开始了亲子共读。阅读成了石梅园内一道随处可见的寻常风景，绝不突兀，却自有无比曼妙。

　　沿着石梅层层叠叠的石阶，拾阶而上。山林的芬芳与桂子的清雅，彼此交织。书香在其间犹能突围而出，清晰可辨。这样一步一步往前走，往上走，每一个石梅人，都越走越坚定，也越走越执著。前行旅途的彼端，是石梅人更多的自我省察，是对石梅学子更多的生命关照，亦是对石梅园更自觉的坚守与传承。

　　展卷阅读，书香石梅。

春天，让我们播下阅读的种子

——石梅读书节启动活动致词

老师们、同学们：

大家早上好！

有一种期待在三月里萌芽，有一个主题在三月里鲜活。在春意逐渐弥漫石梅的三月，我们石梅读书节开始了！首先让我们以热烈的掌声预祝读书节取得圆满成功！

中华民族自古就是一个热爱学习、勤奋读书、善于思考的民族。中国人历来有"读万卷书、行万里路"的传统，"一日读书一日功，一日不读十日空"，我们的前辈崇德尚文的优良风尚曾为中国的文明创下辉煌。

可是，有一项资料显示，如今，在崇尚读书的文明礼仪之邦，真正的读书之风、读书之人却远远少于其他国家。全世界平均每年每人读书最多的民族是犹太人，为 64 本；美国现在正在开展平均每年每人读书达 50 本的计划。而我国的平均每人每年读书不足 5 本，据说这已经包含了同学们的教科书。因而，中国许多学者发出这样的声音：一个不重视阅读的家庭，必定是一个平庸的家庭；一个不重视阅读的学校，必定是一个沉闷枯燥的学校；一个不重视阅读的社会，必定是一个人文精神缺失的社会；一个不重视阅读的民族，必定是一个没有希望的民族。这不得不让我们每个炎黄子孙有深深的紧迫感。

但是，让我们欣慰的是，在我们石梅校园，喜欢读书、经常读书的老师、同学有好多，许多班的读书角汇集了好多同学家中的优秀书籍，用于相互借阅，校园内、课间、饭后不乏读书的身影，家中书屋不乏累累好书珍藏。

每当有人向我介绍说，这个人读了很多书，那么，无论他是什么身份，无论他是怎样的穿着，什么性别，何种职业，我都会肃然起敬，引以为师，想象他的高尚，想象他的伟大。每当有人向我介绍说，这个孩子读了很多的书，那么，我都会心生欢喜，因为那让我仿佛看到他不久之后的优雅和学识、文明与高贵。我相信，好多人都会有和顾老师一样的感受，对于读书人，我们之所以敬佩他，是因为他精神强大，思想强大；是因为他代表着智慧，智慧能推动社会的进步，让人类受益。

因而，借助读书节活动的举行，让更多的石梅孩子在阅读中成长，体味读书的快乐，是这次活动的目的，也是我们石梅实施素质教育，实现"建构师生幸福校园生活"的梦想，让每位同学在阅读中学会学习、感受幸福的途径。学会学习的基础就是具有良好的阅读能力，只有学会阅读，才会吸纳，有了吸纳，才会有创造。而真正投入到读书过程中的人，必将幸福。

很喜欢本次读书节的主题——"春天，让我们播下阅读的种子"，在这样一个万物萌苏的季节，我们每个人都给自己的心中播下一颗阅读的种子，用好书浇灌、用坚持施肥，我相信，这棵种子定将发芽、拔节、长大，长成一棵叫快乐的树，结出积极、乐观、善良、聪慧、知足的果子！

愿读书节里的阵阵馥郁书香在石梅萦绕，愿老师们、同学们在这惠风畅和、书香习习的美好境界里幸福生活，快乐学习，健康成长！

愿我们的石梅一路书香，一生辉煌！

谢谢！

（顾　泳）

我的阅读故事

各位老师：

晚上好！又回到熟悉的母校，我的心情十分激动。石梅小学的六年学习经历，给我留下了太多的记忆，让我无法忘怀。

在石梅小学读书期间，因为我特别喜欢看书，同学们给我取了个绰号叫"书呆子"。我的这个爱好源于从小对文字的敏感。在我很小的时候，像所有望子成龙的父母一样，我妈妈一直坚持教我识字，到我上幼儿园，我已经认识好几百个汉字了。小学一年级，老师开始教拼音，我就看一些带拼音的书籍，如《中国历史故事》《岳飞全传》《格林童话》《骑鹅旅行记》等。通过阅读，我很快掌握了拼音知识。一学期后，我就可以不依赖拼音直接阅读了。二、三年级的时候，语文课上开始有写作练习，曹老师要求我们多看一些课外书籍，于是家中藏的《三国演义》《水浒传》《红楼梦》等国内名著，《雾都孤儿》《野性的呼唤》《巴黎圣母院》《呼啸山庄》等外国名著近百本被我逐一看了个遍。这些名著常常令我爱不释手、废寝忘食。书看得多了，写起作文来内容就不再空洞，而逐渐变得生动、丰满起来。渐渐地，我的作文得到了曹老师的表扬。在每篇作文的后面，曹老师都会很认真地写上评语，或肯定，或赞叹，或建议。得到老师的重视和首肯，我感到从未有过的满足，也更激发了我写作的热情。

随着阅读水平和要求的提高，家里的藏书已满足不了我的需求，我又订购了《少年小说》《读者》等杂志，而市图书馆、新华书店等都成了最让我流连忘返的地方。我在书的海洋里尽情遨游，阅读成了我生活中最快乐的事情。无论我走到哪儿，我都爱捧着一本书。

广泛的阅读，让我接触到了不少优秀的文学作品，也认识了一大批文坛巨匠，如中国的罗贯中、曹雪芹、鲁迅、老舍，国外的巴尔扎克、莫泊桑、狄更斯等，从他们的作品中我领略到了无穷的文学魅力和内涵。阅读丰富了我的想象力，拓宽了我的知识和视野；阅读帮助我摒弃浅薄与浮躁，使我养成独立思考的习惯。当然，阅读也直接影响着我的语文学习，使我在语文上一直独领风骚。

阅读，伴随着我的一路成长，我将继续守护它！

（王逸珂）

注：本文的小作者是我校 2006 年 7 月毕业的优秀学生王逸珂，学校 2007 年 6 月举办读书沙龙时特意请他回来交流了他的阅读故事。

作为他小学六年的班主任，我曾在博客中这样感怀："怎能忘记他，那个无论走到哪里永远都捧着一本书的孩子？怎能忘记他，那个妙语连珠对问题有着独到理解的孩子？怎能忘记他，那个爱在文字世界里驰骋，让我多次在全班同学面前自叹不如的孩子？怎能忘记他，那个也会犯点小错，被我教育，却又始终尊重着我的孩子？就是这个孩子，在他毕业那年给我邮递了一份特殊的节日礼物——一本优秀作文集。集子装帧古朴，并不起眼，但内容厚重，令人感动。它记载了一个孩子小学六年间稚嫩前行的身影。这一路上，因为有了书籍的相伴，所以便多了很多的欢乐，长了很多的智慧。"而今，他升入了高一级学堂，在繁重的学业之余，依然以阅读为乐事，独享一方心灵的宁静。作为一名语文教师，为此，我也感到格外欣慰。（曹丽秋）

穿过文字的精神高地

——谈石梅为什么用心做刊物

承张文质老师的厚爱，让我代表学校谈谈为什么要用心做刊物《石梅苑》。

与《石梅苑》一见钟情、心意相惜是我初到石梅的日子。带着对百年老校的敬仰，我在校园内游走，期待能遇见百年时光里的记忆。在略显斑驳但依旧高敞的桂花厅旁，我偶遇了正在编辑校志的老书记，他的手中正捧着一本泛着微黄的册子，凑近一看赫然是我们老校长王化民先生题词的《石梅苑》。我惊讶地翻看着这本多年前就已经做了的校刊，一页一页，有些模糊的文字里流淌的是那个年代石梅教育人对教育的理解，对教育的实践，对未来的期待，而那一个个文字串起的叙述分明是石梅传统和石梅精神的永远记忆。刹那间我心中一个想法雀跃着：一定要把《石梅苑》接着办下去，她是石梅最珍贵最真实的记忆，也是石梅传统与精神的永远记录！这个声音很快就得到了石梅伙伴们的呼应，秋秋、长路、丁丁、BIEBIE、姜僖、shepherd、迷糊、须须、灵芝草，还有一百多个石梅博客群里的可爱的家伙们就此开始了做校刊的旅程。翻看着 2007 年 11 月复刊的第一期到最新的第九期初稿，九本册子真实地记录着两年多石梅人一个个蹒跚、甚至冒着单纯的傻气但真实的脚印。从第一次排版、选封面的困难重重，到今天，老编们的娴熟，从石梅博客里大海捞针选文，到约请大家学者为《石梅苑》赠稿，校刊真的越发精致，邮寄给领导、同行、家长和石梅的朋友们，得到的赞许也越来越多。《石梅苑》也随着邮递员的传递，随着来石梅指导、考察、交流的全国各地的朋友远行到了北京、天津、上海、浙江、河南、山东、福建、四川、西藏，传递着石梅人的理想、石梅人的友谊。

我深深地感到，《石梅苑》已不仅仅是百年校园记录记忆的初衷，她更像石梅的一张精致名片，再构着学校的文化，沟通着石梅人的心灵，传递着学校的表情，向社会展示着百年老校新时代的风华。

校刊，再构着石梅的文化。石梅是一所具有优良传统，具有强大精神的老校。这些气息表现在校园的物、景、人、语、文上，贯穿于石梅发展的独特文化中，成为石梅人群体存在方式的总和。校刊通过"文"的梳理，定格着一代石梅人的背影，发表着最草根也最智慧的教师对教育的见解，呈现着石梅人存在的方式，进一步凝集了石梅校园的优秀文化。这种优秀的文化又带着积极、阳光，对全校教工产生有益的暗示，这样的暗示不同于制度的硬性约束，因为白纸黑字的记录，变成了永恒，同时她所传递的价值观也成了一种无形的约束力量，影响和规范着行为，成为一种循环往复，坚实的文化力量。

校刊，沟通石梅人的心灵。《石梅苑》复刊初始我们就约定她不仅仅要做教师教育思想学术的交流地，更要成为石梅人进行心灵交流、精神栖息的午后咖啡馆。家长里短、父母子女，一本闲书，一朵花也可以是石梅人教育生活的缩影，是石梅人真、善、美的思想缩影。在柔软而真实的文字里，在越来越壮大的学校让每一个人如家人般贴心很难，但因为有了《石梅苑》文字这座桥梁，石梅人不用双手也能拥抱，离得很远但心依旧可以靠得很近。心灵相近的校园会产生强大的凝聚力，石梅人自觉地将自己的思想感情、前途命运与石梅的建设发展紧密联系在一起，将学校视为自身发展最崇高和神圣的追求，如呵护羽毛般关心她、爱护她、充实她。《石梅苑》已成为年青一代石梅人"只为石梅"掷地有声的誓言的精神统领。

校刊，传递着学校的表情。读不同的刊物我们能感受不同的表情，校刊是自己学校的，那就会是自己学校向社会传递的一种独特气质和气息。学校在《石梅苑》中对教育认识有怎样的阐述，对教育理想有怎样的追寻，都会让社会多一份对教育的了解，也因此感染更多人对教育多一份理解。而教师在谈什么，他们关心什么，喜欢什么，有什么样的要求，都能通过文字反映出来，因为文如其人，一个人的文字能反映他的精神风貌与需要。而这也就能成为校长更好地为师生发展服务的依据。

当我把新一代人续编的《石梅苑》再到桂花亭边恭敬地交给老书记时，他的目光泛着赞许与激动，当过去与现在的《石梅苑》和合在一起的刹那间，我深深感受到岁月的长河中，每一段历史都不过是沧海一粟，但只要是记录着独特文化的，搭建着交流桥梁的，演绎着智慧的，就会成为建筑没有终点的石梅精神高地永远有生命的力量。

（顾　泳）

"我喜欢的一本书"活动设计

主题：我喜欢的一本书

时间：6月4日晚17：40—19：30

地点：多功能室

参加人员：自主报名成员，"青年班"成员，"书香教师"获得者以及部分特约教师。

规则：以5～6人为一个小组，将参加人员分成五组，并分两轮进行好书推荐。推荐内容与方式不限，推荐的书力求内容健康，形式新颖。推荐者及其所属小组将根据推荐情况赢得或扣除积分。最后，根据积分情况评定出优胜小组。"青年班"成员还将进行好书投票，根据得票数及个人积分情况评定出优胜个人。

过程：

第一轮："豪情万丈"。

教师按照小组顺序自主上台推荐书籍。凡主动推荐者可赢得一个积分，同时所属小组也赢得一个积分。

第二轮："花落谁家"。

以"击鼓传花"的方式在组间随机抽取教师上台推荐书籍。凡推荐者也可赢得一个积分，但是所属小组不加分；若没有推荐，所属小组扣一分。

第三轮："风云对决"。

"青年班"成员依次上台将手中的鲜花放置在自己印象最深的推荐书籍上。根据所得积分与所得鲜花数，评定出优胜小组及优胜个人。

（曹丽秋）

努力抗拒"平庸势力"

——读《第56号教室的奇迹》随想

知道雷夫·艾斯奎斯老师，始于《在与众不同的教室里》一书。印象最深的是雷夫老师这几句话："我痛苦地意识到我不是一个超人。我所做的，跟成千上万有抱负、有责任心的教师一样。我经常经历失败。我睡眠不足。我会在凌晨醒来，为我对某个学生无计可施而痛苦。做一名教师会很痛苦。"这个获得过美国"总统国家艺术家"和英国女王 MBE 勋章的教师，这个曾经的"全美最佳教师"，他在 26 年的第 56 号教室里创造了那么多奇迹，他居然也"痛苦"？他居然也经常"经历失败"？他居然也会对学生"无计可施"？

一边读《第 56 号教室的奇迹》，一边无法避免地联想到我的新班级新学生。跟艾斯奎斯的学生相比，我的孩子们大都远离"贫穷"。可是，我的这些孩子，跟艾斯奎斯的孩子们一样，都是"傻瓜联盟"下的受害者。强大的"平庸势力"——电视、电玩、普遍缺乏成人指导，串联起来，形成了一股强劲的力量，让孩子们的真正潜力得不到开放。而且，这样的"平庸势力"的辐射力与影响力，似乎逐年增强，其结果是，孩子们某种素养真的"一届不如一届"。

艾斯奎斯的第 56 号教室的孩子们，大多数学生家庭贫困，且多出自非英语系的移民家庭。可是，在这样的困境中，他和孩子们在第 56 号教室里创造了一项又一项的奇迹：阅读、写作、数学、摇滚、莎士比亚戏剧、哲学……而之所以取得这么多奇迹，原因在于艾斯奎斯一直对孩子们抱有很高的期待，并且尽力而为。

"真心对自己"，艾斯奎斯多次提到这个短句，让我久久回味。

真心对自己，意味着接受自己的不足。我们完全可以与艾斯奎斯一样坦承自己没有当教师的天赋，然后，后天努力修炼。我曾经接受过一家媒体关于"教师天赋"的访问。当时这样答复："我不觉得教师需要天赋，但承认是有'天生就是教书的材料'的人——不过我以为这样的人不多。它应该只占教师群体的很小一部分，绝对不能代表教师群体的常态。那些有天赋又正好从事着这项工作的人是命运的宠儿。"如此雷同于艾斯奎斯。他简单一句"尽管我不认为好老师是'天生的'，但确实有的人具备跟孩子打交道的更多天赋"，胜却我所有的注解。很多教师，包括我，都没有做教师的天赋，都是缘于本心之外的缘故，踏上讲台。但是我一向不认为具备天赋是成为具有高度专业素养的教师的唯一条件，我更认可一个人后天的阅读与历练，这些同样可以成全一个教师的专业发展。

真心对自己，意味着接受遭遇的失败。不夸大教育的功效，不放大教师的职责，尽自己最大努力，也坦然接受失败。听听艾斯奎斯："我每天都在怀疑自己。失败对我来说是家常便饭。有很多夜晚我都无法入睡，为自己无法抵达某个孩子的内心而气恼。"教师应该允许自己在诸多的教育现场遭遇失败，不苛求自己可以教育好每一个孩子。我曾经要求自己，努力成为自己期待的那个人。那么，也该做一个期待孩子们成为的人的范本。艾斯奎斯要求孩子们做一个"可敬的人"，做一个"善良的人"。相比分数，他更在意培养孩子们"十年后生活中用得着的"品质，比如"对人友好""学习勤奋"。那么，教师也该首先成为一个可敬善良的人，一个对人友好、学习勤奋的人。我庆幸多年来"先教孩子们做人，再教他们做学问"一直是自己的习惯，因为这样的习惯，也敦促自己一直努力做孩子们成长过程中的一个范本。

真心对自己，也意味着不让体制腐蚀了自己。艾斯奎斯与部分教师最大的不同，是他"不让体制迫使我教孩子谎言"。跟艾斯奎斯一样，我们无法抗拒的力量太强大。我们或多或少要说一些我们自己不认同的话，做一些违背我们意愿的事情，可是，这样的无奈，一定要有个底线。这个底线或许就如艾斯奎斯所说：不让体制迫使我教孩子谎言。

现实总是苍白与灰色，我总是愿意努力过滤这样的色彩。或许是悲观的理想主义者，或许是消极的践行主义者，但是，我依然愿意在这样的大背景下探寻一些明媚的色彩，并努力将这些色彩渲染开去。或许，教育的希望，也在这样一些"不让"之后，在这样一些"努力"之后，在这些浓重的灰白背景下淡出的一抹绯红中。

对比艾斯奎斯，当然很惭愧。艾斯奎斯对孩子们的教育与呵护，早已超

好学校，
从关注每个学生开始
石梅小学优质教育多元感悟

过了一个教师的职责。他对教育不是一般的狂热与投入，我绝对深信：世界上再没有第二个教师可以做到他那样。他自我谦虚："我这个老师没有特别突出的创造力，于是，我决定给他们我能力范围内最宝贵的东西——时间。"那么多工作以外的时间里，他按着自己的心意在一点点尝试与改变。这些一开始不被人瞩目甚至遭到反对的践行缓慢地积累着，最终，成为奇迹。

曾经模糊的心意因为有他的践行先行验证，日渐明晰。如艾斯奎斯所言：我们教给孩子的最重要的东西是无法量化的。或许，在现行教育体制与大背景下，很多事我们都无能为力，但我们至少可以保持真心对自己，遵从自己内心的世界，不让体制迫使我教孩子谎言，努力抗拒那些影响孩子们心智健康成长的"平庸势力"，努力成为孩子们成长过程中的榜样。

（沈丽新）

慢慢静享这美好的时光

最早知道龙应台的名字源于读书时读琼瑶，但是琼瑶只能偷偷地读，老师家长看见了可不得了，轻则没收，重则怒斥，可年少的性情就是这样忤逆，越是不许就越是喜爱。爱屋及乌，一发不可收拾地阅读了许多港台的文学作品，三毛、席慕容、张晓风、林清玄、亦舒、余光中、柏杨等，其中也读龙应台的文章，但远远没有对三毛、席慕容和亦舒的痴情，她的文笔太犀利、硬朗，似乎不能打动那颗少年不识愁滋味、为赋新词强说愁的心。随着年岁渐长，开始喜欢文字清丽淡雅的张晓风，情致委婉细腻的林清玄和那个总是有点愁绪满怀的余光中……还是觉得龙应台太过咄咄逼人，直到那天在书店里不经意间看见了《孩子，你慢慢来》。

因为刚刚读完她的《目送》。那里面的 73 篇散文，从父亲的去世到母亲的病弱，从儿子的长大离别到朋友的牵挂，真是写得深沉忧伤而又温柔美丽，读来只觉得回肠荡气、神清气爽，不知是龙应台的性情改变还是我的心智日渐成熟，这两本书我都是迫不及待地读完的，实在有点爱不释手，意犹未尽。特别是那本《孩子，你慢慢来》，一读之下，你就知道什么是同道中人了，就像地下党的人员总算对准了接头的暗号，那种惊喜，简直无法用语言表达。也许，这份同感就是身为妈妈的个中滋味吧。你真的不会想到豪情满怀的龙应台会有如此的款款柔情，充满着纯真与喜悦。

这是一本图文并茂的书，除了序和跋，二十篇精美的散文写尽了她作为两个儿子的母亲的发现和感受。因为她的丈夫是德国人，所以她有两个漂亮可爱的洋囡囡——安安和飞飞。书中有许多宝贝和妈妈的照片，那浓浓的母子深情实在让人羡慕至极。一篇篇文章细细读来，最打动我内心的是她写的母子相处的细节，真的让人身临其境地感受到做母亲的喜悦与责任。她送两岁的安安上幼儿园，一路上，做妈妈的要不停地向儿子介绍太阳、白云、喷射机划过天边的白线，还有软绵绵的柳絮、人家院子里的苹果树和那墙角爬着的葡萄藤，还有马路上各色各样的汽车……，妈妈要不停地说话，因为"是这样，妈妈必须做导游，给安安介绍这个世界，安安是新来的"。

是啊，每个宝宝都是新来的！每个妈妈都要做好这个世界的导游啊！这个导游不仅要导好宝宝娇嫩的身体，还要导好宝宝娇嫩的脑筋。从选择幼稚园到给宝宝读名著，都不可以随随便便的。龙应台有自己辉煌的事业，可自从有了安安和飞飞，做妈妈就是她最重要的事业。"妈妈从城里回来，小男孩挣脱保姆的手，沿着花径奔跑过来，两只手臂张开像迎风的翅膀。妈妈蹲下来，也张开双臂。两个人在怒开的金盏菊畔，拥抱……小脸颊上还有眼泪的痕迹，这一场痛苦的久别毕竟只是前前后后六个小时。"

你看，你能和自己的宝贝分开多久呢？"久别重逢"时每个宝贝都会这样紧紧地抱住你，你的心中也一定会有着这样甜蜜的忧伤。是的，也许你我并没有辉煌的事业，也就没有选择幼儿园的权利，但你我一定会有一个香软美妙的宝贝，那么，就让我们也做好宝贝在这个世界的导游，慢慢地陪孩子长大，慢慢地静享这最美好的时光吧！

（田祎明）

在书与树的映照下的孩子

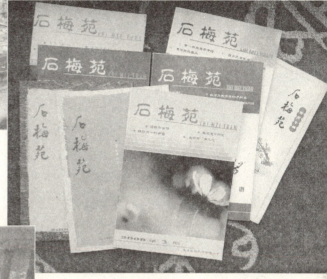

《石梅苑》，是石梅小学优雅的名片

清代游文书院匾牌

在桂花亭内举行的"心灵之约"读书会

词的记录

靠在床头，将《幻想之眼》轻轻合起，心中有微微伤感。

我的记忆似乎总会忽略实实在在的事物，比如文字，可是却会将心灵游走的感触缥缈地收留。

一路读张文质先生的文字，一路神游，在不由自主的恍惚间走进自己的教育星空，内心世界。

记住恐惧

多年以后，孩子仍会记得清晨的恐惧和哭泣。

真的会记得？能在之后经历的那么多交织的、复杂的情绪中甄别、筛选而出？会吗？

我尝试回忆，哪怕我已不是一个孩子。

可是这么容易就想起来了，那个狭窄的教室的一角，那个静静面壁站立的小小的我。只是因为和同桌搬凳子时闹的一个别扭，我们被双双要求罚站反思，委屈的泪水悄悄流下。时至今日，也为人师，才开始努力去揣度我的老师的用心与无奈。

那么，我的孩子们呢？他们也会记得我不经意间给他们带去的恐惧与哭泣吗？其实，当我写下"不经意"几个字的时候，我感受到了我的虚弱与掩饰。

我没敢去问那些孩子，就像我没敢去问"你们在学校快乐吗"这个记录在佐藤学先生书中的问题一样。我不敢。我既不敢过问孩子的快乐，也不敢过问孩子的忧伤。

我不敢，或许是因为我知道。

忙碌

一个过于忙碌的人是没有自己的面目的，只有晃动的身影，他很多时候只被自己的身体带着四处奔走，他不再返回。

面对忙碌的现状，已然不再抱怨，只坦然接受。

只是心知道，我是多么苍白，找不到自己的踪迹。

就像此刻，时间即将指向两点，我必须要冲向我的教室，和孩子们再次强调大课间活动的要求：着装整齐，步伐有力，动作到位，坚持到底。然后，在炎炎烈日下进行活动，充分实践"阳光体育"的内涵。原来，阳光下的体育便是"阳光体育"啊！

我基本找不到这样做的意义，我只是知道我必须这样做。

逐渐明白张文质先生力倡的养成记录的习惯的意义了。当夜幕沉沉下，只我一人独坐桌前，拾掇起白天细碎的点滴，用稚拙的文字写下几个词、几句话，我才开始将疲惫的身躯唤回，重新生活。先生是明了我们的可怜与痛楚了，所以，他在仁慈地召唤。

过去

生命何其短暂，很多时候，你来不及细看，来不及省思，你是一个扑面而来的过去，总是一下子就知道自己已经走得很远了。

生命的短暂都是在回首间豁然领悟的吧。当意识到昨天已经永远是过去，当意识到当下也即将是过去，沉重感扑面而来。有些茫然，心是无措。

那天早上，又朝雨晨发火了。因为上课后，在我们行将开始新的课文旅程的时候，这个孩子忽地又冲向那扇教室门，在众目睽睽之下"啪嗒"合上，然后顾自走回座位。莫名窜起的怒火化为一道响亮的训斥，全班悚然，包括那两个端坐在后的见习老师。

说来是多么可笑，我之所以能记住这样一个不光彩的瞬间，居然是因为后面的两位见习教师。当猛然间意识到教室里有陌生人存在的时候，我才忽然在意起我的行为来。

那么，之前呢？

真是走得很远了啊，远到麻木，习以为常。

凝视

如果没有更多的时间用于凝视窗外，我们怎么能相信生命仍然真实地存在呢？我是个会被窗外景致迷惑和陶醉的人。看着树上的绿叶更替，我相信，生命是仍然真实存在的。

那天晚上，在院子里随意游走，照例抬头仰望天空——有星星，真好！在头顶正上方的是一明一暗的两颗星星，闪闪烁烁的样子极可爱。我从院子的这头走向那头，继续仰望——奇怪，怎么那两颗星星仍在正上方？我从院子的那头再回到这头，仰望——还在那！就这样，我不断地从这头走向那头，又从那头折回这头，可是，这两颗星星就这么牢牢地跟着我，让我心生无数混沌。于是，给远方的朋友发去信息：赶快到窗前去看一看，你的正上方也有一明一暗的两颗星星吗？极可爱的那种。朋友回信：好像有好多星星，分不清是哪两颗！分不清没关系，抬头能看到就好。

路一直在走

路走下去，有多远？即使一直在走，其实也如同一步都没迈开，你不在这里，就在那里。无论何时总是这样。……一切终结都在生命之外，无法为生命所知晓，终结是一种空缺。

喜欢"在路上"这三个富有意味的字。哪怕生命虚幻，但，你在走总是实在的吧？

淡黄的书页——翻过，还是有那么多无法理解、不能企及的思想与我遥遥相望，可这并没让我难过，因为，先生的高度永远是我仰止的。可最终神伤的却是我自己的恍然——原来，很多时候，我并不是我！先生是智慧的，他能注视自己，于是便有了一种微薄的快乐。而我呢？我是谁？我又在哪里？我……

有这样的发现，是可怖？还是可喜？先生！

（曹丽秋）

一个夹着大红肠的三明治

今晚，继续，*Teacher Man*——《教书匠》。弗兰克·迈考特著。

分秒流转的空隙，我，逐渐被诙谐吸引！

一个夹着大红肠的三明治被大男孩皮特扔在地上，一个老师"咳"了一声，并发表声明：不要扔三明治！全班大笑，世界上再没有比一个在你已经做了一件事后却叫你不要做这件事的老师更傻的了。

他是迈考特——被学生称为傻瓜，被同事说成"看上去活像一个被猫叼进来的东西"的"教书匠"。

当这个散发着不止大红肠香味的三明治被确认还夹着西红柿片、洋葱片、辣椒片甚至橄榄油以后，有一个人不顾一切地将它捡起来，塞进嘴里，用塞得满满的嘴巴吸引全班人注意。油，从迈考特的嘴角一直滑到下巴，滴在他从"广场上的克莱恩"连锁店花两美元买来的领带上。完了还把包裹用的蜡纸搓成团，用手指准确弹进废纸篓。孩子们说：乖乖，不得了！看哪，他吃了三明治，他命中了废纸篓。

他还是迈考特——全班欢呼，注视着眼前这个舔着手指吞食三明治的人，他是他们的冠军，能命中废纸篓，无所不能！

迈考特成了英雄，一箭双雕。

校长来了，黑色的浓眉在额头上拧了个问号，修理你，迈考特！

学生却说，老师，别担心，三明治，我们不要了。

后来，校长知道的"真相"是：迈考特在上午九点的时候在教室里吃午饭，有罪！……

不可思议！三明治事件，以这样的方式呈现！麦考特教师生涯的第一天的出场方式糟糕透了。

是什么让这个"傻瓜"在那一刹那有如此无奈且大胆的举动？他为什么没有将那个掉在地上的三明治狠狠扔进垃圾筒？——如果是我，一定这样做。

又是谁让迈考特一下子长成了英雄？学生究竟喜欢怎样的老师？要知道，迈考特还完全没有实施他的课堂教学，这怪异的一招，又是切合了哪些遮遮掩掩神秘的心理？

难道这就是高明的教学？据说，后来这个充满戏剧性的故事在众多的读者心里是个不错的教学智慧案例。我总觉得这不是教育的艺术，充其量，这只能算麦考特教育生涯的第一天，惶恐、不安、迷茫、忙乱状况下的一个应急行为，他还来不及对着这个突如其来的三明治做很大很多的文章，或者说他还没有这个意识和驾驭的能力。

然而，故事本身却让我久久回味。留恋于文字背后透出的迷人的人性光辉，我看见了他的勇敢与善良。

麦考特的勇敢，体现在他可以坦诚地呈现自己"不怎么漂亮"的生命历程，那些卑微、嘲讽、耻辱都可以被别人打开，暴露在空气里。他当过兵，做过码头工人，经过"通往教学的漫长道路"，直到 28 岁时，才开始教书。

尽管自卑、忧伤、寡欢，但他还是勇敢唱自己的歌、跳自己的舞、说自己的故事。

麦考特带着贫穷和饥饿走过童年，他渴望美好的食物。当一个优质的三明治散发着大红肠的香味被丢弃在地上，身体里对粮食珍惜的本真很快蹦出来，坦率地谴责这种浪费行为，全然不顾那狼狈以及背后响起的一片嘲笑声——他挺住了，开始有滋有味地嚼那香喷喷的带着巧克力味道的三明治。孩子们开始另眼看他，麦考特心里偷笑，他吃了美味的三明治，还用勇气战胜了他们，一箭双雕。

一个优秀的教师，能长时间赢得学生们来自内心的尊敬，除了日趋纯熟的教学艺术，更重要的是来自他内心的善良。

一本书里看到关于"善"的描述："善的东西，不暴戾，但却更为有力。""善和大美像静水流深，终究涤荡人心。"

"做一个良善，柔和，有悲悯和宽容的人，处理一些事情就会有余地。"

"具备善良和心存真诚的人，懂得照顾别人。这些品质不管来自于谁，都令人尊敬。"

"具备善良和真诚，足够给予任何僵硬干涸的心灵以清泉和阳光。如果做不到这些，即使聪明有才华的人，也并不令人觉得高贵。"

"有些孩子属于动物园猴山，而不是学校。"这是麦考特眼睛里的学生，可见，那些学生的糟糕状态，那一双双写着仇恨、写着叛逆的不同肤色的脸庞让他陷入困境，哭泣、思想斗争、情感挣扎一度甚至将他击垮。然而他借助"善"的力量穿越了那段时间之河。

麦考特的闻名，很大程度上来自他的善。他努力将"善"整合成智能、情感、精神和意志的所在，着力用善良的心灵编织一张复杂的教育网络，形成一股强大的教育联合力量。他以自己的人生为教材，带着正气，撕开苦难，撕开伪善，撕开一切足以让人狠狠嘲笑的东西，引领学生携着"善良"行走。这是一种大智慧。

（钱静霞）

炸土豆条是从哪里来的

"炸土豆条是从哪里来的？"——这是前些天我在报纸上读到的德国一家幼儿园中班的"专题活动"。

生活在城市的孩子都没有见过种土豆，有些孩子说炸土豆条是从商店买的，有的说是妈妈端来的，总之，答案五花八门。于是，幼儿园教师设计了这么一个活动——带着所有的孩子去地里"探究"。

时值春天，教师请来农民开车把这群四五岁的孩子拉到农庄。在那里，教师带孩子们参观土豆地，看农民种植土豆。孩子们也参加了劳动，每人种下一株土豆。在土豆旁，还插上写有自己姓名的小牌子。

夏天到了，孩子们再次来到农庄，找到自己种下的那株土豆，锄草、松土。

秋天，孩子们在教师的带领下来到农庄，看农民是怎样收获土豆的。然后，孩子们在农民的指导下也挖出自己种的土豆。

拖拉机把收获的土豆运回幼儿园。在幼儿园的厨房里，孩子们和老师一起炸土豆条。

他们终于弄清楚：炸土豆条是这样来的。

全部探究的过程有足足四五个月。在这几个月里，孩子们在等待答案。这种经历，他们也许一生都忘不了——原来土豆条是这样来到餐桌上的。

关于劳动，国外有很多有趣快捷的了解方式。我听一位出国探亲的朋友说过，去年他在美国的哈里斯堡参观了"好时"巧克力工厂。在热烈欢快的歌曲声中，游览车载着游客沿着参观路线穿过工厂，借助实物、动画、图片和生产线，从采可可，给奶牛挤奶，一直到巧克力装箱，全部看完，大概七八分钟。每个场景都洋溢着劳动的快乐，在游览车的终点，几乎所有的参观者都在开怀地笑着。以后，每次吃到巧克力，朋友的眼前都会浮现那欢乐的劳动场景和繁忙的生产线。

我觉得，如果有可能的话，真想让我们的孩子也能去参观农场、看看自己喜爱的巧克力是怎样做出来的。

更快捷的方法当然还有，全在书本上写着呢。中国的学生，特别是城市里的学生，他们的绝大多数知识只来自课堂，做题能力是相当可以的，但对这个社会了解太少。有一次在中学的课堂上，教师问有没有人参观过工厂，看过流水线生产，全班同学竟没有一个人举手。

如今，我们或多或少已经开始意识到教育中存在的一些弊端，并在积极行动和改变。幼儿园里增加了不少生活化的内容，如开展主题活动"我家和我家附近的"，组织幼儿参观附近的超市、卫生诊所、小公园，让幼儿亲身感受周边的一切，对自己周围小区的环境有更深刻的印象。对幼儿进行消防知识和安全教育，则会请来消防员叔叔实地演示、讲解，让幼儿模拟演习，使消防安全知识真正扎根在幼儿的心里。仅仅是观看的话，小朋友很容易忘记，只有亲自去做，才能记得更牢。脑力劳动和体力劳动要结合，光学书本知识是不够的，学习要紧密联系生活。

很欣赏吴非老师在《致青年教师》一书中说的"教学所做的一切不过是常识"。尊重常识，遵守常识，有时很难，需要勇气，需要等待的时间。我们日常教学中所做的一切，就是遵守常识。常识也需要学习，也需要发现——原来炸土豆条是这样来的！

（金　颖）

幸福的定义

那日去学校图书馆，无意中看到了摊在桌子上的那一叠一叠的新书，顺手翻翻，龙应台的那本浅绿的《目送》吸引了我：

"我慢慢地、慢慢地了解到，所谓父母子女一场，只不过意味着，你和他的缘分就是今生今世不断地在目送他的背影渐行渐远，你站在小路的这一端，看着他逐渐消失在小路转弯的地方，而且，他用背影告诉你：不必追。"

这样的一段文字，被印在书外面半截透明的纸上，一股理性的睿智的味道，仿佛淡然而笃定地站在生命的远处观望，把所有走过而累积的那些生活提炼成这样的感叹。

那个给你背影的人，有他的坚毅和决然，那个望着背影止步的人，即便被钉在了原地，无形中却分明被牵引着，跟随着……止住的是脚步，止不住的，或许便叫做牵挂吧！

"十几年后，每个礼拜到医院看望父亲。有一次我发现，排泄物淋满了他的裤腿，我蹲下来用自己的手帕擦拭，裙子上也沾了粪便，但我必须就这样赶回台北上班。护士接过他的轮椅，我拎起皮包，看着轮椅的背影，在自动玻璃门前稍停，然后没入门后。"

"……他要我这做妈的站在边上看着，'不准走开喔。'……我说：'我学会了，以后可以做给你吃了。'儿子睁大了眼睛看着我，认认真真地说：'我不是要你做给我吃。你还不明白吗？我是要你学会以后做给你自己吃。'"

很喜欢这样安静的文字，生活而真实，没有波涛汹涌的字眼辞藻，不显山露水，只是浅浅地叙述，仿佛就是在和你拉家常，却能让你那么真切地感觉到细细的暖流，脉脉地流动，历经你每个毛孔，总能暖着你，总能让你潮湿……

不想用"爱"来定义它，怕太慎重的字眼打破这份宁和的情感，可是，却又再找不到合适的词了。或许这原本就是不能描述的，只能静静地任由它在心内蔓延，无法传述，无法表达，但若心能打开，却同样是温暖生命的叙述……

用老人们的土话说，我是投到了好人家，是吧，好像从小到大没吃过什么苦，记忆里那些五分钱的棒冰我要一手一支，对"麦稀饭"的好奇在奶奶做了尝过后直呼上当，一碗小虾米炖蛋我吃厚实的而父母喝汤，空旷的田野里燃着菜萁映亮着的夜的黑，长江边爬树采桑葚偷棕叶被追得拼命跑……儿时的场景在时间里被洗成了一段又一段遥远又带上了怀念色彩的美好。

父辈的清贫和困苦，只是在大人讲述的时候存在，讲得再真实都是有距离的，那个距离因为时空错落在想象里，于我是不真切的。

离家读书的时候也走得决然而欢快，以为终于可以展开被束缚的翅膀，那时是看不见母亲的眼泪父亲的落寞的。那个大雪之夜被宿舍看门的老伯喊醒，看到母亲和父亲狼狈的样子，听到他们讲述车子怎样打滑差点失事的惊险，也仅仅让我虚惊而感慨了一下。

那些成长里的磕磕碰碰，那些青春期的叛逆让我没有学会感动和感恩，或许年轻的时候总是这样，轻易地忘记了所有的好，那些不美好的记忆却总在下一次的磕碰里一再冒出。

　　成家后，多少懂得了一些体谅，偶尔也能站在另一个角度看待问题。只是一路走来生活里的优越让我始终还是学不会长大，年岁增长却没有褪去自私和任性。父母随我住，给我带孩子做家务，两代人的思想在朝夕相处里难免有碰撞与摩擦，滋生出的厌烦让他们所有的给予都被蒙上了尘埃。我定期给母亲家用，潜意识里把物质与情感放在了一个天平上，于是心安理得地过着饭来张口、衣来伸手的日子。

　　"但是现在年轻的一代——当他们是中年人时，会以什么样的心情来看待他们的父母呢？是一种被物质撑得过饱后的漠然？还是把一切都看得理所当然的无聊？"

　　被这样的句子刺到，我算不上年青一代，却也把很多事都当成了理所当然。出生在僻远的乡下，与其说带有泥土的气息，不如说是木钝，有着所有乡下人的陋习。乡下的每家每户，上一辈为下一辈包揽了所有的一切，从吃到喝从农田到家务，比之城市里的娇惯有过之而无不及，而年轻一辈都是理所当然地接受，甚至对目不识丁的父母吆三喝四，仅仅因为目不识丁的父母给予了他们学习的机会，让他们有了更多嫌弃他们的资本。我，就是其中一个，虽然我的母亲不是文盲！

　　再看母亲，恍如外婆站在我面前，头发花白，面容憔悴，这么些年来，我好像从未曾感觉岁月在母亲身上留下的痕迹，在这个家里，她总是那么强势、能干，我以为这将一直会持续下去的。可是家里的变故，一夜间发现母亲再不能为我顶一片天，她老了！看着她的悲哀，看着揪心，却也只能看着，人最大悲哀的，大概便是只能看着的无能为力，很无措。即便心疼，却无力给予什么，我始终是没有学会如何去表达爱，伸不出手去拥抱，开不了口说安慰，只会变得更尖锐，尖锐地斥责，尖锐地厌烦，刺猬一般，其实都是因为脆弱吧！

　　却能和儿子说："宝贝，妈妈爱你！"听他脆脆地答："我也很爱很爱妈妈！"很温暖。或许长大后，我们也会觉得说这样的话太过矫情，我们也会在生活里隐藏掩饰那些最原始的情感，以这样那样的方式。

　　生命像重新孕育一般从头来过，那些戏剧般的情节被搬上生活的舞台一幕幕上演，活生生的，一路走来……也就一路走来了，还会一路走下去，还有什么不能承受的呢？

无论怎样，终有一天，父母、我们、儿子都会成为彼此的背影，每个人都有自己的路，自己生活的方式，都终将，只能一个人走……

"幸福就是，生活中不必时时恐惧……幸福就是从政的人不必害怕暗杀，抗议的人不必害怕镇压……幸福就是，寻常的日子依旧……幸福就是，机场依旧开放，电视里仍旧有人唱歌……幸福就是，头发白了、背驼了、用放大镜艰辛读报的人，还能自己走到街上买两副烧饼油条回头叫你起床……幸福就是早上挥手说'再见'的人，晚上又平平常常地回来了，书包丢在同一个角落，臭球鞋塞在同一张椅下。"

幸福是什么？是啊，幸福是什么呢？

幸福，或许就是在逆不转倒不回的生活状态里，心依然能是微笑着的吧！

（何敏丹）

在爱中荡涤灵魂

这是一位令我的灵魂感动得震颤的女性。

读罢《在爱中行走》，居然语涩得无法组织出一段自己满意的文字来描述我心中的德兰修女，只能无比虔诚地任手指动情敲击，将这些更为恰适的评述摘录于此！

读德兰修女的故事，总在夜深时，灯光氤氲、夜色相伴，感动总是追随着文字如潮袭来，让人忘却疲惫，不忍释卷。

"要相信爱，无论你遭遇到什么，是仇恨还是毁灭，是被抛弃还是被掠夺，无论你遭遇到什么，都要相信，一切都会消逝，但爱会留下来。"

这是9岁的小龚沙（德兰修女）因思念被害的父亲黯然落泪时自慰的话。

"我们必须在爱中成长，为此我们必须不停地去爱，去给予，直到成伤。"

"人类缺少爱心是导致世界贫穷的根本原因，而贫穷则是我们拒绝与他

第六篇 书卷校园
守住文字的神性

211

人分享的结果。"

"饥饿并不单指食物，而是指对爱的渴求；赤身并不单指没有衣服，而是指人的尊严受到剥夺；无家可归并不单指需要一个栖身之所，而是指受到排斥和摒弃。除了贫穷与饥饿，世界上最大的问题是孤独和冷漠。孤独也是一种饥饿，是期待温暖爱心的饥饿。"

这是德兰修女的演讲词。

再不敢言"爱"。这是读罢《德兰修女传》后突然闪过的念想。一直是个感性的人，喜欢将"爱"挂在嘴边，总以为自己的生命从不缺乏爱，总以为自己尚算有爱心，爱亲人，爱朋友，爱学生，爱工作，爱家庭，爱生活……但，在德兰修女温暖圣洁的仁爱之光映照下，我才发现我所谓的"爱"，渺小得不值一提。我的爱，总源于被爱——亲人、朋友、学生爱着我，于是我也给予他们爱；工作、家庭、生活给予我心灵的充实、灵魂的安乐、身心的温暖，所以我才热爱。我的爱，更多是对被爱与被给予的回报，而非一种真正无声无息、无欲无求、无怨无悔的大爱。"爱不能仅仅施与我们所爱的人，它必须光照满堂，让人人都感到愉快。"这是影响德兰修女至深的圣女小德兰对爱的诠释。在我看来，德兰修女将爱的定义又作了新的延伸——她用一生的修行告诉世人，爱不能仅仅施与爱我们和我们所爱的人，仁爱之光，应该照亮每一个生命，哪怕是世界上最为贫穷与苦难的灵魂！"不求安慰，但去安慰；不求理解，但去理解；不求被爱，但去爱。"在有仇恨的地方，让我播种仁爱；在有伤害的地方，让我播种宽恕；在有猜疑的地方，让我播种信任；在有绝望的地方，让我播种希望；在有黑暗的地方，让我播种光明；在有悲伤的地方，让我播种喜乐——我想，这才是爱！真爱！大爱！仁爱！

坦诚地说，我也许永远无法像德兰修女那样毅然将一个满身污垢、散发难闻气味的将死的老人抱在怀中，将倒在街头半个身体已被蛆虫吃掉的可怜人儿收留，也无法像德兰修女那样毅然舍弃舒适生活，甘守贫穷，至死只留有一张耶稣像、一双凉鞋和三件粗布纱丽。但我愿铭记修女的箴言——"如果你怀着喜悦给予，你将会给得更多。一颗喜悦的心来自一颗燃烧着爱的心。快乐不需探寻：若以爱待人，旋即得之。"我希望自己能以爱待人，善待那些未必爱我甚至给过我伤害的人，善待那些曾令我叹息无奈、痛心气馁

好学校，从关注每个学生开始

石梅小学优质教育多元感悟

的学生，善待所有出现在我生命中的人。我也希望能为爱做事，多做那些对他人有利、对集体有用、对社会有益的事，做好力所能及的每一件事。因为，德兰修女告诉我，仁爱是人的天职，在爱的指引下，我们日渐冷漠的心灵才能找到温暖的慰藉。

我愿时时端详照片上德兰修女那张像被揉搓过却让人感受到深深慈悲与怜悯的面孔，常常注视相片上那双目光纯净平和却能洞察世事与人心的眼睛——在我的心不安与烦躁时，在我的情绪不平与愤懑时，尤其是在我欲对学生出言相责时！包容与爱，要与身形同在！

（毛李华）

一夜吹香过"董桥"

识人、读书有时候很相似，就像是冥冥之中的相遇。曾经众里寻她千百度，但过尽千帆皆不是，就在蓦然回首间，或许就发现了相看两不厌的敬亭山。"白头如新，倾盖如故"原是用于识人的专用词语，对读书同样适合。

相遇董桥，是很早时候读到他的一篇文章《中年是下午茶》。尽管那时的我与中年根本不靠边，也不能说与作者的心境、文字的意境有多么契合，但是看到那样的文字，实在令人难以忘怀。"中年是下午茶：……总之这顿下午茶是搅一杯往事、切一块乡愁、榨几滴希望的下午。""中年是危险的年龄：不是脑子太忙、精子太闲；就是精子太忙、脑子太闲。""中年是看不厌台静农的字看不上毕加索的画的年龄：山郭春声听夜潮，片帆天际白云遥；东风未绿秦淮柳，残雪江山是六朝！"那么优雅的情怀，那么俚俗的语言，那样的珠玉与尘泥是怎样妥帖结合的呢？

读董桥多了，会发现很多这样俏皮的语言，他论文章："大陆文章一概受阉割，枯干无生机乐趣；台湾文章底子甚厚，奈何不知自制，喜服春药，抵死缠绵，不知东方之既白；香港文章则如洋场恶少之拈花惹草，黑发金发左拥右抱，自命风流，却时刻不离保险套，终致香火不传。"他论书："诗词小说只当是可以迷死人的艳遇，事后追忆起来总是甜的。""至于政治评论、时事杂文等集子，都是现买现卖，不外是青楼上的姑娘，亲热一下也就完了，明天再看就不是那么回事了。"他论翻译："好的翻译，是男欢女爱，如鱼得水，一拍即合。读起来像中文，像人话，顺极了。坏的翻译，是同床异梦，人家无动于衷，自己欲罢不能……"读着，怎么只觉得俏皮灵动，新奇警峭，那份看起来粗野与下作的语言竟然流散于活泼的文字中了。你再读，只有会心一笑！文俗而意切，亏他想得来，写得出！

如果董桥都是这样的文字，那这桥未免太柔靡香艳了，流于油滑，如何耐人细看？

董桥还是正经的时候多。读董桥的书，从文章的目录可见端倪，一篇篇文章的题目，就如颗颗晶莹通透的珠子，连着读下来，就像一首散落的古诗词。《台北故宫的水中月色》《玉玲珑》《满抽屉的寂寞》《只有敬亭，依然此柳》《草房塌了旧梦无恙》《字里秋意》《两般彩笔一样风情》《桂花巷里桂花香》……题目既然已是奇绝，其中的文字读下来，该是"书生偏见，执文恋意，眼里句句是西施，不想自拔"（《伦敦七六冬天》）。

三联书店的三卷本《董桥自选集》，我偏爱其中的《从前》。《从前》讲了很多从前的事，如他《自序》中所言本集多为"忆往小品"，写与他交往过的师友往事；写与师友同道谈论中国书画、文房小件；叹传统渐逝，文化中断。在《旧日红》的开篇，他自称"我偏偏爱说我是遗民"，让人一看大惊，跳出来的是辜鸿铭的式样，身材清瘦，身板微驼，脑袋后面还拖着根焦黄辫子，莫非此公是个顽固保守派？其实他所称的"遗民"，并非是我们概念中的遗老和遗少，而是相对于这个迅速发展的时代，相对于现代化的肆虐推进，他对传统文化的固守与怀念。《旧日红》中萧姨那大雅不雕的翡翠发簪失却了时尚但是保持着那份骄矜和华贵，在渡河观景时萧姨会随口道苏白"曲终过尽松陵路，回首烟波十四桥"，得知萧姨乘鹤，发簪拍卖，作者自叹："老师和萧姨那一代人一走，月光下的茶也凉了"，他怀念平凡生活中的那份华贵与诗意，而这一切，尽管不舍，但是无可奈何地在逐渐失去。

董桥生在南洋，长在台湾，学在英伦，创业于香港。董桥是苏雪林的学生，他还受过梁实秋、台静农、林海音等文学老前辈的教泽或熏陶。小遗民在习习古风中长大。伦敦，是董桥作研究生研究马克思和工作过的城市。凝重古老的英国文化陶冶了他的贵族气息，蓄养了他的绅士风度，这些风韵不仅融在他作品的字里行间，也塑造了他处世做人的人格和品位。遗民气质是古诗旧词熏陶出来的。冷僻而精当的老句子信手拈来，却不显掉书袋的迂腐气。不愧是遗民，一肚子的墨水，渊博得吓人。笔墨间满是唐诗宋词的古朴雅趣，流露出对中国传统文化卓越的见识和品位，没有几十年的文化底子，怎么得来？

董桥的文字是隐忍和节制的，再充沛的感情他都是淡淡写来，如静水流深，汹涌澎湃只在底层，只可品味。文中人物如绣像，淡淡的哀愁淡淡的快乐，那些故人迷蒙得如在江南烟雨中，蓦然回首才发现自己已在字里行间阅尽他们一生的辗转和沧桑。"我扎扎实实用功了几十年，我正正直直生活了几十年，我计计较较衡量了每一个字，我没有辜负签上我的名字的每一篇文字。"董桥这段老老实实的自述，让我对他文字背后推敲的苦意充满敬佩。

董桥的文章是一盏浓酽的生普洱，青绿淡雅中有涩有甜有香。读董桥是一种心境，散淡中见深切。姜白石诗云："梅花竹里无人见，一夜吹香过石桥"，我说，董桥的文字就是在营造一座廊桥，连接今人古人，摆渡来人。就这样走过"董桥"，哪怕也是梅花竹里无人见，可依旧是一夜吹香！

（仲建勋）

访问玛丽蒙女校

7月22日，我们师生80多人一行走进了新加坡玛丽蒙女校。

这是一所规模与我校相仿的学校，是一所女校，有1600多名学生。

分完组后，大家便开始等候前来结对的小伙伴。很多男孩子看起来有点害羞，又有点期待，显出局促不安的神情，他们大概在想，我的小伙伴会是什么样子的呢？

很快，女孩子们在老师的带领下来了。一一结识之后，他们一起走进班级去上课。而我们，则跟着一名负责接待的先生开始参观校园。他告诉我们，之前他是一名警察，退休后被学校聘请来工作。而他的年龄其实只有55岁。在他的带领下，我们了解了学校的上课模式（分上下午班，一二年级下午12：30—18：30上课，三至六年级上午7：00—13：00上课）和学校的历史背景（建校50周年，教会学校，接收各民族儿童等）。我们还了解到，当地学校不办理教科书的统一征订。学校一旦研究决定用哪一套教材后，就会告知学生，由学生自行购买，因此在学校，我们还看到了一个卖学习用品的小卖部，教科书、练习本、文具用品应有尽有。同行的谢导游还寻觅到了女儿未曾买到的英语练习册。我们在参观教师办公室的时候，见到了一位刚从西南大学毕业应聘来的女孩子。我忍不住和她悄悄聊了几句，她告诉我，这里的工作压力也很大，不仅要上华文课，还要上思品、活动课，每当学校里有什么活动的时候，要做大量的协助工作。

参观至食堂时，导游告诉我们，现在是三四年级的课间 30 分钟休息时间，孩子们会在食堂自己购买点心、饮料等。于是，我们想看看我们的孩子会做些什么。

他们显然还不清楚自己上午的课会到下午一点才结束，因此都不舍得自己的钱。新加坡的孩子掏出自己的零钱购买各种各样点心的时候，他们在旁边计算着食品的价格。因为逐渐熟悉了新币和人民币的兑换利率了，所以，看着新加坡伙伴吃这个吃那个，他们坚定地告诉我：不想买，挺贵的。

食堂的一角有架钢琴，孩子们随意地在那里弹奏着。出于职业敏感，我走了过去，和弹琴的女孩交谈起来。"我学过钢琴的，老师，我弹给你听。"小女孩兴致勃勃地演奏着，虽然手指的第一关节都塌着，但丝毫不影响边上同学对她的崇拜。她告诉我她妈妈是广州人，因此她中国话说得不错。"老师，你会弹琴吗？"小女孩仰着脸问我。又不是让我说英文绕口令，这可难不倒我。我一边弹琴，一边告诉她们，我弹的是中国江苏的民歌《茉莉花》。正弹着，上课铃响了，孩子们恋恋不舍地离开了我。

离开食堂，我们坐进了会议室，副校长李雪芳女士开始和我们聊关于学校的话题。她告诉我们，如果昨天到学校，就可以和她们一起庆祝"种族和谐日"了。因为新加坡是个多民族的国家，每个民族都有自己的文化、习俗。曾经的种族冲突事件使国家受到创伤，为了教育引导国民和谐共处，这个纪念日就被确定下来。在这个纪念日，不同种族的人们可以更换服饰穿着，可以互相感受对方的文化习俗。尽管没有亲身经历这个节日，我们还是在他们的走廊见到了相关记录。

李校长告诉我们，玛丽蒙女校的校训是"LIGHT"——"明亮"。其中的每一个字母又都有其各自代表的含义，分别是：爱（love）、正直（integ-

好学校，从关注每个学生开始

石梅小学优质教育多元感悟

rity)、快乐（happy）、信任（trust）。这个校训分别在进门的大厅、教室的玻璃窗及过道里展示，时时刻刻都在提醒着师生们要做个怎样的人。

对他们的半天授课制，我们感觉非常新鲜，因此提问得最多。我们了解到，上午有课的学生，下午可以回去休息，下午有课的学生，上午可以不用到校。但学校也开设兴趣课，上午十点开始，面向一二年级学生，他们中午不用回家，直接上下午的课。下午三点半开始，面向三至六年级学生。活动项目自选，其中包括一些选修的印度文课等。他们上课是没有像我国那样有课间十分钟休息的，只有一次 30 分钟的大休息。这期间，他们一定会到食堂去买些吃的，否则就会饿肚子了。因为没有课间休息，所以学生们在上课时可以喝水、扔垃圾、上厕所等。这些现象在中国孩子的眼里是多么的新奇，但新加坡的孩子已习以为常。

快到上午班的散学时间了，我们在学校的图书室等候参加学习活动的孩子们回来。

下午一点，我们坐上大巴去吃中饭，孩子们早已饿得饥肠辘辘。

（顾惠芳）

编者按：《石梅苑》每一期都会编发一篇教育界"大家"的文章，现从中择取三篇专门谈读书的，以期读者朋友与石梅人一起，徜徉在书卷校园，共沐经典之光。

在诵读经典中提升教师品行

教育的原点是"人"——教师和学生。教师的品行决定了教师的发展，从某种意义上说，也影响了学生的发展。教师的品行需要"修剪"和培养，而诵读经典无疑是最好的提升教师品行的途径。

每一个教师都希望自己幸福。但是幸福是什么？有的人并没有真正理解。我认为，所谓幸福，就是久存于生命个体心中的那份具有高尚情结的快乐。也就是说，真正的幸福来自心灵，除了快乐之外，还要长久和高尚。如果快乐只在一时一地，稍纵即逝，不能称其为幸福；它应当是长久甚至是一生的感受。同样，如果没有高尚的思想，也不能称其为幸福。有了对幸福的定位，修身就成为必需的事了，因为只有不断地修身，才能成为真正高尚的人。

人格高尚并不是遥不可及的。作为教师，如果深爱学生，与学生心灵相系，就有了高尚的起点。在曲阜师范大学做教师的时候，我与学生的关系非常融洽，与他们在一起，感到很愉悦，身体也很健康，可是一放假，学生一走，我就有一种失魂落魄的感觉，心里的不快往往导致身体生病。所以，每个假期，我几乎都要大病一场。在那3年多的时间里，我学了很多东西，特别是对教学有了一个比较深刻的认识。所以，后来做了编辑、记者，甚至被人们称为专家学者的时候，我有了一定的底气。

不过，对于学生，我当时更多的是热爱，感觉与学生在一起特别快乐，学习到更多的东西，教学时激扬文字特别惬意。但是，我并没有感觉那是在为学生营造一生的幸福，而且对于知识传播的关注，超过了提升学生的思想品格。现在我认为，教师不但是智慧的传递者，也是精神生命的锻造者，甚至后者比前者更为重要。所以，教师有一种特殊的历史担当，那就是为学生一生的幸福奠基。

可是，当今社会浮躁之气盛行，功利之心漫卷，本应宁静、儒雅的校园也被其浸染。于是，读书与教师渐行渐远，甚至被认为是可有可无的事情。我认为，这是教育的一大悲哀。如果连教师都不读书了，其他人就更可想而知。而那些只在教材与教参上下工夫的教师，只能是鹦鹉学舌，没有自己的思想与话语，这样的教师不管其如何兢兢业业，都不会在教学中达到游刃有余的境界。学生不欢迎，教师自己也会感到心力交瘁。疏离书卷的结果还不仅于此，它还会使教师的心灵长期处于浮躁甚至忧怨之中，而且教师的这种不良情绪会在不知不觉间波及学生，影响其一生的心理状态。况且，好书大多流泻着一种高尚思想的要义，会在潜移默化中提升教师的人格。教师不读好书，就少了感受大家思想品格的机会，对于外界不良风气的侵袭就会无力回击甚至很快接受。更加可怕的是，教师还会将这种思想在无意之间渗透到学生的思想深处。一个没有受过高尚思想洗礼的学生，未来的思想人格就会发生裂变，这比心理出现问题更加可怕。

如何解决这些问题呢？关键是让教师从读书中受益。生命成长是需要提醒的，教师长期不读书的原因固然很多，而没有足够的提醒无疑是问题之一。我主张教师为自己做一个生命成长规划，即通过读书不断地提升自己生命品位的实施方案。学校则要为教师创造一个良好的读书氛围，开始的时候，甚至可以实行一些强制性的措施。因为没有从读书中感受到乐趣和益处的教师是不会主动读书的。经过一段逼迫读书的过程，教师就会从读书中慢慢地感受到此前没有想到的好处；再长一点时间，就会形成习惯；再往后，还会从读书中感受到精神的快乐，这就是我经常所说的进入了审美境界，读起书来乐此不疲。

兴趣固然重要，但是如果仅有兴趣，就可能在遇到挫折的时候败下阵来。超越兴趣的是责任。鲁迅先生之所以弃医从文，就是责任使然。我发现，不只是这些教师，大凡有责任感的教师即使一时教不好课，最终也会成为一个优秀的老师。当然，读书是绕不过的一个坎。如果没有对经典文本的阅读乃至背诵，就不可能在教育教学之路上快速、可持续地发展。而一个没有发展的教师，就会不可避免地产生职业倦怠感。我所采访的这些老师，有的还比较年轻，但是，他们所读之书的品位之高与数量之多，是很多年长的教师无法企及的。孔子说："后生可畏，焉知来者之不如今也。"一个不断读好书的人，其发展速度是惊人的。他们的成功，都是文化在起着作用。

我希望青年教师要厚积薄发，为自己的未来多做"文化储蓄"。人们常常到银行存款，可是，教师更需要存的是"文化款"。一时出名的教师，如果对于所获得的名利沾沾自喜，而没有足够的文化底蕴的话，大多是昙花一现。青年教师有一个巨大的资本，就是年龄优势，所以，要沉下心来，博览群书，甚至多背诵一些经典。若干年甚至十几年几十年后，就有了大鹏展翅高飞的足够力量，一飞而直冲九天，越飞越高，永远地翱翔于太空。此之谓厚积薄发也。

（陶继新）

注：本文系陶继新老师应《石梅苑》编辑部之约特意撰写的文字，于2009年9月1日完稿。

让生命升值

人们去医院看病时，假如有年轻医生和年老的医生在，一定会走向年老的医生，因为年老的医生经验更丰富、对疾病把握得更准。但孩子被送到学校时，假如可以自由选择的话，孩子往往会选择年轻的教师，因为他们富有朝气、更容易沟通，家长也会更加相信年轻教师，因为他们不因循守旧，思维更新、知识面更广。为什么教师越老其价值反而更小了？

有的教师工作 30 年，可能重复了 29 年，这样的教师，其学识修养水平其实只停留在他工作的第一年。尽管他（她）可能经验越来越丰富，但也会因其狭隘而逐渐僵化、教条。随着社会的发展，人们对教育的需求不断提高，这样的教师明显不会受欢迎了，等他（她）退休后自然也无甚价值。有的教师，无论工作多少年，他（她）都始终用心对待每一节课、每一班学生，即便教同样的课程也会根据学生的不同或条件的差异而进行调整、完善，结果他的专业素养一年年地提高，他始终走在教育改革的前沿，成为教师中的领袖。可见，教师的不断成长不仅仅是为了更好地完成教育教学工作，更为了使自己的生命不断升值。

南京行知小学杨瑞清校长是一位让我特别感动的人，他给我记忆最深刻的一句话是："农村教师可以不进城，可以不发财，也可以不提拔，但不可以不快乐、不可以不自信、不可以不成长。"的确，进城、发财和提拔往往不是我们自己可以左右的，但我们的生命状态却可以自己决定。作为教师，真正的快乐和幸福应来自自身生命的不断成长。虽说我们不能增加生命的长度，但可以增加生命的厚度、拓展生命的宽度，让有限的生命更有价值。

让生命增值，途径有很多。作为教师，读书、学习、思考、写作、研究等是必不可少的。

首先，做个读书人。读书可以明智，读书可以治愚，读书可以涵养心灵，读书可以丰盈生命。无论是否做教师，我们都应与书为友，没有任何功利目地去阅读。因为通过读书，我们可以不断修正或验证自己的观点、提升自己的思维；通过读书，让自己的视野更加开阔，不断吸纳前人的智慧，提升自身的文化修养。所以，我们唯有成为读书人，我们的精神世界才不至于枯竭、萎缩，而是充满了生机与活力。这是生命成长的必须，也是教育教学的需要。

其次，做个自省的人。古人"每日三省吾身"，我们今天依然需要，这既是工作的需要，也是修身之必需。从工作的角度来说，我们每天工作的对象不是物而是人，是一个个鲜活的生命，我们的教育方式是否得当，我们的教学设计是否合理，今天和某个学生的谈话是否有效果，明天再遇到同样的问题怎么办……假如只是想当然地去处理，有可能处理不当造成不良后果。曾经有个年轻教师和学生之间发生言语冲突之后，扬言她上课时班里不能存在这个学生。但经过学校的调查发现，缘由却是老师的批评惩罚不当造成。这就需要老师反思自己的教育方式有什么问题并加以修正，否则有可能激化矛盾，不仅不能很好地完成教育任务，还有可能给学生带来终生的伤害。

再次，做个勤奋的人。经常记下自己教育教学生活中的故事、思考、读书的感悟等。虽然教师不是作家不是文学家，但我们每天的生活都是新的，每一堂课都是唯一的，每天面对着一张张充满朝气的脸，必然发生着许多精彩的故事。把自己的教育生活记录下来，既可以不断积累经验丰富自己，让自己的表达更加准确到位，更重要的是可以在这样的记录中提高反思力，培养自己的思维品质，形成自己对教育教学的理解和认识，进而更好地指导自己的工作实践。

其四，善于研究与发现。我们每天面对的是成长中的儿童，每个儿童性格特点和兴趣爱好迥异，假如我们没有对儿童的观察与研究，只是把成年人的愿望强加给儿童，要求他们按照成年人的标准去做，很可能违背儿童成长发育规律，也违背教育的规律。比如儿童喜欢游戏，喜欢玩耍，在设计教学或教育活动的时候，应尽量符合儿童的特点，假如只是简单地说教或灌输，不仅不会取得好的效果，还可能导致学生厌学进而弃学。所以，现在很多人提出"教育回归"这个命题，其实就是要思考如何回归到教育本原上来，如何真正按儿童发育规律开发课程、设计教学、开展各项活动。这就要求我们要学会研究，真正走近儿童，用儿童的视角看世界，站在适合儿童发展的角度来思考问题，这样，教育就会更加接近其本质，而教师也在这样的研究中提升了教育品质。

有人以为有了功名也就身价倍增，所以把追求功名利禄当做人生目标，其实不然。很多名师自然是因为工作突出、德才兼备而成名，但不可否认，也有的所谓"名师"有名无实。更因为中国的名师推选制度，只有极少数教师可以成为"优秀""模范"，大多数教师可能一辈子都默默无闻。但他们的名字留在学生心中，他们的生命在学生的生命中延伸，这才是真正的价值。所以，真正为了学生的发展，用心学习，用心教学，用心对待每一个学生，让自己的内心因为对事业的执著和热爱而疏离浮躁和功利，才能获得真正的生命成长，而生命也在不断的成长中被赋予更高的价值。

（孙明霞）

注：孙明霞，山东省教学能手。在省级以上刊物发表文章百余篇，被推荐为《明日教育论坛》2007 年"年度教师"，著有《用生命润泽生命——孙明霞的生命化课堂》。本文系孙明霞老师应《石梅苑》编辑部之约特意撰写的文字，于 2009 年 12 月 15 日完稿。

伟大的教育者都是伟大的读书者

我们今天的教育确实需要经典，因为教育的根基太浅。那么我们怎样打好根基呢？我认为，要增加经典对孩子的感染力。首先要弄清楚什么是经典，因为我们容易出现一种认知倾向，一说经典就是四书五经。经典当然包括本民族的传统文献经典，同样还包括世界各国的各种优秀文化成就。如古典音乐，就是一种古典的教育形式，是一种古典的文化形式的代表。所以，一方面，我们要理解经典的内涵；另一方面，我们要拓宽界定经典的视野。今天我们之所以需要经典文化，就是要立足于提升人性，以经典来启迪人性。美国前总统尼克松有一句名言："所有我认识的伟大的领导者几乎全都有一个共同的特征，那就是：他们全部都是伟大的读书者。"从这个意义上说，所有伟大的教育者，都是伟大的读书者。读书是提升我们生命境界的最

好学校，从关注每个学生开始

石梅小学优质教育多元感悟

重要的途径，对于学生来说也是这样的，所以，我们要培养学生的阅读兴趣，培养学生对于经典文化的欣赏、学习喜好。

今天，我们教育中一个很大的问题就是我们的学生，包括本科生、研究生，都缺少一种接受经典、阅读经典的习惯和能力。这其实是阅读趣味的问题，我们从小就要培养孩子们一种纯正的阅读趣味和兴趣。一个人的阅读兴趣一开始就被弄坏了，以后再校正是非常困难的事情。关于阅读经典，我想推荐一套非常好的教材，那就是钱理群先生编辑的一套《新语文读本》，沿着这本书所提供的阅读轨迹有选择地进行阅读，我觉得对孩子们的生命成长是一种非常好的引领。阅读是人获得教育的途径，我认为阅读是我们这个时代提升人性的最重要、最根本的一个形式。一个人的教育程度有多高，你就看他家里藏了多少书，藏的是什么书。我们的阅读水平远远落后于发达国家，所以我们的现代化进程需要很长的时间。这种状况与我们缺少阅读习惯是分不开的。所以，从这个意义上说，培养孩子们良好的阅读习惯和阅读趣味是非常重要的。这里我讲一讲南非前总统曼德拉的故事。我觉得他是当今社会中人格最伟大的一个人。他长期被关在监狱里，在监狱里他做了两件很有意义的事情。第一件事情：在他看来，监狱是最没有人性的地方，他要改变监狱，使监狱尊重人权，尊重人性。他是怎么做的呢？面对监狱长，任何时候他都笑脸相迎。只要监狱长站在不远处，曼德拉总是用友好的姿态和和蔼的言语问候他，也不会忘记问候他的太太和孩子。一年又一年，监狱长换了多个，曼德拉总是如此。有的监狱长也不拒绝这种问候了，并且会告诉曼德拉自己太太和孩子的近况。对于狱警，曼德拉说："我们认为，所有的人甚至监狱里的狱警，都可以改变。所以我们要尽最大努力，设法让他们改变对我们的看法。"曼德拉日益体会、体验了人类生活中的一个奥秘：人的心灵深处都隐藏着正面而又善良的人性的种子，哪怕是在表现得最为凶恶的人群里也隐藏着这颗种子，只要有恰当的机缘，这颗种子就能够苏醒发芽。

他做的第二件有意义的事情就是把监狱改造成为"大学"。他在监狱里参加各种各样的函授学习，并鼓励狱友们同样参加这样的学习。他后来被授予剑桥大学的荣誉学位，还有很多大学都授予他荣誉学位。这些都是名至实归。这就是曼德拉人性闪光的地方。我想，对于学校而言，对于我们教师而言，曼德拉的故事是有启示意义的。

（刘铁芳）

注：刘铁芳，哲学博士，湖南师范大学教育科学学院教授，湖南师范大学"两课"重点学科研究员，北京师范大学"985"团队研究员，教育部人文社科重点研究基地南京师范大学道德教育研究所兼职研究员。本文系刘铁芳老师应《石梅苑》编辑部之约特意撰写的文字，于 2010 年 4 月 12 日完稿。

好学校，从关注每个学生开始

石梅小学优质教育多元感悟

第七篇

永远的石梅：

来自校友和家长的声音

校友遍布世界各地，是一所学校的荣耀，因为这意味着，学校的影响力在向全世界蔓延。石梅培育了一批批这样的优秀校友，这些年纪不一的曾经从石梅走出的"孩子"，像围绕着太阳转动的星球一般，虽然距离石梅十分遥远，但总被这个中心所牵挂。于是，他们写下"记忆中的石梅园"，记录流淌在生命中的回忆点滴。石梅还有一道独特的风景线，那便是学生家长，家长眼中看到的孩子在校园中的成长，肯定别有一番风味。因为，对于家长而言，那不仅是孩子的小学，还是"我们的小学"。

记忆中的石梅园

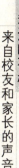

　　我在常熟市石梅小学读过两年小学。我从苏州转学去那里。能在常熟市石梅小学读书两年，今日想起，觉得那是一份终身受益的幸运。

　　石梅小学是一座园林式学校，坐落在现国家森林公园虞山脚下，校园依山势向上延伸，出后校门便进入了虞山森林。校园之美，花木之丰，人文环境之雅，在全省屈指可数，在全国小学校中也声名远扬。石梅小学的前身系清代一所书院，清朝同治、光绪两代帝师翁同龢曾课读于此。学校一墙之隔是赫赫有名的"读书台"雅园，为梁昭明太子读书之地。"读书台"亦兼藏书及其他文化活动之用。我在石梅小学的时候，曾多次见到读书台的亭子里有眉清目秀沉思静想的围棋少年在古树下对弈。

　　我刚到石梅小学时的班级坐落在校园半深处的桂花园，园里栽四五株高大壮硕的桂花树。秋天的时候，金色的桂花细细密密地开满了树梢，地上也积起一层层厚厚的桂花。一到课间，女同学纷纷奔出教室，俯身在园中捡拾地上的花屑，用手绢包起。秋风吹来时，桂花从半空中像雪一样飘落，飘在了女孩子们的发际和衣襟上。桂花的美并不美在花本身，而是美在它馥郁的香气。实在太香浓了。第一回与桂花这样近距离地相聚一处，我禁不住花香侵袭，居然昏昏沉沉地被这甜香熏醉了一日，恼极了院里这一树树的桂花。

　　我离开石梅小学以后，每年桂花飘香季节，轻轻一缕，或远远一丝的桂花香，都再也逃不过我的鼻子，吸入的刹那，陶醉而满足。读大学的时候在上海街头买过几枝桂花，捧回寝室插入瓶子。桂花是唯一一种当我拿在手里，凑到鼻前嗅闻，能嗅觉它的枝干、绿叶，和嫩黄的花儿全都带着香气的花。我至今不知这到底是出现了超灵敏的嗅觉，还是产生了错觉，在我闻桂花的时候。桂花，也是我来到美国以后，唯一在梦中闻到其花香的花。

　　不像桂花树集中于桂园，石梅小学的梅花树却分散在校园的好几处院落和苗圃里。石梅小学里有腊梅、红梅，和绿梅。腊梅是黄黄的，花形圆圆的，腊梅花也很香。红梅在花骨朵含苞待放时是紫红的，花瓣开出后红色变浅。腊梅和红梅都较为普遍，而绿梅却相当稀奇。绿梅的枝条和花骨朵都是

227

绿的，开出的花为淡淡的绿，若与红梅相比，即能品出其绿意来。可能是这样的用意，绿梅的近处果然栽有一株红梅。石梅小学的绿梅，种栽于一处幽深之地，进入园中需拾级而下，园中多奇石怪峰。石和梅，一刚一柔，一峻一秀，自是相配。

冬天的时候，上午的出操改为跑步，学校的喇叭响起了激昂的跑步进行曲。我们的跑步不在学校操场上，却是在校园之中，跑步路线是蜿蜒盘旋的，起起落落的，几乎跑遍学校每一条通道和小径。一路跑啊跑，跑过腊梅花，跑过红梅花，跑过绿梅花，一路的瞧啊瞧，怎么也不够，再冷的天也感到激动喜悦。雪中的梅花太美了。

石梅校园中的月季花、菊花、银杏树、爬山虎，也都在不同的季节给我留下了深刻的印象。月季花中有鹅黄的，粉白的，淡蓝的，还有红得近乎发黑的，花瓣如同丝绒般有质感和光泽。这些品种在外面都不常见，是爱花木极甚的校长亲自栽种的，我们早上背着书包来到学校的时候，常常能看到他在给花儿浇水锄草，剪切嫁接，或摘去过多的花骨朵。这一株株月季花的绿叶子很油亮，枝干也丰润，开出的花儿朵朵饱满、繁华，远甚于别处所见。

盛开的鲜花，吸引所有人的目光，引人爱惜、赞叹不已。而在我的记忆里，从刚开始的被绿色花萼裹着的稚嫩花骨朵，到含苞待放中微露红色花瓣芯子的花蕾儿，及至最后绽放出所有花瓣的这个过程，曾经是多么吸引我小小的心，使我体验了情切切、心爱、珍爱这类词的所指。在我记忆中，花蕾儿在绽放前的一刻最是美丽。

小时候，我把月季花盛开后掉落的花瓣捡起来，夹在书页里，日记本里。现在这些花瓣不知所终，惟留在了记忆里。读大学时在上海巨鹿路上海美术出版社旁的一间艺品屋里竟然无意间发现风干的玫瑰花蕾，童年的情怀闪电一样在心头擦亮，我像获得宝贝一样买了一包久违的玫瑰花蕾。读书、升学、恋爱、奔忙，我离那些花儿越来越远。

月季花多种于花圃里，菊花则多植于盆中。小时候所见的花盆，一律都是黑色的瓦盆，只是大小有区别而已。石梅校园秋季的菊花，不下百盆。进入校园后道两边固然有菊花一盆接一盆摆放，而最集中聚放菊花的地方是喷泉池四周。菊花盆里得竖一根杆，把菊花硕大的花身撑起来。晚间得把菊花盆搬入室内，我想是为了免遭霜打和寒露，有利于延长花期吧。菊花的颜色

好学校，

从

关注每个学生开始

石梅小学优质教育多元感悟

比月季花更多，更复杂。黄的，白的，紫的，绛红的，浅绿的，复色的，什么颜色的都有。花瓣形状也千姿百态，有细长而卷曲的，有短小而平展的，有浑厚而圆满的。人们根据菊花的颜色和姿态给它命名，这些名字都是一个个意象，诸如"风卷云"之类，要论确切的，我现在一个也记不起。

石梅校园有两棵百年银杏树，在一进校门的地方。我和银杏树的感情不是很深，但是记得秋天的时候，银杏树掉下数不尽的金黄叶子，满满地铺了一地，一进校门，就踩在了这些叶子上，金黄的叶子，形如一把把小扇。校长极爱惜这两棵银杏树。我印象中，校长为石梅校园有这两棵银杏树而骄傲，石梅校园中的教师和孩子也都知道这两棵树是全校最贵重的宝。

小时候我对爬山虎也极为钟爱。石梅校园与读书台一墙之隔，这堵墙就是长满了爬山虎。爬山虎也常见于苏州城里西式洋房的红砖外墙。小时候见到这样的墙，总会在心头隐隐感到异域他乡的情调，牵动我浮想联翩。小时候，还感到藤生攀延植物都很神秘，很古老，也很迷人，来自远方，来自远古，来自于原始的荒蛮森林。不知道这些奇特的感受都源于何处。我第一次知道爬山虎的名，是上小学低年级时学到一篇课文叫《爬山虎的脚》，那带给我内心莫名憧憬的满墙的藤蔓和绿叶原来是爬山虎。在我以后的读书岁月中，不断从一些西方小说和插图里，见识与想象欧美的风物植被，爬山虎便被我一次次从脑中移植到了书中所写的那一处处地方去。又过了十数年，方知道它有更雅致的名字：常青藤。

爬山虎给过我最特别的心理体验，对远方、对未来、对前生的神秘联想，及对不可知的迷乱心情。

我在石梅小学的两年，奠定了我今生所有的爱好和擅长。小学毕业的时候，我的写作已经能意到笔随，顺理成章，深为老师嘉许，毕业之际，一定让我把四五年级四个学期的作文本都留给了学校和老师，说以后给新的学生作听写用。比起花木来，我感到我是愚笨的，而它们都比我精灵美丽。石梅园的花草树木，开启了我的智慧。

我在上中学一年后的暑假，悄悄地回到我思念的石梅园。燠热的夏日午后，园中空无一人，只有知了在密林里高声鸣叫。我一个人拾级而上，走遍校园的每一个角落，看望每一株树，每一朵花。这一幕距今已 20 年，至今仍是清晰。5 年前，我离开上海师大来美国，临行几日，我向师大园中的花木——望视，声声道别，因为我知道来日我一定会想它们。

（周虞农）

注：本文节选自《那些花儿》。作者周虞农，女，爱荷华大学亚洲语言文学系研究生，曾任《居荷》主编。

有　缘

我家与石梅小学有缘。祖辈教书，我的伯祖萧蜕、祖父萧盅友在石梅公校建办时由校长蒋凤悟特聘为国文、数理化教员。父亲萧理就读于石梅公校，20世纪30年代毕业于中央大学。早年与李强、周文才投身于革命，曾任常熟图书馆馆长、乡村师范校长，1951年因病去世。本人1953年毕业于石梅小学，投笔从军。子萧枫1983年于母校毕业，深造于市中，后由市中报送西安交大，毕业后在信息产业部设计研究院工作，现在加拿大。

书法是石梅小学的传统教育。它能培养孩子的求真、求实和坚韧的毅力。伯祖萧蜕是著名的书法家，祖父萧盅友，久负盛名，父亲萧理为常熟一杰，子萧枫曾获江苏省少年书法一等奖。1984年10月，他的书法作品还获得中部日本书道会"赏状"。

石梅小学为我家四代打下了扎实的文化基础。石梅小学是培养孩子从小有志气、求真、求实、求知的好学校，为此，我感到荣幸和骄傲。

（萧　乾）

注：本文写于2006年，作者系石梅小学1953届毕业生。

七十年前石梅求学

我的童年及少年时代，都在石梅小学求学读书。当时校长宗之华是一位瘦瘦的青年，他平时戴一副近视眼镜，只是管理校务，并不上课。到六年级时，我的班主任兼上语文课的是张伯禄老师（"文革"时含冤去世）。他是一位善良而循循善诱的老师，讲课也十分详细，待我们如子女一样。印象最深的年轻的女体育教师名宋月龄，秀美苗条的身体，约1米70左右的个子，上体育锻炼时，声音洪亮，还教我们童子军和舞蹈。那时是上世纪三十年代。什么《麻雀与小孩》《葡萄仙子》《三蝴蝶》的歌剧，在毕业时都在学校小舞台上演出，我们曾演过《威尼斯商人》的短话剧。

进入景立初中（女子斋）时，学校仍设在石梅小学内，但教室宽敞了，因为班级人数增加了。同学中有来自福山、梅李的，就寄宿在学校内，但人数不多。我们住在城区的女同学都是走读，因离家很近。我们的语文老师名邹朗怀，是一位资深的老师。讲的古文有陶渊明的《桃花源记》，范仲淹的《岳阳楼记》和唐代白居易的《长恨歌》等，每篇都要背诵或默写。每二周作文一次，要当堂交。因此，我们对邹老师都很敬畏。英语老师先后有曹粹娥和季良生两位老师传授。课本是由上海开明书局出版，林语堂编的开明英语读本，内有英国诗人斯蒂文森写的短诗和英语的希腊神话故事等，他们以朗读口授为主，语法讲得很少。最怕读的课程是高老师教的代数和几何。每课必需用心听课，否则不会做习题，课外作业较多。最喜欢上的音乐课是一位姓唐的女老师教的。她弹着风琴，教我们唱的歌曲有李叔同作词曲《送别》及《满江红》《毕业歌》等。跟她随口而唱，也不费力，上课也轻松，这也养成我大学时爱歌咏的习惯。初中时代各课一学期只有一次期末考试。因此回忆数十年前初中读书生活是愉快轻松的。

岁月如流水，老师们相继作古，不免对他们怀念。

（缪景瑚）

注：作者缪景瑚系石梅小学20世纪30年代老校友，本文摘自2005年11月8日的《常熟日报》。

珍惜在校的每一天（来信摘录）

"我们的学校，美丽可爱，山麓的校，校里有山……"哼唱着这首校歌，掐指算来离开石梅居然已有十三年的时间。在这十三年里，我从常熟到北京，又从北京到美国，辗转求学的道路上，在石梅的学习时光时常在脑海中浮现：画版画，练武术，唱歌跳舞学篆刻，电台播音，电视采编，学生工作，学科竞赛，还有大大小小外出比赛和学习的机会，这里有太多值得纪念的第一次，彼时的师恩难忘，童年的挚友情深，很多年后都仍然是我和周围人津津乐道的话题。

如果要问在石梅的学习生活对我最大的影响是什么，我觉得是它教会我怎样成为一个有趣的、有想法的、不平庸的人。那个时候还没有素质教育这个时髦说法，但是在我看来，当时我在石梅受到的教育便是素质教育的精神所在。那时候没有分数和排名的压力，但有像钱易华、于春明……这样兢兢业业地辅导我们的良师，鼓励我对于自己热爱的东西要积极主动全力以赴地争取。于是当时五年级的我自己跑去书店抱华罗庚金杯赛的辅导书回来啃，第一次发现原来不为分数不为老师、家长的学习是这样快乐。后来，我在学习上取得的成绩很大程度上也都得益于当时养成的这种学习态度和习惯。那时候，我和周围的很多同学都活跃在学校的各种兴趣小组和课外活动中。正是这些丰富多彩的活动，让我很早就发现自己在学习之外热爱和擅长的东西，也让我更加热情开朗地与人相处。五年级时，辅导老师程剑鸣、王根元带领我代表江苏省去天津参加全国第八届青少年科学发明科学论文竞赛，可以算是我成长中第一个重要转折，这不仅是因为当时很幸运地得到了很好的成绩，更是因为那短短八天里，我有机会和来自全国各地的优秀的同龄人同台竞技，广交朋友，树立信心，激发斗志，扩大眼界……若在我身上有那么一些所谓的"志存高远"，大概是从那个时候开始的吧。

这么多年过去，一直很想跟母校的老师们说声谢谢，如果说后来的我在一些方面取得了成绩，那都得益于在石梅小学受到的良好启蒙。前两年回国去过石梅，读书台边依然书声琅琅，新的校舍、操场非常漂亮。我想现在的学生们一定有比我们当时更优越的条件和更多的机会，我想对大家说："珍惜在校的每一天，很多年后你们也一定会发现在这个园子里有自己最宝贵的成长收获。"

2010 年 4 月 20 日于美国芝加哥

（李冰阳）

注：作者系石梅小学 1997 届毕业生，1997 年 1 月获茅以升全国少年科技奖，现为美国密歇根大学研究生。

眷恋母校

　　每一次的大雁南飞是春天去了的象征；每一次的枫叶火红是秋天来了的象征；而当你接过了梦寐以求的学位证书的时候，却是告别母校的象征。有人说，天下没有不散的宴席，时间会让人淡忘这一切。可我想，时间定会让人铭记这一切。过去的离别就像一杯酒，越老，便会越来越散发出迷人的醇香，当以后回忆起这一切时，我一定是幸福的。

　　母校，是您，托着红日冉冉升起；是您，培育幼苗参入云天；是您，孕育花朵婀娜多姿。

　　忘不了，美丽的校园！在这里的每一天都像一幅多姿多彩的画卷。依稀记得，那一天，母校把第一条鲜艳的红领巾系在了我们的脖子上；那一天，母校颁给我第一张奖状；那一天，我第一次代表母校参加比赛……这一切，是我永远忘不了的。您像一棵大树，您像一江春水，您像一位母亲，用甜美的乳汁哺育着我们，使我们茁壮成长。在这里，我们受到了严格的教育，在这里，我们养成了奋发努力、团结友爱、讲究文明、遵守纪律的学风。我们在您温暖的怀抱中获得了知识的琼浆、智慧的力量、做人的道理……

　　忘不了，敬爱的老师！忘不了您那谆谆教诲，忘不了您那慈祥的目光，忘不了……从枯燥的拼音字母到朗朗上口的作文，您为我们操了多少心，流了多少汗。您是勤勤恳恳的园丁，您是默默无闻的春蚕，您是英雄身后的英雄，您是巨人脚下的巨人！您既温和又严肃，既谦逊又清高，既平凡又伟大。您用满腔热情教我们懂得了淳朴、自然、充实、高尚。参天大树忘不了根须，浩浩江河忘不了源头，我们又怎能忘记自己的老师？所以，我坚信，我们会笑着告别。我也坚信，只要我们怀着坚定的信念，以后会有成功的花朵开放，而它的芳香会飘到这里。无论你以后在哪里，母校一定会为你的明天感到骄傲。我想，母校就像我们的家、我们的故乡一样，也许在这里发生的每一件事情都是平凡的。在离别的时候，总会有那么一丝的牵挂与眷恋……

（倪至涵）

　　注：作者系石梅小学 2010 届六（6）班毕业生。

"六一"忆石梅

不知从哪一年起，我不再过儿童节。

缤纷的糖果、滑滑梯、洋娃娃、"大风车""一休哥"……离我远去了，我所剩下的只是回忆。

很意外地被小学的群加了，管理员的心语是：童年的友谊不能忘。

真的，有时会情不自禁地想念石梅。

四年级的时候，我在石梅小学烹饪课上学会了做菜。虽然，我们的劳动成果让我们食不下咽，但我们认为那是人间最美味的食物。

体育课上，我们学会了石梅拳，看到武术队好友的飒爽英姿，便联想到侠女了。

五年级的时候，我参加了石梅小学一年一度的军训。第一次离家，最后离开军营的时候大家哭得很厉害，都舍不得。这样的军训应该是没达到"训"的目的，因为从那以后，我再也没体会过如此快乐的军训了。

艺术节、兴趣小组、出黑板报、做值日生、评"三好"……我无忧无虑地在各种舞台上挥洒着汗水，收获着成长的喜悦。

可是，"他们都老了吗？他们在哪里呀？"

想念石梅，想念石梅花圃里的花匠爷爷，想念石梅池塘里的睡莲和红鲤鱼，想念石梅的百年银杏树，想念石梅桂花亭里每年秋天的香气四溢，想念石梅那采得到桑葚的后山……

那天进母校网站浏览，看到很多熟悉的图片：石梅的小学生们穿着统一的校服参加诗朗诵比赛。那一刹那，我恍惚了，我仿佛看到了当年的自己。

"我们的学校，美丽可爱，山麓的校，校里有山。曲廊古亭台，鲜花四季开，当年帝子读书处，今朝育苗展风采……"

愿石梅小学和虞山同在！

（阆凝居士）

注：作者系石梅小学 2000 届毕业生。

大 礼 堂

"侃侃"是两个寻常的字，组合在一起，解释为带着一点漫不经心的聊天模式。侃侃的歌，或柔婉，或铿锵，或浅吟低唱，听来总觉荡气回肠，像柳絮儿飘在风中，无端惹人惆怅。最爱听她那首名叫《大礼堂》的歌，歌声中弥漫着的那种淡淡的怀旧情绪，让我不禁怀念起很多年前那个被我们单位称为"电化教室"的大礼堂。

宽大、敞亮，还有舞台，可以承担三百多人听课的公开教学是我们那个大礼堂的最大亮点。因为学校当年还没有建成闭路电视系统，所以学校每周都要在这里放一场电影。不管片子有多老，也不管机器有多旧，学生们把看电影当成了一周当中最期待的"节日"，电化教室也成了他们心中非常向往的地方之一。教师在这儿的活动也很频繁，因为这儿配备的投影幕布是特大号的，投影机是高亮度的，而且还奢侈地配了两只，还有录像机和音响等设备，教师的一些公开展示课都愿意在这儿上。因为比较集中，所以都要提前登记预约。这儿还是全校教师集会的地方。还记得在每个学期结束时，学校工会都要搞一次全校教职工联欢活动，大家可以在这个舞台上施展才艺、自娱自乐。其实，当时所谓的音响，说白了也就是功率稍大一些的扩音设备，唱歌都是要用自己带去的磁带，但这并不妨碍我们的参与热情，歌者自得，观者自乐，时至今日，耳畔依然荡漾着当年的欢声笑语。我的办公室就在这个礼堂后面的一个房间里，当时叫"电教办公室"，也就是现在的"信息中心"。

时过境迁，这幢房子在前些年因为被定性为危房，不得不拆掉重建了。但重建之后却被分割成了若干个空间有限的电脑教室。如此一来，当年大礼堂的风光也就此消失，成了一个永远的遗憾，留下的，只是一些温馨的记忆碎片。

而今，静静地沉淀下来，倾听侃侃的歌，便如同聆听一种被遗忘了的语言。在脑的褶皱间，在心的尘埃底，记忆零零落落被她沉郁芬芳的声音唤醒。于是，车里听，家里听，办公室里听，听得儿子都烦了。因为喜欢，所以也只能让他忍着。

（陆　均）

注：作者现为石梅小学教师，在石梅工作已有 23 年。

喜欢石梅

　　日本作家东山魁夷在他的《风景巡礼》一书中写道："对于人类来说，生存本身就是旅行。"我想，从某种意义上说，这地球上的一切，不管环境如何，都可以看做是在时间隧道里进行着"生存的旅行"。这使我想起石梅小学的历史：清康熙中期，那个叫刘殿邦的粮守道在读书台畔构建蹑云山房；康熙五十九年（1720年）邑人陶贞一等集资向刘殿邦和儿子刘素中契买蹑云山房及其附近山地房屋作邑人子弟读书场所；雍正三年（1725年）粮道杨本植将蹑云山房改建为游文书院；清光绪二十八年（1902年）改为常昭学堂；宣统元年（1909年）始称"石梅"。民国和建国以后校名更迭又有许多变化，直至改革开放以后才稳定下来。而学校的规模也随着石梅的历史"旅行"向前，"适者生存"，"风景"也越来越好。近三百年的历史，培养了无数的人才，也涌现了一代又一代喜欢石梅的石梅人。

　　"学校就是母亲……即使你成了大人，周游了全世界，见过了不少世面，她那质朴的白色房屋，关闭的百叶窗和小小的园子——那使你的知识之花最初萌芽的地方，将永远永远地保留在你的记忆之中……"亚米契斯在《爱的教育》中写下的这段话，不仅适用于学生，而且也适用于所有在石梅工作和生活过的人。我一直以为，学校最基本的功能应该是"教"与"学"，一切的喜欢都应该体现在教与学上，教与学也都是一种生命的旅行行为。它首先使我们思想下沉，对我们的精神生命进行淘汰过滤，聚结出精神生命的健壮与瓷实。在这个层面上，教师更像教师，学生更像学生，人所具有的积极的生命态度和行为，在一次次各种形式的教与学之后，不断上升与飞翔，不断让学校的历史、教师与学生各自走向理想生命的序列。而"旅行"中的石梅，为一代代具有理想与献身精神的教师和那些求知欲强并富有探索精神的孩子提供了一个施展身手的舞台，并让他们在这些过程中获得快乐，获得生命旅行中的精彩，也由此激发出一种叫"喜欢"或者"热爱"的巨大能量，推动石梅小学向前发展。

作为曾经的石梅人，我期望，在通向未来的道路上，石梅人不断地用"喜欢"两字，踏踏实实，把学校的历史和风景打磨得闪闪发亮！

（浦君芝）

注：作者原系石梅小学教师，现从事地方志研究工作，中国诗歌学会会员，江苏省作家协会会员。

母校巡礼
——贺石梅小学扩建竣工

真兮"石梅"！那布局精巧的古建风采——

场院相望、亭廊相通、厅室相连、台阶相依……

美兮"石梅"！那悦目怡神的园林风景——

桂花厅赏月、紫竹林吟风、炼丹亭览雾、枇杷园咏雪、桃花坡观霞……

善兮"石梅"！那出卷尔雅的文化风情——

昭明太子读书台、游文书院、市图书馆古籍部……

难忘这些已逝和尚存的名胜古迹，品味着他们在静穆中显示的高远、深刻，品味着他们在静穆中散射的人文气息。

"石梅"的求知欲望，根深叶茂；"石梅"的治学精神，源远流长。

一届又一届的莘莘学子，来此夯实基础，再向彼谋求发展。一辈又一辈的诚诚教师，或在此永传校统，或向彼输送薪火。

那琅琅的书声，如乳莺长啼；那格格的笑声，如新雁晓鸣。吟诵诗文、演示习题、弹奏乐曲、描绘花木、挥舞刀抢、洒扫庭除……每个地方，都是儿童畅想希望、追求憧憬的乐土。

恩师以严父法度、慈母心肠传道、授业、解惑，赋学生以信心和恒心，留自己以虚心和诚心。集世上最美的语言、色彩和旋律，也难塑造教师的红烛精神、春蚕风度。

我的母亲，曾执教于石梅，经历了三个历史时代，她欣慰于石梅的教风学风，曾口占颂语——

讲堂雅洁，传道如春雨润物。

出院清幽，修业似冬笋破土。

有此环境，方有此视听；有此感触，方有此诗情。"石梅"，不愧是学海灯塔、书山菩提。

漫游"石梅"，仿佛一草一木，都含诗情；一花一果，都显画意；一石一泉，都寓哲理。今天，崭新的校门和钟楼正以它的情感激励石梅人的进取心，以它的气势召唤石梅人的使命感！

永忆"石梅"——

我们的道德、意志和知识的三帆船，就在这美丽的港湾起航。

永忆"石梅"——

这里是我们向社会科学和自然科学这并峙的双峰攀登的起点。

"石梅"历尽沧桑又焕发青春。它正在不断地积累新的教学经验、激发新的教学思维、构建新的教学体系、运用新的教学设备，满怀豪情地奔向新的教学目标！

愿"石梅"起点更高、终点更极！

（施大威）

注：作者系石梅小学毕业生，现就职于常熟市尚湖高级中学。

石梅旧影
——为贺石梅新校落成而作

石梅东侧有言子墓，西侧有梁朝萧统昭明太子读书台，而最有名的是一座有百年多历史的石梅小学。学校建于清光绪二十八年（1902年）。清朝末期，曾建立过书院，是光绪帝老师翁同龢曾经读书的地方。追思石梅，也是我家三代人读过书的学校（前一代人有我姑妈等，后一代在上世纪六十年代有我的子女）。而我童年在石梅小学求学也有六个年头，那时，军阀战争频繁，因此办学简易。校长宗之华、语文教师张伯禄、体育教师宋月龄等，关怀同学，爱生如子女。当时县立初中女子部亦设在石梅小学旁。语文教师邹朗怀，他讲解唐诗人白居易写的《卖炭翁》《琵琶行》《长恨歌》，都要背诵，因此诗人的名句至今仍留在我脑海中，记忆犹新。英语教师季良生，戴一副近视眼镜，中等身材，他讲解林语堂先生编写的《开明英语读本》，其中有英国大诗人斯蒂文森的短诗，也朗朗上口。最值得怀念的美景，是小学旁有虞山脚下的焦尾泉，平时浅浅的一个水潭，但到梅雨季节来临时，雨水满潭，成为深深的小池塘。每逢期末，约上两三位同学，在读书台上复习功课，悠悠自得。春末初夏季节，校园内栀子花、金银花盛开了，一片幽香，使人陶醉，尤其是在中秋节时，园内无数桂花盛开，丹桂飘香，如今校园内还建有桂花亭，也值得怀念。虞山古城名贤多，昭明遗址石梅留。众人夸说环境好，教育学子第一流。

（缪景瑚）

与孩子共同成长

——家长感言选登

2006 年 4 月，石梅小学四年级各中队举行了“感恩的心”主题队活动。活动中，家长也走进了课堂，他们留下了这样的感言：

活动开展得十分有意义，它拉近了教师与家长、父母和孩子之间的距离，使孩子真切地体会到父母的养育之恩。当队员们表达对父母的感恩之情，富有表情地吟唱起诗句时，当孩子们将亲手制作的感恩卡递给父母，拥抱父母并送上一句话时，相信在场的父母都为之动容，真切地体会到孩子真的长大了。相信这次活动将成为孩子人生中的生动一课。我们家长欣慰地看到学校教师不只是教学生知识，更是教学生做人！谢谢老师们的辛勤培育！

——黄崇杰家长

此次活动，让我觉得我的孩子真的长大了。看着孩子认真在家排练，积极参与班级活动，我看到了责任、负责、执著在孩子身上的体现，我想这些都是分数无法替代的可贵的品质。拥有一颗“感恩的心”，是当今孩子应该具有的品质，是对孩子一生有益的财富。作为家长，我们深深地感谢教师的关爱和用心良苦，作为家长，我们是幸福的。

——陈孝聪家长

当女儿哽咽着递给我贺卡时，我的心为之怦然一动：此番老师的精心策划与教育，终于达到了预期效果！在当今倡导素质教育的时代，教育孩子怎样为人，怎样去用一颗感恩的心回报父母、回报国家、回报社会，尤为重要。值得欣慰的是，在女儿抹去泪水的同时，我清楚地意识到，在老师的教导下，她长大了！

——陆恬依家长

2008 年 9 月至 2009 年 6 月间，六（4）中队开展了**"做一个有道德的人"主题实践活动，之后家长们纷纷感言：**

自从开展了"做一个有道德的人"活动后，孩子懂事多了，做事认真多了，从不会做家务到做不好，到最后能独立完成某些事，自觉性不断增强。孩子不仅可以在劳动中学到生活的小窍门，而且也体会到了家长的不易。希望孩子把刚刚养成的习惯坚持下去，做到持之以恒。也希望学校每天布置一项家务劳动作业，让孩子养成劳动的习惯。

——杨磊家长

我认为"做一个有道德的人"这次活动开展得非常好，也非常有意义。道德是一个人的根本。孩子从小就应该立志做一个有道德的人。在这个寒假，韶倩做了很多家务，以前她不会做家务，就算来帮忙，也是帮倒忙。这个寒假，她很勤劳，每天帮我做家务，还给她爷爷、奶奶读报。在这一年里，她有了很大的进步。继续努力的话，相信她以后到工作岗位上，社会上，也会受到别人的欢迎。这次活动让我的孩子受益匪浅。

——黄韶倩家长

"做一个有道德的人"让我的孩子学会了自理、自立、自强。在本学期开学之前，她对上学期的数学、语文、外语进行了温习，这是以往一直想做而总是没有做到的，可以说是一个不小的进步吧！每天除了学好知识，她还认真参加游泳训练，效果明显。同时，她也懂得了一个道理：努力才会有进步。爸爸妈妈希望她能不断增强学习的自觉性和主动性，多开动脑筋，提高效率，无论在学习上，还是在训练中都能让父母为其骄傲。

——周晟家长

2009 年 9 月 1 日，开学第一天，五（3）班班主任施建军老师给家长们写了一封长长的信，后来，他也收到了厚重的"回复"：

您信中提到的"赞美""激励""批评""惩罚"，我想这些是一个孩子成长必须经历的。我的孩子，也许您已有所了解，是一个比较"个性"的孩子，事实上，家里也一直在关注他。对于这样一个倔犟的孩子，在表扬、批评的同时，也许也需要一点艺术性。今后的学习中，我的孩子或多或少会给您添些麻烦，在这我先说声"抱歉"，也为您的耐心教育、引导说声"谢谢"。我也相信，我的孩子在施老师的严格要求下，会变得越来越好。

——朱晓炯家长

刚知道您是我孩子新班主任时，心里有一点担心：作为一名男班主任，会不会有独到之处？在面对孩子的情绪问题上会不会比较粗枝大叶，觉察不到孩子的一些细节问题呢？

但从您的几次短信中，我发现您与众不同，有独特的人格魅力，责任心更是毋需置疑，所以这些担心是多余的，望见谅！您信中的每一个字，让作为家长的我深受感动，也让我受益匪浅。在教育孩子的问题上，说老实话，我真的非常"头疼"。一方面是由于经验不够丰富，文化水平的限制；另一方面是有时会有一些惰性心理。比如，很少检查子昂的作业，而更多的是检查他的情绪，关心他的考试成绩。我想在这方面，我们家长在您的引导下，会逐渐完善的。

——曹子昂家长

开学第一天，接到您给我们的信，说实在的，内心的感动多于激动。您的信，我们已经拜读过了，字字句句都闪烁着真诚和睿智，令我们做父母的肃然起敬。我们感受到了您对学生的那份爱——就像我们爱自己的孩子那样。感谢您！

今天，是开学的第一天，可是就这一天您就赢得了孩子全身心的喜爱。放学回家，孩子一路上都和我谈论着您，夸着您！这令我感到很欣慰。说实话，我是有点担心他能不能适应高年级的学习生活的，但是看他今天的反应，我心里的石头稍稍放下了点。

孩子健康成长是我们共同的心愿，正如您说的：我们是同路人。优缺点在我家孩子身上并存。虽然我也从事教育事业，但是对他身上出现的许多问题，我有时还真的无从着手。您信中提到的"表扬""批评"（包括适度的惩罚），我支持您的观点。教育不需要体罚，但是教育需要适当的惩罚。而一味的批评会让孩子自卑，一味的表扬又让孩子自傲。所以，在以后的生活中，不管您对孩子是表扬还是批评，我们家长都会紧密配合您的教育。我相信，有您的教育，我们的孩子会把每一次的失败都归结为一次尝试，不自卑；把每一次的成功都想象成一种幸运，不自傲。就这样，他微笑着，弹奏从容的弦乐，去面对挫折，去接受幸福，去品味孤独，去沐浴忧伤，顺利走完小学生活。

虽然我们彼此尚未熟识，更谈不上互相了解，但您对孩子倾注的心血和满满的爱，将会是孩子健康成长的源泉，把孩子交给您这样富有爱心和责任感的老师，我们家长放心！相信，不久的将来，你我的脸上都会浮现一片不落的灿烂！

——黄安逸家长

读完施老师洋洋洒洒的三千字来信，惊叹您的才华之余，更多的是感激和信任。因为缘分，我和我的孩子能在今后两年的成长路上与您同行。相信只要我们携手共进，互相配合，孩子一定会绽放其独特的光彩。因为信任，孩子有了您这样的良师益友，既能欣然接受表扬，又能虚心接受批评，既能胸怀理想、志存高远，又能脚踏实地、从小做起。是的，只要我们用心走过每一天，只要我们每天都进步一点点。相信两年后的今天，我们会自豪地说——我们是最棒的！

——汤雅楠家长

2010 年 4 月，石梅小学为三年级学生举行"我十岁了"的成长仪式。活动中，家长留下了这样的感言：

成长是快乐的，更需要引导和体会。我希望孩子通过成长仪式能留下一个美好的回忆，进入新的生命生活阶段后，能够真正懂得感恩，懂得追梦，懂得独自完成更多……

——丁旭家长

成长仪式可以使孩子真切感受到成长的幸福，激发他们对美好未来的憧憬，培养爱心，收获温馨和信心。从感受关爱到回报他人的爱心的过程，对培养、完善孩子的人格有重要意义。

——鱼泓漪家长

十周岁代表孩子告别儿童时代，成为一个拥有更多能力、需要承担更多责任的少年。在这时为他们举行集体成长仪式，很有意义。

——钱霖家长

十岁，是人生中一个重要的阶段，是孩子成长的界碑。我认为让孩子集体过一个充满温馨、有意义的生日，能让他们真正感受到成长的幸福，并懂得珍惜现在的幸福生活。

——吴皓涵家长

十岁的孩子已经基本可以明辨是非，这次活动的成功举办一定会在孩子们的心里留下深刻的印象。俗话说：小爱治家，大爱治国。从小培养感恩之心，这才是学校培养栋梁之才的基础，光靠成绩优秀而忽视爱的教育会使我们的孩子误入一个分数至上的怪圈。感谢老师，感谢学校有这种理念，我们对学校的教育很放心。

——张晨琰家长

学校精心策划的"集体生日"让孩子收获了满满的感动和温馨，真正触动了孩子的心灵！

——汤晨伊家长

这项活动对学生和家长都是非常有意义的。希望孩子们在活动中增强自信，体验快乐，培养良好的社会公德意识和文明的行为习惯。

——邹汶霏家长

2010 年 6 月，石梅小学为六年级学生举行毕业典礼。在"种下绿树，放飞希望"活动中，家长留下了这样的感言：

石梅小学不仅有环境优美的校园，而且有着深厚的文化底蕴。我的孩子在这里度过了六年难忘的小学生涯，收益良多。我希望他能通过这种有意义的活动，知道感恩母校，感受到母校深深的爱，浓浓的情。

——姚胤家长

当孩子从童年步入少年的时候，是老师在她的心灵中播下了爱与知识的种子，当孩子们要离开母校的时候，种下的绿树将会与他们一起成长。让孩子们的笑脸永远掩映在绿树丛中。

——王天歌家长

等孩子初中毕业时，我会带他回来看看；等孩子高中毕业时，我会带他回来看看；等孩子大学毕业时，我还会带他回来看看。因为在这里，他度过了学习生涯中最初的六年，正如小树长高了。等他成年后，也许儿时的回忆有些模糊了，但当他回到石梅小学的校园里，这里的一草一木会勾起那些点点滴滴趣事。

——顾平羽家长

石梅园记录了孩子成长的点点滴滴，希望孩子能像棵棵小树一样健康快乐地长大。也许十年、二十年后再回母校，孩子们的回忆也一定是美丽的、多彩的！

——王尤嘉家长

转眼间，六年的小学生涯即将结束。在这离别的时刻，孩子们种下一棵友谊之树，体现了孩子们对母校的深深眷恋；种下一棵希望之树，展望孩子们的未来。孩子们会和小树一起成长，共同面对成长道路上的重重困难。等到小树长大之际，亦是孩子们回报母校之时。愿他们如棵棵幼苗，茁壮成长！

——张依依家长

在这离别时刻，种下一棵希望之树，是一件非常有意义的事。感谢学校，感谢老师，栽培了我们的孩子。

——何勇家长

（顾惠芳　整理）

好学校，从关注每个学生开始

石梅小学优质教育多元感悟

"我十岁了"成长仪式

毕业了，给母校种下一棵纪念树

沟通家校的《同心桥》

日本友人来访

我们的小学

接到顾泳校长的电话，我人在高速公路休息站。电话里她希望我能为石梅写点什么，我感到非常荣幸。石梅小学钟灵毓秀，我的两个孩子先后在此毕业，前前后后加起来有八年的时光是在虞山脚下这座小学校里度过的。作为孩子们的母亲，我也因曾将他们托付于石梅，而对这座小学校怀有特殊的情谊。

石梅小学的部分学区至今还残存着传统学塾的清辉气息，那种"闲门向山路，深柳读书堂"的建筑构制，在我的认知里，似乎更能与《论语》"博学而笃志，切问而近思，仁在其中矣"的治学理念达成和谐，而后者正是石梅人的追求，对知识的学习从感性出发，抵达理性，而后去探索一种生命的本质。"笃志""激趣""切问""博见"，我是从已经就读初中的小女儿萧游那里问来的，她至今还记得教室黑板上方的这八个大字，它们的颜色、大小，但是她很难描述这八个字的深意。我想这种情形大概进不了履历表——那种目眩神迷的，有关学历、经历、师承影响的记载栏里，不属于知识学习领域却长年对她起着教化作用的共有图像是不会出现的，因为在那里我们看不到童年的重要性。

我的两个孩子先后在 2002、2004 年进入石梅小学就读，在这之前，他们在台湾生活过一段时间。2002 年 9 月开学前，我带着好奇的孩子们去认识石梅。他们发现小学校里有很多石阶，树木繁茵，教室层层叠叠，沿着操场的一侧，还有蜿蜒的长廊，通往一些更为幽静的地方。在一棵巨大的银杏树下，孩子们还发现了一块刻字的青灰色石块，"游文书院"，那时的他们还不认识这四个字，当然也无从知晓它其实是一段长达百年的历史。青石块过去是一户洞开的圆门，我们曾在那里留影，孩子们无比兴奋，为着一个新的开始吧。现在再来翻他们在石梅学习生活留下的影像，镜头里的孩子们依旧站在绿荫下青草旁生的小径深处：萧游站在洞门外，萧遥已倚上洞门。他们后来也是按照这个次序进入石梅，前后有四年的时光重叠，环境相同，用的教科书、练习本、呼吸的空气都一样，甚至连学校里的老师也渐渐熟悉这一对

好学校，从关注每个学生开始

石梅小学优质教育多元感悟

兄妹时，共同的话题越积越多，石梅小学成了我们家的银盘，每天都有碎银满眼亮丽地进来。

还是回到石梅小学吧。萧遥入校时的校园，小学校的占地比现在少一半，主要建筑虽然至今保存并使用着，但如今的用途已有了变化。旧礼堂大约是民国时期的建筑，我儿时曾到石梅小学表演或领过奖之类，具体事件忘记了，只记得当时朝圣一般的心境。圆洞门对直大礼堂的地方，以前有过一个小水池，这个小池似乎在我年少时就存在，里面长满"莫奈的睡莲"，池鱼时有时无，它们在孩子们寒暑假时，似乎随时也会离开小学校一阵子。池塘里曾矗立起一尊不锈钢的雕像，我总觉得它像一把刀生硬地划破一层丝薄的记忆，闪亮地站在那里，衬得一墙之隔的昭明太子读书台更加古老而弥足珍贵。石梅小学现在的校区很大，她保留了依山而建的制式，从林木扶疏的山脚一路逶迤而下，经过时有落花的甬道。那把突兀的"钢刀"令人欣慰地为假山湖石所替代了，明亮的教室与大操场，石梅的格物已推换出一层新的面貌。新校区落成的那一年，萧遥刚好毕业，两个孩子从一年级慢慢升到六年级，我也因他们认识了石梅的众多老师。须老师从萧遥一年级跟班到四年级，数学张老师和英文蔡老师是他们共同的老师。年轻的须老师，在我的印象里，总是非常乐意和孩子们一起成长，她对萧遥的鼓励让这个敏感的孩子没有在童年的困惑里丧失掉观察外物的兴趣；我的两个孩子在外语学习上有超强的自信和兴趣，这与蔡老师温厚的教学方式是分不开的；张老师是位资深的数学教师，她懂得孩子微妙的心理。萧遥就读的班级曾有一位学习有障碍的同学，每次考试完发试卷的那天，就是他的受难日，很多同学替他感到难过，但大家都不知怎么办好，班里也有同学笑话他。萧遥回来问我，如果有一天自己考不好，是不是也会被笑话？孩子的恐惧微妙一如幻想，它是一道小小缺口，在小学校里这样的缺口随时会弥漫。张老师的资深与细微也在于此，她后来在批改那名同学的试卷时，逆向而作，只勾对的题目，别人是一百分制，错一题扣一题的分，到这位同学时是对一题加一题的分，这样雪白的试卷上总是鲜艳的红构。萧遥回来在餐桌上给妹妹说张老师的试卷批改法，妹妹只觉得好玩，但这令我感动，并不是所有的孩子对学习充满乐趣，遇到了一位老师，他（她）的关爱与鼓励必定能够引发孩子某一刻对学习的喜爱。

最令萧遥怀念的是仲老师。他现在提起仲老师，会自然而然地背上一段诗人食指的诗歌《相信未来》。因为仲老师在课堂上跟他们讲述诗歌时，某次误将《相信未来》的作者说成了海子，萧遥指出了老师的谬误，仲老师在课堂上当众表扬他："大家要像萧遥那样看书，以后如果写作文，像老师这样引用出错，那是会贻笑大方的。"他鼓励孩子们阅读，观察自然与人，自由思想。萧遥在石梅的最后两年，他和仲老师讨论诗歌、小说，海子、鲁迅等文人是他们的课余话题，他们还分享阅读过《永玉六记》！我有时会情不自禁地记录孩子们在石梅的点滴，开始是想了解他们是否适应学校生活，到后来却发现，是我要去适应他们除家庭以外拥有了石梅这个自然与社会相连接的空间。

孩子与大人对事物的概念、想法是有差异的。我们不能特别去排斥形式，对孩子们来说，特级教师与模范教师的称号问题并不存在，但是我们时常为了让孩子们掌握一套更系统的学习方法，而进一步宣扬审查的必要性，这种做法是否那么重要？石梅的生命教育最大资源或许正有赖于她独有的地理环境以及人文积累，也或许正因为这点，顾校长才会将教育定位于生命的发现与实践，因此孩子们在石梅就是有本事得到他们想要的东西。萧遥三年级开始，教室在后山，他告诉我后山上有块巨石，下课时，只要时间允许，他和同学就会爬到山上，把巨石当作滑梯溜。有一次，他神秘兮兮地告诉妹妹：后山往西边过去的林子里，可能有鬼！校友萧游也曾问他："你觉得小操场上那棵石榴树结的果子会不会是鬼偷吃了？"还有，山上那些羊和母鸡到底是谁在喂养？我还知道萧游三年级时的一篇观察日记，记录了她自己在石梅小学所见的自然：

"我们学校有个桂花亭，我哥哥以前在四（4）班上课，秋天的时候，我放学后去找他，每次经过桂花亭，一阵阵清香扑来，都快把我熏醉了。

"去年，我家院子里就种了一棵桂花树，是金桂，可惜啊可惜，桂花要种下去三年才能开出像学校一样的桂花。我们家的桂花是从别的地方移来的，去年秋天，桂花树开了一点点花，像昙花一样，开过就没有了。……"

萧游的观察日记写在方格作文本上，我将它收藏在一个藤条箱里，同在箱子里的，还有他们在石梅小学获得的奖状、课堂小纸条、未完成小说、自己谱写的琴谱等。我还复印了他们当值日班长时做的记录，萧游多年任职宣传委员，这令害羞的她一点点走出去，最终拥有了一帮性情投缘的好朋友，同进同出，引为莫逆。而萧游熟悉的顾校长，某一年冬天，她们曾在厕所偶遇，校长跟她一起洗手，对她说："今天可真冷啊！"白日无声，西北风每年会从常熟城外萧瑟的江边吹到虞山脚下，它掠起小学校里几片银杏金黄的碎叶，在树下，孩子们不是读书，就是游戏，童年昙花一现，不复烂然溢目了。

今年六月，萧游马上要毕业了，我们一家途经石梅，远远看到虞山脚下小学校的钟楼在行道树的光影里晃动。隔着车窗的萧游突然夸张地大喊："看，那是我伟大的母校！"我知道他们的母校在哪里，如果时间从不留下痕迹，记忆一定不会像现在这样鲜明。"当你还没从一个学校毕业的时候，那个学校还不能算是你的母校"，那一天，听了萧游的话，萧遥这样说。夏天再一次来临时，虞山上的野栀子花开了，不久，萧游从学校拿回了一本红色的毕业证书，石梅小学终于成为两个孩子共同的母校。

（赵丽娜）

注：作者系石梅小学 2008、2010 届毕业生萧遥、萧游的母亲，专职写作。

有一个孩子向前走去

二十年前的一个春日下午，我读大学二年级。在读了纪伯伦的《先知》以后，老师给我们布置了作业，就是遥想二十年后你的爱人和你的孩子将会是怎样的状态。我记得我写了一篇文章《梦里开朵山楂花》，是遥想二十年后我女儿的生活，老师给了我一个 96 分的高分。下面的批语是：梦想成真。

十三年前的初夏，槐花开的正盛，空气里满是香气。这个梦里的孩子真的来到我身边。和我想象得差不多，只不过眼睛没我想象的那样大。又想起了《先知》的《论孩子》："你们的孩子，都不是你们的孩子，乃是生命为自己所渴望的儿女。他们是借你们而来，却不是从你们而来，他们虽和你们同在，却不属于你们。你们可以给他们以爱，却不可给他们以思想，因为他们有自己的思想，你们可以荫庇他们的身体，却不能荫庇他们的灵魂，因为他们的灵魂，是住在'明日'的宅中，那是你们在梦中也不能相见的。你们可以努力去模仿他们，却不能使他们来像你们，因为生命是不倒行的，也不与'昨日'一同停留。你们是弓，你们的孩子是从弦上发出的生命的箭矢，那射者在无穷之中看定目标，也用神力将你们引满，使他的箭矢迅疾而遥远地射了出去，让你们在射者手中的'弯曲'成为喜乐吧；因为他爱那飞出的箭，也爱了那静止的弓。"

女儿来的时候我给了她足够的自由。有一年春天，她路过颜港托儿所，突然指着门口的画着大草莓的教室说："我要上这个草莓班。"于是她就在草莓班里上了两年托儿所。要上幼儿园了，我带着她到全市的幼儿园到处转悠，最后她自己选定石梅幼儿园，据她自己的描述：这里花多，树多，最奇怪的是校园里居然有个小山洞可以钻来钻去。于是她在石梅读了八年书。

女儿上石梅幼儿园的时候，我给她布置的作业是每天把在幼儿园里看到的听到的告诉我，她每天回来就会告诉我稀奇古怪的很多事情。我始终觉得，学会表达对一个孩子的思维非常有好处。一年四季，我经常带她出去散步，看见迎春花，她就会想起幼儿园教的小诗："迎春花，开黄花；迎春花，吹喇叭，滴滴答，滴滴答，春来了，春来了。"夏天带她去曾园，让她领会"接天莲叶无穷碧，映日荷花别样红"的意境。秋天到校园里接她的时候，看着校园里片片飞来像蝴蝶的银杏树叶，会和她分享"碧云天，黄叶地。秋色连波，波上寒烟翠。山映斜阳天接水。芳草无情，更在斜阳外。"冬天下雪的时候，我会带她去学校后面的读书台，看书台积雪的佳境。我和女儿一直能记起石梅小学的上下课铃声用的是读书台的音乐旋律。

读书百遍，其义自见。我大学读的是师范专业，工作的时候选择了主持人的行业。我始终重视孩子的阅读能力。她上一年级的时候，我买了日本的儿童文学作家黑柳彻子的《窗边的小豆豆》给她，没有拼音，她读着读着自然会来问我不认识的生字，因为有很强的故事情节，所以她很感兴趣，读完小豆豆，她顺便认识了很多汉字。到三年级的时候，她可以自由阅读了。她阅读的速度非常快，一个晚上可以看完一本《淘气包马小跳》。在她出生以前，我家里就有一套36本的《世界传世童话》，这套书我全部看过一遍。凡是要求女儿看的书，我自己都看过。小学阶段，我注重培养她良好的品德和学习习惯，还有健康的心里状态，每天放学接她时，我问的第一句话就是：

"你今天开不开心?"我始终认为,愉快的心情是孩子最好的状态。

在石梅小学,我非常感恩这个学校给予孩子宽松的氛围和超奇特的想象力。记得孩子在小学三年级的时候,老师布置了一篇作文,要求主题和环保有关。我的孩子写了《假如天上下鸡腿》,故事情节大概是:地球上有个国王非常爱吃肯德基,所有的鸡腿都被他吃完了,于是他派人到外星球找鸡腿,飞船在空中和小鸟相撞,结果鸡腿从飞船里掉了出来,落到地球上,在太阳的暴晒下鸡腿就发臭腐烂,污染了整个地球。她在文章的最后说:所以我们要保护地球,不能乱吃肯德基。这篇我看了哈哈大笑的作文,老师居然给了一个极高的分数。这让我的孩子充满了奇特的想象力,而这种想象力伴随了她的整个童年,让她快乐无比。

在孩子小学高年级的时候,我把主要精力放在对她思维模式的培养上。每年开学后,当她拿到教科书的时候,我会认真阅读一遍她的教科书,我会了解一下她应该掌握的重点内容和基本常识。在她阅读《西游记》的时候,我就把钱文忠的《玄奘西游记》给她读,比较真实的历史和小说有什么区别,而且看看我国唐代的政治地理和现在的不同。最关键的是告诉她:人生就像玄奘去西天取经,先要有远大的目标和志向,然后克服一切困难,最后取到真经。人生之路本来就是历经九九八十一难的,人先要自助,然后才会有天助。孩子在读书的时候,语文,数学,英语往往是割裂的。现实生活中我不断给她出问题,让她把这一切结合起来思考。我和她出去旅游很少跟着团队,都是自助游,而且路线让她自己选择。六年级暑期她选择去海南岛。自助游,她必须要知道怎么去,海南岛有什么气候,什么物产,准备花多少钱。为了这个自助游,她找了很多资料。今年暑期我带她去了日本,但是从护照申请到选择线路全部由她负责,包括学一些基本的日语。令我欣慰的是,她在日本买东西居然会用流利的英语讨价还价。回来还对日本的动漫产业写了一个小报告。

言教不如身教。作为孩子的母亲,我尽量抽更多的时间和她交流。但同时,在她眼里,我始终是正面的、向上的、进取的。我自己没有不良习惯,社会上流行的打牌和麻将,我也不会,在家里休闲的时候,我总是一杯茶,一本书还有一些音乐相伴。生下孩子以后,我一直在外面进修,我上的是中文专业,后来又去读了新闻和法学,最近在外面读管理。这个年代是终身学

第七篇 永远的石梅

来自校友和家长的声音

251

习的年代。上草莓班的时候，我女儿的理想是当个做高级饼干的人。小学快毕业的时候，她告诉我：她将来从事的行业可能现在还没有。而现在她明确告诉我：她想做和创意有关的产业。

问起她对石梅小学的感受，她告诉我：每次想起石梅的时候，心里很温暖。是的，我也很温暖。想起大学里读过的美国诗人惠特曼的诗："有一个孩子向前走去，他看见最初的东西，他就变成那东西，那东西就变成了他的一部分；如果是早开的紫丁香，那么它会变成这个孩子的一部分；如果是杂乱的野草，那么它也会变成这孩子的一部分。"我们都想看见一个孩子，一步步走进经典里，走进优秀里，"一个孩子一天天向前走去，长大了，很有知识，很有技能，还善良有诗意，言语斯文……同样是长大，那会多么不一样！"

（须玉芬）

注：作者为石梅小学 2009 届毕业生刘颖西母亲。

女儿与石梅小学

昨晚女儿回来，大家一块聊天。我说唐宇一你身高多少，看上去蛮高的了。她说，刚量，身高一米五零，八十二斤。哟，一个小大人了，怪不得最近看着又长了点。

女儿现在十二岁，在石梅小学读六年级。一晃，她已经在石梅呆了八年了。有时我们讲她，说唐宇一，你在石梅呆了八年，也算是老石梅了，以后你不会再在任何一个地方读这么长时间的书了，你对石梅感觉如何？她说好哇，然后撇嘴笑笑。她还不大理解我们的话。

女儿 1999 年出生后，在机关托儿所呆了三年，就面临上小学的问题。我好像也没多想，说就到石梅吧。一来离丈人家里近，二来我对石梅很有好感。我是张家港人，只在常熟读过三年高中，并不了解石梅小学。我知道常熟有两所最好的小学，一是实验，一是石梅。那时候，似乎实验的名气还要响一些。但我觉得石梅是百年名校，另外它的校址和校园的景致很打动人。它位于虞山南麓，紧挨读书台，校园里有着许多的老树和梅花。都说"人杰地灵"，地灵是很重要的。我们希望女儿不仅读书好，而且将来回首往事时，能对这八年的就读生涯留下一个美好的回忆。基于此，我们家一致同意并选择了石梅小学。我们将女儿人生最基础也是最重要的八年交给了石梅。

2003 年 9 月 1 日，女儿正式进入石梅，读幼中。那时幼儿园还在石梅本部以西一公里左右的房子里，设施较简陋。记得报名时看了看幼儿园环境，觉得很差劲。一老师说，这个只是暂时的，很快就要并过去的；另外，你们是为了石梅小学而来的呀，不是为了幼儿园。我们就这样被说服了。

我给女儿买了新书包，里面放着新书、新本子和新的笔盒。我们每天送她到学校，如今妻子还经常跟我提起当时的情景，说当时送女儿到学校，看她一蹦一跳地走进校门，渐渐的，人便消失了，只能看见一个书包在一跳一跳。起初她并不是那么喜欢上学，我们送她去托儿所，她总是哭着说，托托里勠去呀托托里勠去呀（常熟话：不想去托儿所呀不想去托儿所呀），然后她又变着法儿今天要爷爷送，明天要奶奶送，又要妈妈或爸爸送，一把抓着大人的头发身子扭着，还说要打老师。

幼儿园的两年很快就过去了，到一年级时，女儿已经很喜欢去石梅上学了。如今她已是一个像模像样的小学生，只是肩上的书包也变得越来越重，让人怜惜。

女儿算不上天资聪颖，但有一点却很令人欣慰，从一年级开始，她每天回家总是先认真地把作业做完，再去玩。因为她读书的态度端正，逐渐就养成了较好的学习习惯，所以她学习上的事，我们慢慢地就不大操心了。在学习的同时，她的人格方面也在不断成型，外向乐观开朗敏锐，喜欢交友，贪玩，有时很倔，上进性强，但也有点虚荣。八年来，尤其是小学里的这几年，我们看着她在身体、学习，以及性格人格上一点一点地变化和成长，有着急，有忧虑，但更多的是满足、喜悦和骄傲。我们的女儿，那个背着个大书包一蹦一跳的小孩子，就在这石梅校园里，一天一天一点一点地逐渐成长为一个健康乐观的小大人，这真的让我们很快乐，也很有成就感。

如今女儿还有半年就要毕业了，我们有时会叮嘱她说：唐宇一，你一方面要认真读书，另外也要珍惜与你们老师同学相处的时光啊。这段时光很可能会成为你一生当中难以磨灭的记忆，你与老师们将要长时间的告别了，与同学们也大都无缘再做同学了，但是，在人生启蒙的这几年，你们共享了多少喜怒哀乐啊！往后这些都将成为你最珍贵的记忆，所以，要和大家好一点。女儿点点头，眼一斜，说，晓得。她还不是太懂这些，或许，也是我们大人对她要求太多太高了吧！

对于女儿在石梅这八年时光，我们一家都很满意，对石梅也充满了感激。

我现在觉得，做教师确实是一个十分光荣的职业。而带好一个学校，教出一批批优秀的学生，更是了不起。衷心祝愿百年石梅，内在更结实而坚韧，外在更秀丽而芬芳！

（唐　曦）

注：作者系学生唐宇一家长。

好学校，从关注每个学生开始

石梅小学优质教育多元感悟

后记：返本开新

——从遇见生命化教育开始

一

遇见张文质先生，遇见生命化教育，该是 2008 年的事，可我却无法详细回想出我们交遇前的细节，仿佛这样的相遇是前生今世冥冥中的安排，喜悦而自然。

很多年以前，我把网络上激起我内心涟漪的小文《珍贵的东西总是慢慢长》，一字一句地笨笨地抄写在日记上。可我知道，尽管我内心的最深处期望着教育能长成那个安静、舒展的模样，但现实中的我无力拉回那一双双包括我自己的匆忙赶路的脚。大脑中仿佛一直有个跷跷板在撬动，有时为这样的理想信念无比昂扬而激动，有时又确认如此单纯的想法很傻很天真，毫不留情狠狠击碎这样的乌托邦。直到遇见张文质。

那个春天的讲演，无疑若丢进石梅思想之湖的石子，"对生命的遗忘是教育最大的悲哀，对生命的漠视是教育最大的失职与不幸……生命比任何知识、规则、纪律，甚至荣誉、被许诺的未来的发展与幸福的可能性，所有的一切都更神圣……我们始终还要谨记，教育是生命的教育，学校是生命的学校。一切都因为我们活着，因而我们唯有希望活得更好，生命的有限性催促着我们的行动，活出意义也便是我们生命的价值所在……"仿佛生命里等待了许久的相遇，等待、活力、同情、宽容、被召唤感、责任……一个个早已藏在石梅人生命根底的字眼被默契挖出，一个个怀有慈悲、恬淡、感恩心躬行着的石梅教育人的初心在生命化教育精神的点化里悄然绽放，一双双眼睛放射出无比坚定与灿烂的光芒。那一刻，石梅人找到了百年书院诗意情怀、教育梦想、淡泊闲定生命对接的欢愉。

255

那日下午是意犹未尽的湖边攀讲。风，细细的，在阳光里穿行。阳光，暖暖的，在风中蔓延。湖边的每人都沏着一杯茶，安静地听，碎碎地念，好奇地问，那些生命里的密码，流水般从光阴里走了出来，每一个心波，微澜轻轻飘荡。教育温暖而朴素的面貌，像石梅后山大青石上的苔，软绵绵，湿漉漉，铺满每一个水洗的心灵，有份找到了返回教育原点的安宁。

二

思想是世界上最强大的力量。民间立场见证了生命化教育的思想之力，"无需任何的认证、愿意，你就是课题组的成员……"我深信所有的石梅人与我一样都无法回忆起我们算是何时加入了这样的课题组，只记得被这份没有职位要守护，没有地盘要巩固，执守而坚定的朴素所吸引。

"任何有意义的变革都是在人内心发生的，教师需要为自己心灵的自由预留开阔的空地，教师也应该为自己优质的生活承担更多的责任，实际上所有进取的努力都可能意味着一种自我救护、一种有助于提升生命的自我期待。"诗意的文字召感着愈发多的石梅人愿意为自己的生命幸福、孩子的生命幸福而承担更多责任。

我能确认校园里，有一丝又一丝更温软的气息从每一个角落、每一块砖缝里流淌出来，一双又一双更坚定的目光在校园里微笑、交汇：《石梅苑》办起来了，《同心桥》出刊了，石梅广播电视台开播了，孩子们和教师的"成长进行时"设计启用了，"石梅文化台历"系列推出了，班里的讲台书柜上有养眼的花草了，班级橱窗里有"全家福"了，暑假早早地默默地开始家访，开学第一天就到达孩子和家长手中的信，升旗仪式上每次出现的轮椅，家长会《我和你》歌声的轻轻扬起，毕业典礼《最好的未来》音乐里孩子们和教师的深情拥抱，10岁成长仪式上难忘的数字造型，假日里全班孩子随教师去探寻古琴的乐律……没有人要求石梅人必须这样做，没有人告诉石梅人应该这样做，但就是怀着这样一份对生命细致入微用心与小心翼翼呵护的信念，让"自讨苦吃"的信念在校园里肆意生长。没有坚守的艰涩，唯有充盈着欢畅前行的喜悦在生命里荡漾。

三

在许多人都愿意给学校标上一个能抓人眼球的概念或符号的年代，生命化教育并不是个过于新鲜的词眼，但我们依旧愿意试图在追随"生命化教育"的路程里走得更坚实，以延续百年书院文脉不绝背后的精神品质，呼应教育发展应对"人"生命品质关注的要义。

后记　返本开新
从遇见生命化教育开始

这样的追随并没有预设过要获得怎样鲜亮的果实，只是从生命的本分出发，从教师的良知出发，仅此而已。但石梅人无法否认，我们真的有了果实！有如这次在张文质先生反复的鼓励与敦促下，石梅人在 2009 年出版了《江苏名校管理论丛·生命化教育卷》后，再次向大家呈现的这份书稿。它带着真实的粗糙，忠实地记录着石梅人最原始、最生动的生命化教育实践里那些点点滴滴的思考与行动。它注定没有大棚蔬果的鲜亮，但它葆有着自然、环保和绿色的果实的本分。

所以此刻，我无法掩饰，当您把书翻阅到这儿时，我和我的伙伴们正用虔诚的心在感谢，感谢您愿意把目光留驻在《好学校，从关注每个学生开始——石梅小学优质教育多元感悟》上。相遇是缘分，我们贪婪地奢望着您的内心或许能有淡淡的欢喜弥漫。但我们也深知，问题更是这个世界最好的礼物，所以甜蜜与默契的等候里也有对您冷峻审视的期待。因为，它们都将是我们前行里最温暖与最智慧的帮助。

饮水溯源，对于这样一份记录着一所学校生命成长行程的书稿，她的出生，石梅的每一个人都心怀感恩。感恩常熟教育局殷局长等领导，对石梅人闲漫于生命化教育之路的宽容与等待，指导与鼓励；感恩生命化教育的倡导人张文质先生，给石梅人生命化教育之行的引领、指点和帮助；感恩鲁亢老师、北京森科文化传播有限公司、陈文芳老师，在书稿纲目制定及后期修改中付出的辛劳。因为这些关怀、顾念与帮助，让我们有了呈献这份书稿并继续展现自我的勇气。

生命与教育注定是个永远都说不完的话题，有如生命的轮回，生生不息。生命化的教育，让石梅教育人在教育的旅途上，多了回到人、回到生命、回到爱的素心与本分，在凝视的怜爱、悲悯的体贴里，带着信念力量迸发的自然与真诚、执着和投入，感染和感召着孩子们对于未来热烈的憧憬和向往，昂扬着迈出每一个新的步伐。

顾　泳
2010 年 10 月 17 日

257

西南师范大学出版社
《名师工程》系列丛书目录

系列	序号	书　　名	主编	定价
鲁派名校探索者系列·教育名校	1	《博弈中的追求——一位中学校长的"零"作业抉择》	李志欣	30.00
	2	《大教育视野下的特色课程构建——海洋教育的开发实施》	白刚勋	30.00
鲁派名师探索者系列·教育名师	3	《追问历史教学之"道"》	钟红军	30.00
	4	《灵动英语课——高效外语教学氛围创设艺术》	邵淑红	30.00
	5	《校园，幸福教育的栖居》	武际金	30.00
	6	《复调语文——尊重生命自我成长的语文教学》	孙云霄	30.00
	7	《智趣数学课——在情感深处激发学生的数学智能》	王冬梅	30.00
	8	《高品位"悦读"——让情感与心灵更愉悦的阅读教学》	马彩清	30.00
	9	《品诵教学——感悟母语神韵的阅读教学》	侯忠彦	30.00
	10	《智趣化学课——在快乐中提升学生的科学素养》	张利平	30.00
思想者系列	11	《回归教育的本色》	马恩来	30.00
	12	《守护教育的本真》	陈道龙	30.00
	13	《教育，倾听心灵的声音》	李荣灿	30.00
	14	《心根课堂——让教育随学生心灵起舞》	刘云生	30.00
	15	《做一个纯粹的教师》	许丽芬	26.00
	16	《率性教书》	夏　昆	26.00
	17	《为爱教书》	马一舜	26.00
	18	《课堂，诗意还在》	赵赵（赵克芳）	26.00
	19	《今日教育之民间立场》	子虚（扈永进）	30.00
	20	《教育，细节的深度反思》	许传利	30.00
	21	《追寻教育的真谛——许锡良教育思考录》	许锡良	30.00
名校长核心思想系列	22	《智圆行方——智慧校长的50项管理策略》	胡美山　李绵军	30.0
	23	《做一个智慧的校长》	孙世杰	30.00
	24	《成为有思想的校长》	赵艳然	30.00
名校系列	25	《人本与生本：管理与德育的双重根基》	广州市广外附设外语学校	30.00
	26	《生本与生成：高效教学的两轮驱动》	广州市广外附设外语学校	30.00
	27	《世界视野与现代意识：校本课程开发的二元思维》	广州市广外附设外语学校	30.00
	28	《让每个生命都精彩——生命教育校本实践策略》	王鹏飞	30.00
	29	《好学校，从关注每个学生开始——石梅小学优质教育多元感悟》	顾　泳　张文质	30.00
高效课堂系列	30	《让作文教学更高效——王学东写作教学手记》	王学东	30.00
	31	《用什么提高课堂效率——有效数学课必须关注的10大要素》	赵红婷	30.00
	32	《让作文更轻松——小学作文高效教学36锦囊》	李素环	30.00
	33	《让研究性学习更高效——研究性学习施教指导策略》	欧阳仁宣	30.00
	34	《让母语融入学生心灵——提升学生语文素养的高效施教艺术》	黄桂林	30.00

系列	序号	书　名	主编	定价
创新班主任系列	35	《班主任专业化成长策略》	杨连山	30.00
	36	《班级活动创新与问题应对》	杨连山　杨照　张国良	30.00
	37	《班集体建设与创新人才培养》	李国汉	30.00
	38	《神奇的教育场——打造特色班级文化创新艺术》	李德善	30.00
教研提升系列	39	《校本教研的7个关键点》	孙瑞欣	30.00
	40	《教师怎样做小课题研究——高效助力教师专业化成长》	徐世贵　刘恒贺	30.00
	41	《今天我们应该怎样评课》	张文质　陈海滨	30.00
	42	《今天我们应该怎样进行教学反思》	张文质　刘永庥	30.00
	43	《一节好课需要的教育智慧》	张文质　姚春杰	30.00
优化教学系列	44	《高效教学组织的优化策略》	赵雪霞	30.00
	45	《高效教学方法的优化策略》	任辉	30.00
	46	《高效教学过程的优化策略》	韩锋	30.00
	47	《让教学更生动——激发兴趣让学生快乐认知》	朱良才	30.00
	48	《让教学更高效——策略创新让教学事半功倍》	孙朝仁	30.00
	49	《让教学更开放——拓展延伸让学生触类旁通》	焦祖卿　吕勤	30.00
	50	《让教学更生活——体验运用让学生内化知识》	强光峰	30.00
	51	《让知识更系统——整合与概括让学生建构体系》	杨向谊	30.00
	52	《让思维更创新——思辨与发散让学生思维活跃》	朱良才	30.00
创新语文教学系列	53	《曹洪彪新概念快速作文》	曹洪彪	30.00
	54	《小学语文：享受对话教学》	孙建锋	30.00
	55	《小学语文：名师教学目标落实艺术》	刘海涛　王林发	30.00
	56	《小学语文：名师魅力教学设计艺术》	刘海涛　王林发	30.00
	57	《小学语文：名师魅力课堂激趣艺术》	刘海涛　豆海湛	30.00
	58	《小学语文：单元整体教学构建艺术》	李怀源	30.00
	59	《小学作文：名师情趣课堂创设艺术》	张化万	30.00
教师成长系列	60	《做会研究的教师》	姚小明	30.00
	61	《学学名师那些事》	孙志毅	30.00
	62	《给新教师的建议》	李镇西	30.00
	63	《教师心灵读本：成为有思想的教师》	肖川	30.00
	64	《教师心灵读本：教师，做反思的实践者》	肖川	30.00
创新课堂系列	65	《个性化课堂教学艺术：小学语文》	商德远	30.00
	66	《如何实现三维目标——让学生与文本共鸣的诵读教学》	张连元	30.00
	67	《想说　会说　有话可说——突破作文瓶颈的三维教学法》	杨和平	30.00
	68	《综合课的整合创新教学》	周辉兵	30.00
	69	《如何打造学生喜欢的音乐课堂》	张娟	30.00
	70	《理想课堂的构建与实施——一个教研员眼中的理想课堂》	张玉彬	30.00
	71	《小学语文：决定教学质量的关键策略》	李楠	30.00
	72	《用〈论语〉思想提升数学教育智慧》	胡爱民	30.00
	73	《童化作文——浸润儿童心灵的作文教学》	吴勇	30.00
幼师提升系列	74	《全国优秀幼儿健康教育活动课例评析》	教育部教育管理信息中心	30.00
	75	《全国优秀幼儿艺术教育活动课例评析》	教育部教育管理信息中心	30.00
	76	《全国优秀幼儿社会教育活动课例评析》	教育部教育管理信息中心	30.00
	77	《全国优秀幼儿语言教育活动课例评析》	教育部教育管理信息中心	30.00
	78	《全国优秀幼儿科学教育活动课例评析》	教育部教育管理信息中心	30.00
名师名课系列	79	《名师如何炼就名课》（美术卷）	李力加	35.00

系列	序号	书　　　名	主编	定价
教师修炼系列	80	《班主任工作行为八项修炼》	杨连山	30.00
	81	《教师心理健康六项修炼》	李慧生	30.00
	82	《教师专业化五项修炼》	杨连山　田福安	30.00
	83	《课堂教学素养五项修炼》	刘金生　霍克林	30.00
	84	《高效教学技能十项修炼》	欧阳芬　诸葛彪	30.00
	85	《教师新师德六项修炼》	王毓珣　王　颖	30.00
创新数学教学系列	86	《小学数学：名师教学目标落实艺术》	余文森	30.00
	87	《小学数学：名师高效教学设计艺术》	余文森	30.00
	88	《小学数学：名师易错问题针对教学》	余文森	30.00
	89	《小学数学：名师魅力课堂激趣艺术》	余文森	30.00
	90	《小学数学：名师同课异教》	林高明　陈燕香	30.00
	91	《小学数学：名师抽象问题艺术教学》	余文森	30.00
教育心理系列	92	《做最好的心理导师——中学生心理健康咨询手册》	杨　东	30.00
	93	《每天学点教育心理学》	石国兴　白晋荣	30.00
	94	《学生心理拓展训练与指导》	徐岳敏	30.00
	95	《好心态成就好学生——学生心理问题剖析与对症教育》	李韦遄	30.00
教育通识系列	96	《用心做教师——青年教师快速成长的十大定律》	王福强	30.00
	97	《做最受学生欢迎的老师》	赵馨　许俊仪	30.00
	98	《做有策略的校长——经典寓言与学校管理智慧》	宋运来	30.00
	99	《做有策略的教师——经典故事中的教育启示》	孙志毅	30.00
	100	《从学生那里学教书》	严育洪	30.00
	101	《突破平庸——提升教育质量的31个跳板》	严育洪	30.00
	102	《教育，诗意地栖居》	朱华忠	30.00
	103	《好班规打造好班级》	赵　凯	30.00
	104	《做学生成长的引领者——学生终身成长的素质培养》	田祥珍	30.00
	105	《如何管出好班级——突破班级管理的四大瓶颈》	刘令军	30.00
	106	《青春期性教育教师实用手册》	闵乐夫	30.00
教育细节系列	107	《名师最具渲染力的口才细节》	高万祥	30.00
	108	《名师最有效的沟通细节》	李　燕　徐　波	30.00
	109	《名师最有效的激励细节》	张　利　李　波	30.00
	110	《名师培养学生好习惯的高效细节》	李文娟　郭香萍	30.00
	111	《名师人格教育的经典细节》	齐　欣	30.00
	112	《名师营造课堂氛围的经典细节》	高　帆　李秀华	30.00
	113	《名师最有效的赏识教育细节》	李慧军	30.00
	114	《名师最有效的批评细节》	沈　旎	30.00
教育管理力系列	115	《名校激励管理促进力》	周　兵	30.00
	116	《名校安全管理执行力》	袁先潋	30.00
	117	《名校师资团队建设力》	赵圣华	30.00
	118	《名校危机管理应对力》	李明汉	30.00
	119	《名校校本研究创新力》	李春华	30.00
	120	《学校文化力建设策略》	袁先潋	30.00
	121	《名校长核心教育力》	陶继新	30.00
	122	《名校长高绩效领导力》	周辉兵	30.00
	123	《名校行政管理细节力》	杨少春	30.00
	124	《名校教学管理提升力》	张　韬　戴诗银	30.00
	125	《名校学生管理教导力》	田福安	30.00
	126	《名校校园文化构建力》	岳春峰	30.00

系列	序号	书　　　名	主编	定价
大师讲坛系列	127	《大师谈教育心理》	肖川	30.00
	128	《大师谈教育激励》	肖川	30.00
	129	《大师谈教育沟通》	王斌兴　吴杰明	30.00
	130	《大师谈启蒙教育》	周宏	30.00
	131	《大师谈教育管理》	樊雁	30.00
	132	《大师谈儿童人格塑造》	齐欣	30.00
	133	《大师谈儿童习惯培养》	唐西胜	30.00
	134	《大师谈儿童能力培养》	张启福	30.00
	135	《大师谈早恋与性教育》	闵乐夫	30.00
	136	《大师谈儿童情感教育》	张光林　张　静	30.00
高中新课程系列	137	《高中新课程：教师角色转变细节》	缪水娟	30.00
	138	《高中新课程：班主任新兵法细节》	李国汉　杨连山	30.00
	139	《高中新课程：教学管理创新细节》	陈　文	30.00
	140	《高中新课程：更有效的评价细节》	李淑华	30.00
教学新突破系列	141	《把教学目标落实到位——名师优质课堂的效率管理》	冯增俊	30.00
	142	《拿什么调动学生——名师生态课堂的情绪管理》	胡　涛	30.00
	143	《零距离施教——名师和谐师生关系的构建艺术》	贺　斌	30.00
	144	《一个都不能落——名师提升学困生的针对教学》	侯一波	30.00
	145	《让学习变得更轻松——名师最能吸引学生的情境设计》	施建平	30.00
	146	《让知识变得更易学——名师改造难学知识的优化艺术》	周维强	30.00
教学提升系列	147	《方法总比问题多——名师转变棘手学生的施教艺术》	杨志军	30.00
	148	《用特色吸引学生——名师最受欢迎的特色教学艺术》	卞金祥	30.00
	149	《让学生爱上课堂——名师高效课堂的引导艺术》	邓　涛	30.00
	150	《拿什么打开思路——名师最吸引学生的课堂切入点》	马友文	30.00
	151	《没有记不牢的知识——名师最能提升学生记忆效果的秘诀》	谢定兰	30.00
	152	《让学生的思维活起来——名师最激发潜能的课堂提问艺术》	严永金	30.00
名师讲述系列	153	《施教先施爱——名师讲述班主任的核心教导力》	杨连山　魏永田	30.00
	154	《在欢乐中成长——名师讲述最具活力的课堂愉快教学》	王斌兴	30.00
	155	《让学生做自己的老师——名师讲述如何提升学生自主学习能力》	徐学福　房慧	30.00
	156	《引领学生高效学习——名师讲述如何提高学生课堂学习效率》	刘世斌	30.00
	157	《教育从心灵开始——名师讲述最能感动学生的心灵教育》	张文质	30.00

《名师工程》系列丛书

征 稿 启 事

《名师工程》系列丛书是西南师范大学出版社策划、组织出版的大型系列教育丛书。丛书以新课程下的新教学为背景，以促进施教者的教育能力为落脚点，以提高教育质量、提升教师水平为宗旨。

丛书首批推出的"名师讲述""教学提升""教学新突破""高中新课程""教师成长""大师讲坛""教育细节""创新语文教学""教育管理力""教师修炼""创新数学教学""教育通识""教育心理""创新课堂""思想者""名师名课""幼师提升""优化教学""教研提升""名校长核心思想""名校工程""高效课堂""创新班主任""教育探索者"等系列，共150多个品种，其余系列也将陆续出版。为了让广大教师有一个交流、借鉴的机会，同时也为了给广大教师提供更多、更好的图书，《名师工程》系列丛书编辑出版委员会特向全国教育工作者征集稿件。

稿件要求：

1.主题鲜明、新颖，有独创性。

2.主题以提升教育能力为主，也可适当外延。

3.主题要有一定规模、有典型案例支撑。

4.案例要贴近教育实际，操作性强。

5.文章、书稿结构清晰，语言精彩。

书稿作者在选题确定之后，请及时与我们做好沟通，具体事宜确定好之后再进行创作；也欢迎用已经完稿的稿件投稿。一线教师如希望参与图书案例的创作，可联系我社策划机构，由策划机构备案，在适合的图书中参与创作。

真诚欢迎各位教师踊跃投稿。

联系方式：

西南师范大学出版社高教分社

电话：023-68254356   E-mail：zcj@swu.cn

西南师范大学出版社高教分社北京策划部

电话：010-68403096

E-mail：guodejun1973@163.com